生　活　即　教　育

社　会　即　学　校

教　学　做　合　一

e a MEXICO
eón de
plica el
México
DOC

陶 行 知 全 集

第 7 卷 诗歌

知行诗歌集
（上海儿童书局版）
知行诗歌续集
知行诗歌别集
知行诗歌三集
知行诗歌集
（生活书店版）
集外诗汇

四川教育出版社
·成 都·

图书在版编目（CIP）数据

陶行知全集. 第7卷 / 方明主编. —2版. —成都：
四川教育出版社，2009.4
ISBN 978-7-5408-5050-0

Ⅰ.陶… Ⅱ.方… Ⅲ.陶行知（1891~1946）-全集
Ⅳ.G4-52

中国版本图书馆CIP数据核字（2009）第033522号

装帧设计 宁成春
责任编辑 吴正贤 廖 洁 央 金
技术编辑 顾求实
责任校对 伍登富
责任印制 田东洋
出版发行 四川教育出版社
地 址 四川省成都市锦江区三色路238号新华之星A座
邮政编码 610023
网 址 www.chuanjiaoshe.com
印 刷 成都市金雅迪彩色印刷有限公司
版 次 2020年1月第3版
印 次 2024年2月第2次印刷
成品规格 152 mm×228 mm
印 张 67 插页 4
字 数 869千
全套定价 2200.00元

如发现印装质量问题，影响阅读，请与本社联系。总编室电话：(028) 86365120
编辑部电话：(028) 86365129

再版前言

1991年，张劲夫同志祝川版《陶行知全集》出版，在《人民日报》撰文，称这部巨著是一笔宝贵的精神财富。他在文章的结尾深情地写道："新版《陶行知全集》的出版，必将永育后人，光照千秋！"

陶行知是一位伟大的社会改革家，是中国20世纪推动现代化的先驱。他坚持以与时俱进的生活教育来推动川流不息的现代化。他热爱人民，躬亲实践，手脑并用，勇于创新，对祖国和人类所作出的贡献及取得的成果是多方面的。从《全集》中可以看出，他涉猎的领域很广，诸如对政治制度、经济发展、社会道德、国际交往、科学普及、民族团结、宗教信仰、新文字推广、环境保护、计划生育等等均有精辟的论述。陶行知又是伟大的人民诗人，其诗的大众化"独开风气之先"，《全集》中收入他的诗800余首，仍未搜齐。当然最突出的仍是他创立的生活教育理论。大家熟悉的"生活即教育"、"社会即学校"、"教学做合一"和他倡导的全民教育、终身教育、创造教育、民主教育以及他身体力行的崇高师德，是多么贴近我国的现实与未来的走向啊！

随着我国改革开放的不断深化，现代化进程的长足发展，人们对陶行知留下的这笔精神财富的借鉴意义也愈益有了更清晰的认识。近两年不少读者要求购书，有的省市成立了陶行知研究会，要求供应几十套上百套。而当年印制的新版《全集》8000套，早已罄尽。面对这日增的需求，中国陶行知研究会也希望能尽快再版。在此情势下，四川出版集团、四川教育出版社决定高质量地再版《陶行知全集》（十二卷本），并组成再版的编辑出版班子，对初版进行认真修订。《全集》约800万字，修订任务繁重，原来各卷的责任编辑年事已高，有的已经辞世（本套书第一版出版后辞世的编纂、出版人员未在《全集》编辑委员会和出版工作者委员会成员名单中注明）；最初使用的原稿，已交有关的博物馆和纪念馆保存，这更增添了校订的难度。出版社抽出十几位年富力强的编辑分担各卷的编务及协调工作，并请有关专家指导，两位老主编和张行可、吴琴南也全力投入，中国陶行知研究会又寄来陶行知自选集的影印本供校勘用。在共同努力下，终于按计划完成了再版的修订任务。

这次修订的主要情况如下：

一、原体例不变

开初有同志提出不论著作体例，统按时间顺序排列；有的主张前十卷不变，将最后两本补遗卷打散，分类按时序插入前面各卷。多数认为这样做不仅工作量过大，原有特色会消失，且不易查阅，故决定再版仍保持原状。

二、改错字及改正注释中的一些讹误

《全集》出版后，原来的编辑发现一些错处，特别是不少读者陆续来信指出发现的问题，这次都做了认真考证校订并逐一改正。此类改正达几百处，但仍有个别人名无从查考。这里特向来信的热心读者表示敬意和谢意。

三、几项调整

将各卷的人名索引合为一处，避免了重复，删去了该人名出现在书中的页码。人名索引刊在第九卷卷末，将原第九卷中1940年1至7月的书信移入第八卷。

抽去了两首重复的诗歌。另抽去第九卷附录中的《陶行知年表》，部分内容并入第十二卷《陶行知及其生活教育活动纪略》。抽去第十二卷附录中致陶行知的信57封，对《陶行知西旅长编》作了删节。另有少量附录因篇幅关系按时间顺序做了移动。

卷首的图片有小调整，第五卷和第九卷各换了一张照片，第四卷增加了一幅手迹。

最可喜的是增加了15篇最近得到的陶行知的佚作。一是1939年写给沈钧儒的信；二是1946年在中国人民救国会第五次大会上的报告记录；还有13篇是香港中文大学哲学博士何荣汉先生提供的英文稿：《一个金陵大学学生的自述》（1912年）、《陶文濬的伊利诺斯州立大学政治学博士入学申请表》（1914年）、《中国的道德和宗教教育》（1916年）、陶文濬致德芬道夫的4封信（1915~1917年）、《祈先生的新贡献》、《中国在转变中》、《中国的乡村教育运动》（1927年）、《生活即教育》（1932年）、《创造的教育》（1933年）、《小先生和识字运动》（1934年），这些均已翻译为中文编入第十二卷。这里，特向何荣汉先生致谢。

这次不仅认真校订内文，对书籍的开本、版式、封面等都提出了高要求，为此还请了北京的装帧设计家宁成春先生做装帧设计，力争出精品。

本书编辑中的不妥处，恳希读者指出，因为陶行知留下的这笔珍贵精神财富是属于我国人民和全世界人民的。

编　者

2004 年 12 月 1 日

#《陶行知全集》

编辑委员会

主　　编　戴自俺

副 主 编　孙传华　苏辛涛　郭　笙　陶晓光

分卷主编　理论卷（第 1~4 卷）　孙传华　苏辛涛　洪　桥　祝德顺　周正章

教材卷（第 5 卷）　戴自俺　陶　城　陈贻鑫

英文著译卷（第 6 卷）　温致义

诗歌卷（第 7 卷）　聂大朋

书信卷（第 8、9 卷）　张邦民

衔备忘卷（第 10 卷）　庞曾漱

编　　辑　（按姓氏笔画为序）

王超英　刘有声　江长风　李　冬　陈　思　杨立义

张　颖　张德生　姚启安　鲁　风　裴未如　韩忠祥

程翊德　储朝晖

审　　定　陆静山（主任）吴树琴　楼化篷　徐明清

丁　丁　龚思雪　李能寿

特邀主编　胡晓风

新版

《陶行知全集》

出版工作委员会

编辑说明

一、陶行知（1891—1946）是我国伟大的人民教育家、伟大的共产主义战士。他为中国教育改造、普及人民教育、争取民族解放和建立人民民主的新中国奋斗了一生，留下了大量的著作。他的著作，散见于1913年到1946年的国内外报刊。生前曾以各种形式出版各种专集，流传甚广，影响深远。延安也曾出版《行知教育论文选集》。1946年，延安各界追悼陶行知筹备委员会倡议出版《陶行知全集》，但因限于当时条件，未能实现。1957年7月，张宗麟曾在《人民教育》发表文章，公开建议人民教育出版社编辑出版《陶行知全集》。1959年原中央教育部所拟定的《教育科学规划》曾有出版《陶行知全集》的项目，但因当时各种阻力尚未排除，终未实现。中国共产党第十一届三中全会以后，研究陶行知的活动又活跃起来。1981年，由邓颖超同志主持的陶行知诞辰90周年纪念大会在北京市全国政协礼堂召开。安徽、上海、江苏、四川、北京等地相继成立了陶行知研究会。1982年，华中师范学院（现华中师范大学）教育科学研究所和湖南教育出版社，在征得安徽、上海、江苏、四川、北京等省、市陶行知研究会赞同和陶行知先生亲属的大力支持下，组成《陶行知全集》编辑委员会，由华中师范学院教育科学研究所主编，湖南教育出版社于1985年出版了六卷本《陶行知全集》，在抢救我国民族文化遗产、促进我国教育改革、建设具有中国特色的社会主义教育体系等方面作出了有益的贡献。

二、1985年9月，中国陶行知研究会、中国陶行知基金会成立，对陶行知的研究开始了新的篇章。随之，中国陶行知研究会陆续收到了陶研工作者，陶行知生前友好、学生以及部分读者的许多宝贵建议，要求中国陶行知研究会争取时间，趁陶先生的一些老朋友和学生以及部分陶行知研究的老专家尚健在的时候，组织力量，在原有的基础上，重新编辑出版一部较完备的新版《陶行知全集》（以下简称《全集》），在1991年陶行知诞辰100周年时出版，以应时代及广大读者的需要。

三、本版《全集》的编辑工作，本着求“全”、求“真”的原则，增补了迄今为止收集到的佚文、佚诗、佚信等，并作了认真的校勘；在考订的基础上加了注释；对作者用外文所写著作均作了新的校译；各卷插图有了新的补充和调整。特别要指出的是，本版增补了作者自1936年4月至1946年7月所用的小笔记本55册，以作者所题《衙备忘》为名全部整理编入第十卷，约40万字，系首次发表，是研究陶行知最后十年战斗生涯的极为珍贵的史料。

四、本版《全集》按文章体裁分类，共成十卷。各卷保留了作者原有自编专集的原貌；专集外的文章，再按时间顺序排列。第一至四卷为论著卷（包括论文、演讲记录、谈话、提案等）；第五卷为教材卷（包括各类教材及编辑手稿、儿童科学读物、寓言、歌曲等）；第六卷为英文著译卷（包括英文著述、英文书信；著述中译、书信中译；中译英、英译中等）；第七卷为诗歌卷；第八、九卷为书信卷；第十卷为《衙备忘》。

五、本版《全集》的编辑原则为：（一）尽可能做到“全”；（二）保持陶行知著作的原貌；（三）所收文稿，均经慎重的考证、核查。

六、本版《全集》的注释要求是：（一）以具有中师毕业以上文化程度的广大教师及其他读者为对象；（二）注释条目的选择，以有助于理解原文为准；（三）文字力求简明扼要；（四）对人物、事件，介绍历史背景，力求客观真实，不带政治帽子；（五）人名索引根据其与原著及作者的关系而确定其详略。

七、本版《全集》的编辑和校勘，除充分利用中国陶行知研究会所珍藏的资料以外，并专门组织了力量，到江苏、上海、安徽陶行知纪念馆，中国第二历史档案馆以及华中师范大学近代历史研究所，浙江湘湖师范学校等单位查核大量原件，还尽量查阅手稿及各种版本的专集，多方比较、考证，以求臻于完善。凡有增删或改动者，均采用注释加以说明或以其他方式处理，以便对照。

八、本版《全集》的编辑工作是由中国陶行知研究会领导下组成的编辑委员会主持进行的；出版工作是由四川省党政领导及有关人士组成的出版工作委员会主持进行的，特别是中共四川省委宣传部在多方面给予了大力支持。

九、在编辑过程中，得到南京中国第二历史档案馆，北京中央档案馆，广东省档案馆，北京图书馆，华南师范大学图书馆，南京大学图书馆，南京图书馆，北京师范大学图书馆，上海图书馆，上海辞书出版社图书馆，中央教育科学研究所图书馆，安徽省图书馆，四川省图书馆，四川大学图书馆，广东省图书馆，广州中山大学图书馆，华中师范大学近代史研究所，江苏晓庄陶行知纪念馆，上海陶行知纪念馆，安徽陶行知纪念馆，四川教育学院，各省、市、自治区陶行知研究会以及陶行知先生生前友好、学生和亲属的赞助及支持，在此谨一一深表感谢！

十、由于水平及各种条件所限，本版《全集》疏漏、错误在所难免，敬请读者教正。

《陶行知全集》编辑委员会

1990年12月

凡 例

一、本全集编入迄今收集到的陶行知的全部文稿，有文章、诗歌、教材、书信、演讲、小说、谈话、章程、提案、文电、广告、备忘录等2530篇（其中教材13本、小说1部、备忘录55册）。凡有作者手稿，有作者个人署名，或虽未署名但有根据可确认为作者所著者，均收为正文；合署而非作者起草，或虽有个人署名但不能确认为作者所著的文稿，均与其他参考材料一起作为附录。附录共314篇（包括附在第九卷末的年表），一种为文末附，一种为卷末附录。

二、作者的自编集共17本（其中小说1部），大体上按出版的年代排在有关卷的前面，作为第一部分。自编集以外的集外文汇、集外诗汇、集外书信等均按写作或发表的时间逐年编入有关各卷，作为第二部分。有的诗文收入几种自编集内，此次只在一本集子中排印，其余均存目。第六卷英文著译卷，分类按年编排。第十卷《衙备忘》用手稿影印，一册为一篇，在篇末加少量的译文与注释。

三、除少数姓名和文言文中的个别字外，统用简化字，以国家语言文字工作委员会1986年重新发表的《简化字总表》为准。

四、陶行知原著中的纪年、数字、译名及章节标题的分层序码等均保持原貌。纪年多系民国纪年，如三年、廿一年、卅二年（即公元1914年、1932年、1943年）等。数字则汉字与阿拉伯字并存。翻译的人名、地名与通译不同的，在注释中注明通译的名称。编者所写的注释文字统用公元纪年，数字用法按国家语委等七部门公布的试行规定。

五、论著、诗歌、教材及儿童读物的标题用原题，个别有变动的在题注中说明。书信的标题，除作者自编集外，多系编者从信中摘取原话为题。

六、原著无标点的，由编者加添标点；原著用旧式标点或标点不规范的，重新标点。

七、改正了原稿中的错字，删除了衍文，漏字在〔　〕内添补，无法辨认的字用□号代替。通假字、古今字、异体字等，除文言文中的少数字外，均按有关规定处理。

八、编者的题注为脚注。书信及一些档案资料现存放何处，均不作注。

九、作者本人的署名，1934年7月16日前为“陶知行”，现一仍其旧。编者所写注释中则一律称“陶行知”。

十、第十卷和课本、小说不作人名索引，其余各卷正文中出现的人名，均按姓氏笔画作索引，附在卷末。附录不作人名索引和注释。

本卷为诗歌卷，收集了作者 1918 年至 1946 年的诗歌作品共 643 首。

本卷第一部分为作者生前亲自编辑出版的《知行诗歌集》《知行诗歌续集》《知行诗歌别集》《知行诗歌三集》《知行诗歌集》等 5 个集子，计 309 首诗和一篇文。第二部分为自编集以外的诗歌汇集，按发表时间顺序排列，计 341 首。

有的诗歌原属作者书信、文章、演讲中的组成部分，为尽量避免重复，仍保留在有关各卷，未编入本卷。

他撰写的对联，收入 34 副放在本卷的最后。

1　1917 年陶行知留学美国归来

2　安徽休宁万安镇水蓝桥。陶行知青年时期由此乘船赴杭学医，父亲送至桥边。后陶行知赋诗忆叙送别情景。

3　陶行知在埃及人面狮身像和金字塔前留影。

1

2

3

5

6

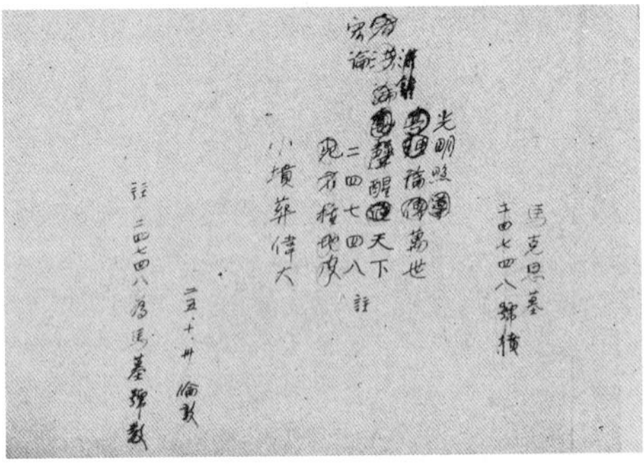

5　1936 年 10 月陶行知在英国伦敦拜谒马克思墓时留影

6　诗《马克思墓》手迹

7　1938 年 7 月，陶行知在希腊雅典参观苏格拉底坐过的牢狱，在石门前静坐 5 分钟，留影并题诗

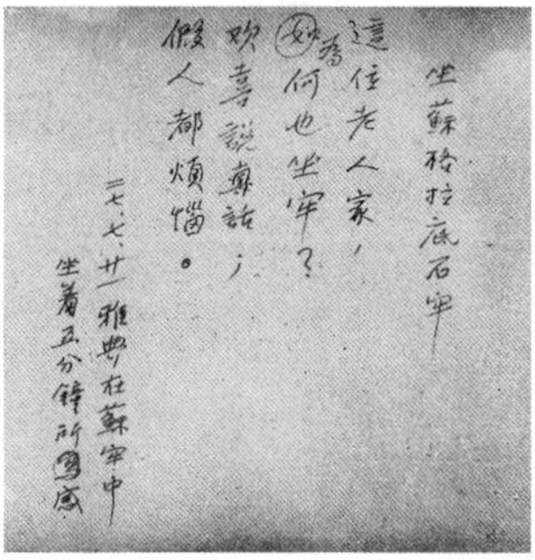

坐蘇格拉底石牢

這位老人家，
為何也坐牢？
欢喜說真話，
假人都煩惱。

二七、七、廿一雅典在蘇牢中
坐着五分鐘所感

7

8、9、10　手迹

11　育才学校为群众演出《朱大嫂送鸡蛋》

12　育才学校舞蹈组主任（右一）和学生表演《嘉戎酒会》（少数民族舞蹈）

8

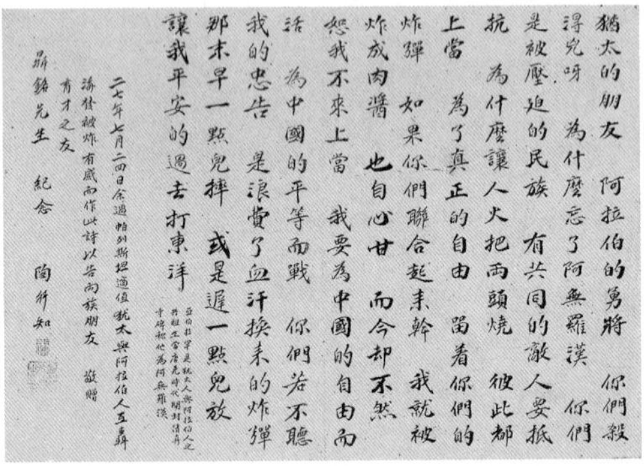

猶太的朋友 阿拉伯的勇將 你們殺得兇呀 為什麽忘了阿無羅漢 你們是被壓迫的民族 有共同的敵人要抵抗 為什麽讓人火把兩頭燒 彼此都上當 為了真正的自由 留着你們的炸彈 如果你們聯合起來幹 我就被炸成肉醬 也自心甘 而今却不然 怨我不來上當 我要為中國的自由而活 為中國的平等而戰 你們若不聽我的忠告 是浪費了血汗換來的炸彈 那末早一點兒摔 或是遲一點兒放 讓我平安的過去打東洋

二七年七月二四日余過帕列斯坦適值猶太與阿拉伯人互轟 誇替被炸 有感而作此詩以告兩族朋友 敬贈

育才之友

鼎銘先生 紀念

陶行知

9

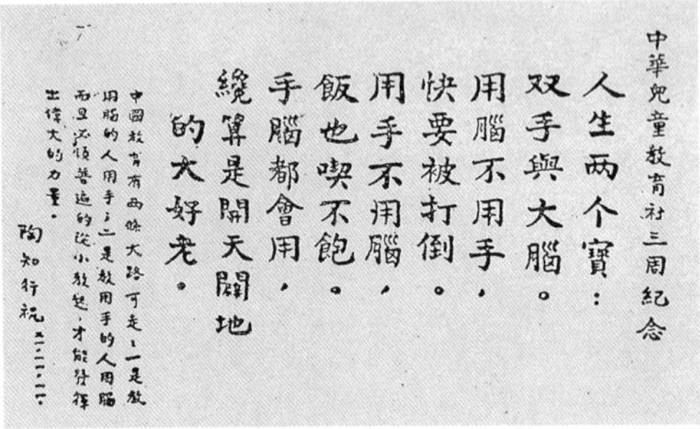

中華兒童教育社三周紀念

人生两个寶：
双手與大腦。
用腦不用手，
快要被打倒。
用手不用腦，
飯也喫不飽。
手腦都會用，
纔算是開天闢地
的大好老。

中國教育有兩條大路可走：一是教用腦的人用手；二是教用手的人用腦。而且必須普遍的從小教起，才能發揮出偉大的力量。

陶知行祝

10

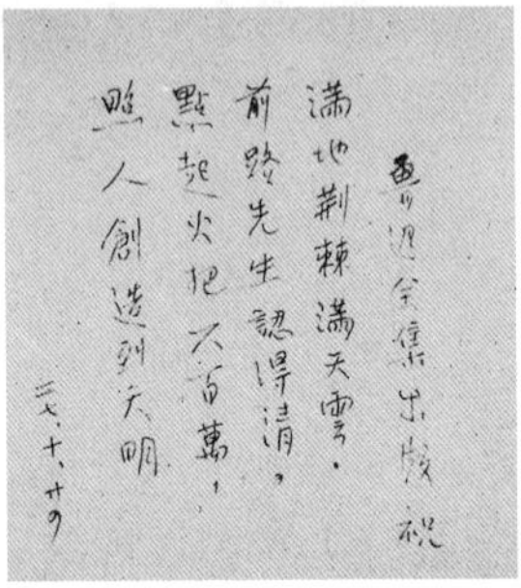

滿地荊棘滿天雲，
前路先生認得清，
點起火把六百萬，
照人創造到天明

二七、十、廿四

11

12

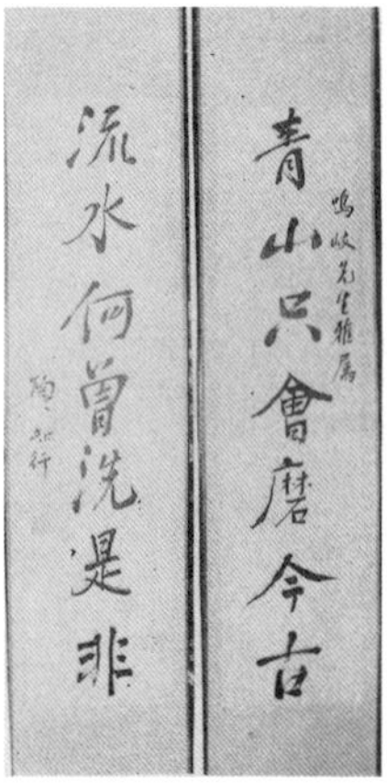

13

14

13、15　手迹

14　陶行知挽孙中山联

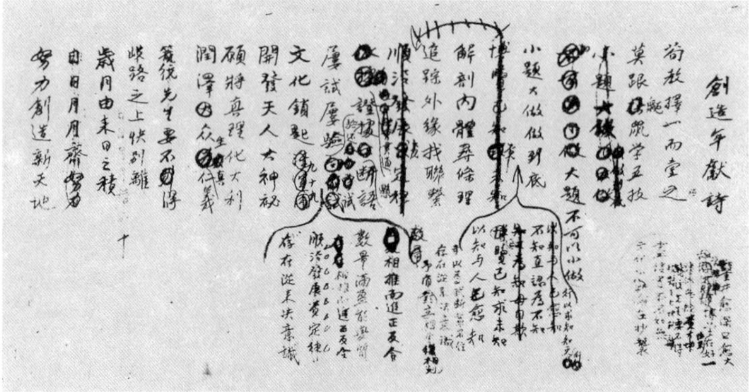

15

目录

幼苗集

知行诗歌三集 369

知行诗歌集 419

1941年

1942年

1943年

1944年

1945年

1946年

知 行 诗 歌 集

（上海儿童书局版）

知行詩歌集

陶知行

编者按

《知行诗歌集》上海儿童书局1933年7月出版，内分荒郊、枯树、幼苗三个小集，诗歌72篇。这次收71篇，《手脑相长歌》已编入《育才学校手册》，见本全集第四卷，这里只存目。

献诗*

我十七岁之春，独自一人，乘船赴杭学医，父亲躬自送到水蓝桥下船，回想初别情景，历历如在目前。今特追摄入诗，送别人竟不及见，思之泪落如雨。

古城岩下，
水蓝桥边①，
三竿白日，
一个怀了无穷希望的伤心人，
眼里放出悲壮的光芒，
向船尾直射在他的儿子的面上，
望到水、山、天合成一张大嘴，
隐隐约约的把个帆影儿都吞没了，
才慢慢的转回家去。
我要问芳草上的露水，
何处能寻得当年的泪珠？

二十年四月十日②

注释

① 古城岩、水蓝桥　均在安徽省休宁县万安镇新安江边，有船可达杭州。
② 集中诗末所记年代均系民国纪年。

*　本篇为《知行诗歌集》的序诗。

荒郊集

救水 *

永定河[①]在黄土坡决堤危及北京，鹿君瑞伯[②]带兵救水，兵民合作，卒免于难。吾去参观，见有少数人扶着柳条，假装抬树，取巧已极，写此与众同志共勉。

黄土坡边洪水来，
百丈长堤忽冲开。
数千兵民共抢救，
柳条好夹麻布袋。
每树抬夫好几十，
几人抬干几抬枝。
有的扶着柳条走，
默笑而过似得意。
抬柳干，
一身汗；
抬柳枝，
也吃力；
扶柳条，
太取巧。
工钱一样领，
义务比人轻。
君不见国弱种危时机逼，
自救救人要拼命。
身上有力不肯出，

* 本篇原载 1924 年 12 月 1 日《申报常识·平民周刊》，原题：扶柳条，副题：无定河决堤之救水情形。署名陶知行。原诗第 9 行~14 行是这样的："抬柳干，喘不停；抬柳枝，汗盈盈；扶柳条，太聪明。"

袋里有钱不肯用，
都不配做一品[3]大百姓。

十三年

注释

① 永定河　在河北省西北部，海河水系五大河之一。上游称桑干河，官厅水库以下称永定河，夏季河中泥沙大，河道变幻无定，旧称无定河。清代修永定大堤固定河槽后改现名。

② 鹿瑞伯　即鹿钟麟。

③ 一品　封建社会中官品最高的一级。

农人破产之过程*

第一年

太阳下山墩墩，雅荷海。
过不得年儿，荷荷。
债主追来了，梅绮紫梭，
翻下脸儿索，难为情啊！荷荷。

第二年

太阳下山墩墩，雅荷海。
过不得年儿，荷荷。
债主追来了，梅绮紫梭，
牵去牛大哥，舍不得啊！荷荷。

第三年

太阳下山墩墩，雅荷海。
过不得年儿，荷荷。

* 本篇系作者按南京北固乡一带流行的山歌曲谱填写的歌词。曲谱由当时晓庄学校音乐指导员陆静山记录整理。

债主追来了，梅绮紫梭，
把我田地夺，如何得了！荷荷。

第四年

太阳下山墩墩，雅荷海。
过不得年儿，荷荷。
债主追来了，梅绮紫梭，
强把棉袄剥，冷得抖啊！荷荷。

第五年

太阳下山墩墩，雅荷海。
过不得年儿，荷荷。
债主追来了，梅绮紫梭，
逼我卖老婆，天啊！天啊！荷荷。

十六年十二月一日

假人*

颜习斋十六岁时，他的干祖父朱翁，想行贿为他运动中一个秀才，他哭得连饭都不肯吃。他说："宁为真白丁，不作假秀才。"我们做人都应该有这种精神。一天我坐电车，身上只带了一个双角子①，摸出来买票，那卖票的说："铜噶，弗好用。②"我只好下车步行。假角子尚且给人这样多的麻烦，何况假人？假角子用不去，而假人偏能行得通，又是什么缘故呢？真小人易知，伪君子难防。看去是真的，又像有几分假；听来是假的，又像有几分真：真中有假，假又像真，把人弄得头昏脑黑，无从辨别。假社会当中做人是多么难对付的一件事啊！去年夏天写就《假好人》短诗十首，志在劝世，兼以自励。措词未免过分，但一腔热血，实望大家洗心改面，共同手创一个光明磊落的真世界罢了。恕我罪我，听人裁判吧！

（一）假好人

世界如何坏？
坏在假好人。
口是而心非，
虽人不是人！

* 本篇原载 1931 年 9 月 25 日《申报·自由谈·不除庭草斋夫谈荟》，题为《假好人》。

（二）假父子

假父子！
金子是老子。
嘴里喊爸爸，
心里咒他死。

（三）假母女

假母女，
养女如养猪。
谁个银子多，
可以买肥猪。

（四）假夫妻

假夫妻，
貌合心已离。
老婆偷汉子；
丈夫打野鸡。

（五）假情人

假情人，
丢手成路人。
遇着新路人，
又成意中人。

(六) 假朋友

假朋友，
交情肉与酒。
酒肉吃光了，
到处丢你丑。

(七) 假师生

假师生，
买卖在书本。
一旦要打倒，
只因少给分。〔注〕

(八) 假军队

假军队，
忍看山河碎。
他自有本事：
会杀亲姊妹。

(九) 假官吏

假官吏，
嘴上有主义，
吃了百姓饭，
要剥百姓皮。

（十）新武松

我是新武松，
已上景阳冈。
遇着人面虎，
打去无商量。

十九年七月

〔注〕　分是考试的分数。

注释

① 双角子，指当时的2角硬币。

② 铜噶，弗好用，即：“铜的，不好用。”

人与煤炭*

民国三年的秋天，我第一次坐海船东渡，自言自语的说：海船走得这么快，好极了。教科书告诉我这是蒸气机关推动的。我应该去看看这个蒸气机关。走到机器间去看了一忽儿，心里想，蒸气是水烧滚了变的。我得去看一看这水是用什么东西烧，怎样的烧法？我于是一路问到火舱门口，一看，几个赤膊的活人像天津鸭子在那儿烤着，烤出一身的黑油！身上、脸上、手上黑得如同他们所烧的煤炭一般黑！这是我与火伕们第一次见面所得的印象，简直像硝镪水刻到我的心窝里。我明白了：乘长风破万里浪，代价是火伕们的泪和血！岂但海船上的火舱是人间地狱，您走进电力厂、机器厂、面粉厂、织布厂里去看看，便知道我们吃的、穿的、住的没有一样不渗透了工人们的血泪！一粥、一面、一衣、一灯当思来处不易。如果您一时没有机会去看，那末，请听我唱吧！

机器正开工，
炉火通红。
人与煤炭忒相同！
胖子进来瘦子出，
俱入烟囱。
减少点把钟，
加几个铜？

* 本篇曾载 1931 年 10 月 30 日《申报·自由谈·不除庭草斋夫谈荟》，题为《工业文明》，诗中第 6、8 行分别为："减少几点钟"，"工人乐不在工中"。

工人不是主人翁。
如此人间即地狱，
翻造天宫。

二十年春

农夫歌*

前年曾依保定农夫歌调草《农夫歌》一首，以词句未协，迄未付印。复依前调改作。

穿的树皮衣；
吃的草根饭；
背上背着没卖掉的孩儿饿煞喊爹爹。
牵着牛大哥，
去耕别人田。
太阳晒在赤膊，
心里如滚油煎。
九折三分，
驮利纳粮钱，
良民变成匪，
问在何处申冤？
人面蝗虫飞满天。
飞满天！
无有农夫谁能活天地间？

这是一幅自耕农在天灾人祸中降为雇农之小影。中原与西北等省之自耕农，代较富地主耕种，每月尚可得工钱糊

---

* 本篇原载 1931 年 4 月《师范生》第 2 期，署名：时雨。农夫歌系河北民间流传的一首歌曲。原词为：

“穿的粗布衣，吃的家常饭，腰里夹着旱烟袋儿，头戴草帽圈。
手拿农作具，日在田野间，受尽辛苦与风寒，功德高大如天。
农事完毕急急把粮捐，将粮缴纳完，才得自在安然。
士工商兵轻视咱，无有农夫谁能活在天地间？”

口，若是自耕，则必等到秋收，始有米吃，人已成白骨了。田地摆脱不掉，而官家钱粮不但不可少，抑且寅年要借卯年粮，不，寅年要借午年粮，故必须卖儿女，或驮重利借钱以纳。田契送人也不要，因为不能耕种还须纳粮。这是一种什么现象啊！

二十年四月十七日

一张字纸篓里的颂词*

中国无是非。世界无是非。如果有是非：便是强者是，弱者非；富者是，穷者非；胜者是，败者非；走运者是，倒霉者非。该说公道话的人不说公道话而说敷衍话，则是变为非，非反为是，而是非消灭了。

国民会议[①]开幕时，蔡孑民[②]先生写了一篇四言颂词，里面有两句是："济济一堂：农工商士"。〔小注〕我们按图索骥，会场里找不出一个靠自己种田吃饭的真农人，也找不出一个靠自己做工吃饭的真工人。该说公平话的蔡先生是和甘地先生敷衍法国人[③]一样的令人失望。

假使五十年或一百年之后，有位小胡适，爱做考据功夫，误以德高望重的蔡先生的亲笔颂词作证据，岂不要弄假成真，变非为是？

到底是非也不易埋没，字纸篓里有时会跑出史料来。下面便是当时报章登不出来，火炉幸而没有烧完的一篇文字，现给发表一下，谁是谁非，听读者自判吧。

孙公[④]遗教：
天下为公。
国民会议，
乐与谁同？
吾观代表：
士商亨通。
农不像农；

---

* 本篇原载1931年12月26日《申报·自由谈·不除庭草斋夫谈荟》。

工不像工。
农工皆士；
士亦农工。
公仆当国，
僭主人翁。
国之大本，
忍付东风。
异己信徒，
亡命西东。
青青年少，
伐若枯松。
民入地狱，
自造天宫。
口谈革命，
主义失踪。
己不受训，
训人谁从？
中山有灵，
泪洒群雄。
蔡子长者，
后学所宗。
恕持异议，
言出由衷。
愿公登高，
发聩振聋。
念头转处，
画蛇成龙。
云霓在望，
草木重荣。

漫漫长夜，
浩浩长空。
亦孔之忧，
吾望无穷。

二十年五月六日

〔小注〕　蔡颂登载在二十年五月五日《时事新报》⑤上，兹转载于后：

庆祝国议蔡元培亲颂词。

新会任务，解决国是。
遗教谆谆，瞬逾六祀。
今幸统一，训政开始。
时会既成，召集于此。
济济一堂，农工商士。
消弭众歧，指示正轨。
力谋建设，公宏民祉。
制定约法，以张民纪。
讨论问题，得其神髓。
主义实现，辉煌国史。
使命不辱，上慰总理⑥。
宪政可期，兆民咸喜。

注释

① 国民会议　指1931年5月5日至17日国民政府在南京召开的“国民会议”。

② 蔡孑民　即蔡元培。

③ 甘地先生敷衍法国人　指1931年甘地自英返印，途经法国时在一次演说中说：“我这次到英国来，两手空空，一无所得！贵国人对于自由、平等、博爱之箴言，能说能行，不胜钦佩……”作者曾在《申报》著文列举法国在非洲、亚洲侵占、掠夺殖民地的种种事实批评甘地对法国的恭维，并希望被压迫的弱小民族联合起来求翻身。

④ 孙公　即孙中山。

⑤ 时事新报　1911年5月18日在上海创刊。以编译东西报章，介绍西方学术文化为主要内容。1918年3月~1925年11月，增出著名的《学灯》副刊。1949年5月停刊。

⑥ 总理　指孙中山。

人心不可测 *

人心不可测，
有命活不得；
割了黄金谷，
有米吃不得；
种了白棉花，
有衣穿不得；
栽了一林树，
有房住不得；
让地造铁路，
有车坐不得；
纳税养军人，
有国保不得；
笑里藏尖刀，
有心谈不得。

* 本篇原载 1932 年 1 月 7 日《申报·自由谈·不除庭草斋夫谈荟》，题为《什么东西最可怕》，前面还有以下诗文：

“咱是天不怕地不怕！
天有什么可怕？地有什么可怕？但是世界上确有一个东西是最可怕的。
什么东西？老虎吗？
老虎有几只啊？可怕的是人！天不怕，地不怕，人心难摸实可怕，听咱唱来：”

一身很漂亮，
是贼不是贼？
看来一杯酒，
砒霜给人喝。
白玉是白的，
他偏说是黑。
客人做主人，
主人反为客。
翻手云变雨，
人心不可测！

二十年秋

摊贩老沈*

去年有一天下午，我带着饿肚到新爱伦影戏院看影戏，乘着休息的十分钟，走到门口，下了一碗面吃。这碗面费了十四个铜板，连煮带吃只用了五分钟，可算是经济极了。看看还有五分钟，便乘机问问面摊营业的情形。摊贩姓沈。整套器具值十八元，材料成本计二元，月纳巡捕房①照会捐二元。每月可赚三十元。我说你的进款比乡村教师还要好一点。他说“苦来些”，每天深夜四点钟回家，早上七点就要出来买材料，准备一天卖的面饺。如果不是这样，一家人便不能活。我看沈君脸色黄瘦，确是辛苦太过的结果，十四个铜板一碗的面，虽是平民的午餐，但是另一平民的康健换来的。今年想起此事，发生无限感慨，便写了一首诗想送老沈，但老沈已是不知去向了。

新爱伦门前面一碗，
化了一十四个小铜板。
摊贩名字叫老沈，
自做伙计与老板。
每月可赚三十元，
教师不如摆面摊。
哪知他说“苦来些，
一夜只睡三点钟；
若要多睡一刻儿，

* 本篇原载1931年9月15日《申报·自由谈·不除庭草斋夫谈荟》，原题《一碗面的代价》。

儿女冻饿谁做东？”
将他从头望到底，
一株枯树立秋风。
面儿代价我知了，
不是紫铜是血红！

二十年冬

注释

① 巡捕房　外国在旧中国租界内设置的警察机构。

军阀的镜子*

压倒主人自作主，
挥霍兵饷如粪土，
强盗进门不抵抗，
主人赶贼他不许。

二十年冬

* 本篇出自 1932 年 1 月 12 日《申报·自由谈·不除庭草斋夫谈荟》的同名文章。

送礼

乡下人送去的礼：
是麦是米。
城里人回送的礼：
是尿是屎。

高跟皮鞋上之小姐

瞧，瞧，瞧，
摩登小姐踩高跷①，
一跷跷到白渡桥②。
白渡桥上有人笑：
曲线三角真巧妙，
大脚婆儿脚变小。
走路不稳少爷扶，
少爷不扶就跌交。
上桥跌一交，
下桥跌一交。
来瞧，来瞧，
摩登小姐蹩了腰。
蹩了腰，
还要踩高跷。

二十一年冬

注释

① 踩高跷，中国民间娱乐方式之一。由表演者踩着有踏脚装置的木棍进行表演。

② 白渡桥　位于上海外滩北端，连接吴淞江南北的一座大桥。

想一想

饭也香，
菜也香，
吃饱了，
上毛坑，
一样爹娘养，
倒马桶的滋味要人尝！

二十一年冬

枯树集

双料少爷*

自从家父做老爷；
人人呼我阔少爷。
谁知我还是自倒洗脸水？
远不如进个学堂儿：
听差为我铺床又叠被。
上课看情书；
下课访小姐。
不高兴，闹个风潮儿，
直要教员怕我如同儿子怕爹爹。
请看今日害国贼，
哪一个不是当年的双料少爷！

十六年十二月十五日

* 本篇原载 1928 年 1 月 15 日《乡教丛讯》第 2 卷第 1 期。署名韵秋。诗中第 6 行、第 7 行为："上课看小说；""下课打茶围；"最末一行没有"料"字。

败家子的体操

进城考学堂，
学会拍网球：
洋人发大财，
老子叹气卖老牛。

十六年十二月十五日
河南道中

〔小注〕 传统游戏运动中以拍网球为最贵族化。一个球要费几元，一个球拍要费几十元，而且本国人至今不能自造。

告书呆子

“没有指导，
没有工做！”
探获新大陆的哥仑布，
可曾说过？

“没有指导，
没有工做！”
飘流荒岛的鲁滨孙，
可曾说过？

“没有指导，
没有工做！”
晓庄的学园里，
要种几多活萝卜？

“没有指导，
没有工做！”
开天辟地的机会，
可能让它错过！

十九年一月八日

学生或学死

小孩子，
小孩子，
那几个是学生？
那几个是学死？

二十年四月七日

湖涂的先生

（一）

你这糊涂的先生！
你的学堂成了害人坑！
你的墨水笔下有冤魂！
你说瓦特庸。
你说牛顿笨。
你说像个鸡蛋坏了的爱迪生。
若信你的话，
那儿来火轮？
那儿来电灯？
那儿来的微积分？

（二）

你这糊涂的先生！
你的教鞭下有瓦特。
你的冷眼里有牛顿。
你的讥笑中有爱迪生。
你别忙着把他们赶跑。
你可要等到：
坐火轮，

点电灯，
学微积分，
才认他们是你当年的小学生？

二十年春

小朋友

小朋友！
小朋友！
我看看你的手，
可拿得动扫帚？

小朋友！
小朋友！
哪一个长进？
哪一个丢丑？

二十年春

一位教授*

某大学教授好出风头，兼职很多，每月收入在千元以上，但位置既得之后，精神不及兼顾，弄得一塌糊涂，结果竟有一处差使被人辞退。接他的事的人是我一个朋友，任事忠勤，不避劳怨。教授很不甘心，屡次暗中捣乱。吾友一五一十的告诉了我，我便为这位教授写了一幅小影。这位教授实在具有代表性。像他这样的人，社会上到处遇得着。勤人的社会里不许懒人流连；懒人的社会里也不许勤人立足。中国是一种什么社会呀？

做戏爱做好角色，
做了角色懒负责。
别人串得好戏来，
暗中却把戏台拆。

二十年冬

* 本篇原载1931年9月7日《申报·自由谈·不除庭草斋夫谈荟》，题为《拆台》。

拉车的教员

分明是教员，
爱做拉车夫。
拉来一车洋八股①，
谁愿受骗谁呜呼。

二十一年夏

注释

① 洋八股　八股文原指明清科举考试制度所规定的文体。每篇由破题、承题、起讲、入手、起股、中股、后股、束股八部分组成。题目主要摘自《四书》，所论内容也要根据朱熹的《四书集注》等书，不许作者自由发挥。这种文体是束缚人们思想、维护封建统治的工具。

拉车

（一）

先生拉洋车，
满身汗如雨。
拉他一辈子，
马路知他苦。

（二）

学生坐洋车，
风凉而舒服。
坐他一辈子，
还是不知路。

二十一年夏

士之小影*

四体既不勤，
五谷也不分。
达则作官去，
穷则教学生。

二十一年夏

* 作者曾手书此诗作为1934年3月16日《生活教育》第1卷第3期的封面题诗。

两位先生的对话*

设计教学法[①]先生：

“教学做合一，
做学教合一。
玩来玩去，
只是老把戏，
还不是设计，
大同而小异。”

教学做合一先生：

“大同而不异？
西施少了一个鼻！
教学而不做，
正合士大夫的老脾气。
早上设一计；
晚上设一计；
心里设一计；
笔下设一计；

* 本篇原载《儿童教育》第4卷9期《儿童教育漫谈》。

衔支香烟喷口气，
又是一个计！
比出汗儿写意。”

二十一年夏

注释

①设计教学法　克伯屈等美国教育家创造的教学方法。学生在自己设计、自己负责实行的单元活动中获得知识和解决实际问题的能力。强调教师的任务在于利用环境以引起学生的学习动机，帮助学生选择活动所需要的教材。学习一般程序为：决定目的（含引起动机），订立计划，实行，评价。

牛角筒

大笼统，
小笼统，
大小笼统都是蛀书虫。
吃饭不务农；
穿衣不做工。
水已尽，
山将穷！
老鼠钻进牛角筒[1]。

二十一年冬

注释

① 牛角筒　用牛角做的筒，任何动物钻进去，都只会越走越窄，决无出路。常用来讽刺坚持错误，不愿回头的人。

奶妈的婆婆之悲哀*

（一）

人人羡慕儿童节，
我家宝宝哭不歇；
张家新生小少爷，
雇个奶妈好过节。

媳妇做了奶妈去，
奶变张家少爷血；
张家少爷白而胖，
胖如冬瓜白如雪。

（二）

人人羡慕儿童节，
我家宝宝哭不歇。
老奶给他尝一尝，
无奈奶头久已瘪。

* 作者曾手书此诗作为1934年4月1日《生活教育》第1卷第4期的封面题诗。此诗曾由赵元任制谱，载《生活教育》第1卷第6期。

清水米汤吃不饱，
小孩苦恼向谁说？
红红绿绿争点缀，
问是谁的儿童节？

二十二年儿童节后三天

幼苗集

耳朵先生*

写信原来要自然，
对谈如人在面前。
若问写得好不好？
请双耳朵做教员。

这是我在长江流域推行平民教育时代教人写白话信的一个小法门。

十三年四月十四日

* 本篇最初见于1924年4月14日作者致西村平民学校学生胡映莲的信。

问到底*

天地是个闷葫芦；
闷葫芦里有妙理。
您不问它您怕它；
它一被问它怕您。
您若愿意问问看，
一问直须问到底！

十三年

* 本篇原载1924年7月26日《申报常识·平民周刊》，原题为《问一问》，诗中第5行为："如果你要问问看。"

每事问*

发明千千万，
起点是一问。
禽兽不如人，
过在不会问。
智者问得巧；
愚者问得笨。
人力胜天工，
只在每事问。

十三年

* 本篇原载1924年8月2日《申报·平民周刊》，原题为《问》，署名知。诗中第4行的“过”字原为“羞”，第8行的“在”字为“是”。

村魂歌*

男学生，
女学生，
结了婚，
做先生。
哪儿做先生？
东村或西村。
同去改旧村；
同去造新村。
旧村魂：
新村魂：
一对夫妻一个魂。

这歌已由赵元任先生制谱

十六年春

* 本篇原载1924年8月9日《申报·申报常识·平民周刊》，题为《同到乡下去》。诗前有文："两星期前，我同一位朋友去参观燕子矶小学，很受感动。这个学校的灵魂就是丁校长（注：即丁超）和他的夫人。乡村学校里的先生们，大多数任期很短，教了一两年、两三年，正有点经验的时候，就跑到别处去了。在这种情形之下，说不到改良教育，更说不到改造乡村。但是丁先生夫妇二人共同在尧化门学校服务，已经有了八年之久。今年转到燕子矶服务，只有半年工夫，就把这个学校变成了一个活的学校。因此我觉得夫妻同到乡村去办学，是一件很重要的事。所以我做这首诗，为乡村人民和他们的小孩请命。"
由赵元任制谱的歌曲，载1928年7月15日《乡教丛讯》第2卷13期。

自立歌*

滴自己的汗。
吃自己的饭。
自己的事自己干。
靠人，靠天，靠祖上，
不算是好汉！

这歌已由赵元任先生制谱。

我写这首歌，志在勉励青年打破依赖性，不再做那贪图享福之少爷小姐。近来听说有人误解为自扫门前雪之个人主义。但是自己二字的涵义可由个人而推到团体，小而言之，一家一乡，大而言之，一国，一阶级，皆当努力尽他本身所应尽之责，而不该等候别人之代劳。

十六年六月

* 本篇原载1926年2月28日《生活周刊》第1卷第19期。出自1925年11月27日下午在天津南开中学的演讲，题目是《学做一个人》。陶行知说："我曾作了一首白话诗，说人要有独立的职业。"现在诗中"靠祖上，不算是好汉！"原为"靠祖先，都不算好汉！"作者手书此诗作为1934年6月1日《生活教育》第1卷第8期的封面题诗，注云："自己二字含有个人与团体两重意义。"赵元任谱的歌曲载1928年《乡教丛讯》第2卷13期。

初学烧饭

书呆子烧饭，
一锅烧四样：
生、焦、硬、烂。

十六年夏

朝阳歌*

（一）

玎玲玎玲珰！
天上放红光。
放红光，
放红光，
放自东方，
照到晓庄。[1]

（二）

玎玲玎玲珰！
晓庄放红光。
放红光，
放红光，
放自学堂，
照到四方。

十六年十一月一日

注释

① 晓庄　位于南京中央门外劳山旁，原名小庄，因作者在此创立南京晓庄试验乡村师范，遂改名晓庄。

* 本篇原载1927年11月1日《乡教丛讯》第1卷21期，题为“晓声”。第（二）节第5行原为“放自晓庄”。

锄头舞歌*

调寄本地栽秧山歌

（一）

手把个锄头锄野草呀，
锄去野草好长苗呀。
绮雅海，雅荷海，
锄去野草好长苗呀。
雅荷海，绮雅海。

（二）

五千年古国要出头呀，
锄头底下有自由呀。
绮雅海，雅荷海，
锄头底下有自由呀。
雅荷海，绮雅海。

---

* 此歌的调子系南京和平门外北固乡一带的山歌调，作者于1927年夏配上歌词，收入他主编的1933年6月出版的《晓庄歌曲集》，为该集的第一首歌曲。这歌曾灌制唱片，二三十年代流传很广。歌词收入本诗集时，每节末尾的帮腔“绮雅海”三字被删去，此次又按歌曲加上。

（三）

天生了孙公[①]做救星呀，
唤醒锄头来革命呀。
绮雅海，雅荷海，
唤醒锄头来革命呀。
雅荷海，绮雅海。

（四）

革命的成功靠锄头呀，
锄头！锄头！要奋斗呀！
绮雅海，雅荷海，
锄头！锄头！要奋斗呀！
雅荷海，绮雅海。

绮雅海，雅荷海，系帮腔声调。

十六年十一月九日

注释

① 孙公　即孙中山。

黄花歌*

黄花黄，
黄花黄，
黄花黄时万花藏。
万花藏，
黄花黄。

黄花黄，
黄花黄，
黄花黄时清朝亡。
清朝亡，
黄花黄。

黄花黄，
黄花黄，
黄花黄时民为王。
民为王，
黄花黄。

* 此歌收入1933年6月出版的《晓庄歌曲集》。

黄花黄，
黄花黄，
黄花黄时种麦忙。
种麦忙，
黄花黄。

这歌已由赵元任先生制谱

十六年十一月二十六日

不投降歌

（一）

军人救国不要命。
不要命，
不要命，
只有断头将军，
没有投降将军。

（二）

军人救国不要命。
不要命，
不要命，
只有断头兵丁，
没有投降兵丁。

（三）

军人救国不要命。
不要命，

不要命，
捧出一颗丹心，
献与亿兆生灵。

十六年十一月二十八日

人的身体

抬一桶儿水，
烧一锅儿饭，
挑一担儿粪，
出一身儿汗：
晚上睡得着；
日里事能干。
让人笑笨伯[1]；
我自为好汉。

十六年十二月

注释

① 笨伯　原指体胖不灵巧的人，《晋书·羊曼传》：“豫章太守史畴以大肥为笨伯。”后泛指愚蠢的人。

镰刀歌*

（一）

太阳起山墩墩，雅荷海。
镰刀雪亮，荷荷。
遇到草儿割，梅绮紫梭，
捆去好烧锅，
见得婆婆，荷荷。

（二）

太阳下山墩墩，雅荷海。
砍干净了，荷荷。
春风吹又生，梅绮紫梭，
留下种子多，
刀儿，刀儿，荷荷。

荷荷，梅绮紫梭，系帮腔声调。

十六年十二月四日

* 这是和《农人破产之过程》同一曲谱的又一首歌词。此歌曾灌制唱片，二十世纪二三十年代流传甚广。

孩子自己抱

朋友中有一位太太，不欢喜抱小孩儿，整天把她天使似的女儿付托给老妈子们。我一见了她便唱这首歌，唱得她自己也笑起来了。从此，她便勇敢的改了。这几句俚词，随嘴念来，不过是为小朋友出一口气，竟能发生一些效力，倒是出于我意料之外的。

自己的孩子自己抱，
不抱孩子的太太没人要！
我从迈皋桥①唱到夫子庙②，
人人都说刮刮叫。

十七年五月

注释

① 迈皋桥　在南京市中央门外。

② 夫子庙　在南京市城南，原文庙旧址。建于宋代（1034年），清代重建。为一热闹游览处。

挽赵叔愚院长*

人生在世三大事：
“做工，求知，管政治”。
病时补述人生观：
“康健，快乐”，不可易。
至理名言能医国；
国医不能医自己。
此日农家同悲恸：
归去来兮，晓庄、无锡。

十八年

* 本篇原载1928年10月1日《乡教丛讯》第2卷18期，题为《挽赵院长诗》。赵是晓庄第一院院长，江苏教育学院（在无锡）教授。

赠钱君尚志

宋墅之村有异人，
百里往返送山芋。
半夜跳出暖被窝，
披霜〔注〕戴月到新都[①]。
开水锅粑充早食，
主人犹在梦中呼。
宋墅山芋原好吃，
应念挑者汗如珠。
汗珠山芋进肚变为血，
血入心中化农夫。
待我农夫身手自然成，
钱君之愿始不辜。
乡村教师渐浮华，
但愿努力学宋墅。
宋墅之人何可敬?
大智如愚大忠迂。
寄语六园[②]众同志，
吾道其南最不虚。
爱非勒司特峰[③]三万尺，
不及钱君一篓芋。

钱君尚志创办宋墅小学，坚苦卓绝，人所难能。日前亲挑山芋一篓送我。这山芋非比寻常，是钱君以血汗种得，以血汗送来，愿与诸同志共尝其物而共学其人。

〔注〕 霜字比星字更切事实。

十八年十一月三十日

注释

① 新都　指南京，当时国民政府定都南京不久。

② 六园　指晓庄学校建立晓庄、吉祥、和平、三元、万春、蟠桃六个学园。

③ 爱非勒司特峰　珠穆朗玛峰的旧称。为世界最高峰，海拔8848.13米。

小庄晓

晓庄原名小庄，后面有老山，亦拟改为劳山，以寓在劳力上劳心之意。

老山劳；
小庄晓：
新时代，
推动了。

老山劳；
小庄晓：
咱锄头，
起来了。

老山劳；
小庄晓：
伪知识，
消灭了。

老山劳；
小庄晓：
士阶级，
下野了。

十八年十二月二十日

乡下先生小影

（一）

生长三家村。
来去五里店。
知己遍天下，
终身不相见。

（二）

"城里不要他，
跑到乡下来。"
他们这样说，
便算我无才。

（三）

雪花飞满天，
身上犹无棉。
一日吃两顿，
有油没有盐。

（四）

有油没有盐，
饿肚看水仙。
试问甜中苦，
何如苦中甜？

（五）

进城曾索薪，
轮流候茶园。
薪水领不着，
大家凑茶钱。

（六）

爸爸常叹气；
妈妈也埋怨。
已经三十岁，
还没有家眷。

（七）

“香姑”教人恋，
礼教[1]教人骗。
徘徊岔路口，
心灵已开战。

（八）

礼教教人骗，
时代教人变。
变好或变坏，
各自有志愿。

（九）

揭开革命旗，
飘扬劳山侧。
风云啸起处，
书呆失魂魄。

（十）

书呆不要吓！
往事不足责。
合将大人心，
渲染儿童色。

（十一）

天赋两个宝，
双手与大脑。
宁做农与工，
联合辟荒岛。

（十二）

荒岛自成趣，
努力胜天工。
原未造门墙，
所以路路通。

十八年冬

注释

① 礼教　中国奴隶社会、封建社会的等级制度以及与此相适应的行为准则和道德规范。

踏雪

雪路深过膝，
宽半尺：
我认清脚迹，
是乡下人开辟。

十九年春

一双手*

小朋友！
小朋友！
您有一对好宝贝，
身上摸摸有没有？
找不着吗？
您有！您有！不会没有！
我告诉您吧：
就是您的一双手！

会用这双手，
什么也不愁，
穿也不愁，
吃也不愁，
玩也不愁。
小朋友啊小朋友！
千万别忘记，
求友不如求手。

---

* 1935年，作者手书此诗的前三节，题为《双手万能歌》，作为同年9月16日《生活教育》第2卷第14期的封面题诗。

玩秋千，
翻筋斗，
送糖果儿进嘴，
和弟弟比球，
数一数您的快乐，
哪一样不是靠着这双手？
如果您也想去打倒帝国主义，
还须拿出您的小拳头。

别学那没有出息的人，
好事怕用手。
个子那么大，
拿不动扫帚！
整天逛趟子，
一双手儿拢在袖里走。
他会抽乌烟，
也会打牌九。
驮了外国人的嘴巴，
忍着气儿不回手。

倒会欺弱者，
欺人还要人请酒。
这样一个人，
您看丑不丑？
他既有手不会用，
何妨打他几把手！

天给我手必有用，
精神全在“做”字上；

攀上知识最高峰；
探取地下万宝藏；
铲除人间的不平；
创造个世界像天堂儿模样。
这些事没有完成，
决不可把手儿放。

十九年十一月七日

春天不是读书天*

（一）

春天不是读书天：
关在堂前，
闷短寿源！

（二）

春天不是读书天：
掀开门帘，
投奔自然。

（三）

春天不是读书天：
鸟语树尖，
花笑西园。

* 本篇原载1931年4月15日《师范生》创刊号，题为《春天不是读书天的回声》，署名自由诗人。

（四）

春天不是读书天：
宁梦蝴蝶，
与花同眠。

（五）

春天不是读书天：
放个纸鸢，
飞上半天。

（六）

春天不是读书天：
舞雩风前，
恍若神仙。

（七）

春天不是读书天：
攀上山巅，
如登九天。

（八）

春天不是读书天：
放牛塘边，
赤脚种田。

（九）

春天不是读书天：
工罢游园，
苦中有甜。

（十）

春天不是读书天：
之乎者焉，
忒讨人嫌！

（十一）

春天不是读书天：
书里流连，
非呆即癫！

二十年春

儿童工歌*

小盘古

我是小盘古，
我不怕吃苦。
我要开辟天地，
看我手中双斧。

小孙文

我是小孙文，
我有革命精神。
我要打倒帝国主义，
像个球儿打滚。

小牛顿

我是小牛顿，
让人说我笨。
我要用我的头脑，
向大自然追问。

* 本篇原载1931年9月15日《儿童生活》第5期，署名梧影。赵元任曾为此歌谱曲。

小农人

我是小农人，
靠种田生存。
为何劳而不获？
谁是我的仇人？

小工人

我是小工人，
我有双手万能。
我要造富的社会，
不造富的个人。

二十年春

敬赠师范生 *

（一）

今日诗兴发，
挥毫寄相思。
如蒙耐烦看，
愿得尽其辞。

（二）

诸君何所事？
候补当教员。
开创新世纪，
大任在两肩！

（三）

有些假学生，
非我所愿闻。
原欲进中学，
却想省几文。

* 本篇原载1931年4月15日《师范生》创刊号，署名时雨。

（四）

等到毕了业，
一心想升学；
大学考不取，
勉强教小学。

（五）

小学当教师，
原是穷差使。
一旦有高就，
哪管小孩子！

（六）

社会办学校，
各有其隐衷。
你若不明白，
钻进牛角筒。

（七）

看那专制国，
民愚乃可治。
要你塞其聪，
个个成奴隶。

（八）

个个成奴隶，
你是奴教头。
奴隶要出头，
留心你的头。

（九）

民国老百姓，
共是主人翁。
若当奴隶教，
便算你不忠。

（十）

攘攘十字街，
茫茫三叉口：
熊掌与鱼[1]不可兼，
你取哪样拿在手？

二十年春

注释

① 熊掌与鱼　出自《孟子·告子》。孟子说：“鱼，我所欲也；熊掌，亦我所欲也，二者不可得兼，舍鱼而取熊掌者也。”

诗的学校*

(一)

宇宙为学校，
自然是吾师。
众生皆同学，
书呆不在兹。

(二)

白日耀青天，
有人田里哼。
明月出东岭，
是吾看花灯。

* 本篇原载1931年5月《师范生》，署名梧影。同年12月30日在《申报·自由谈·不除庭草斋夫谈荟》发表时，诗前有文："这世界不好吗？我们何不把它投进诗的电炉里去重新铸出一个诗的世界？中国不好吗？我们何不把它投进诗的电炉里去重新铸出一个诗的中国？这诗的电炉是什么？是诗的学校！有诗的学校，我们便可铸成诗的中国、诗的世界。这鼓铸诗的世界和诗的中国的诗的学校，是怎么样的一个学校啊？请听我说来！"诗中（十一）节第3行为："偶然到此处"。作者曾手书诗的第（一）节作为1934年3月1日《生活教育》第1卷第2期的封面题诗。

（三）

劳力上劳心，
教学做“人工”。〔注一〕
探深而钩玄，
要将真理穷。

（四）

用书如用刀，
不快自须磨。
呆磨不切菜，
何以见婆婆？

（五）

老牛会耕田，
忘却头上角。
屠户何日到？
用角预商榷。

（六）

生来不自由；
生来要自由。
谁是真革命？
首推小朋友。

（七）

天池育蛟龙；
森林教狮虎。
得志不伤人，
此意谁与语？

（八）

地狱不在地；
天堂不在天。
创造大平等：
无地亦无天！〔注二〕

（九）

不是桃花源，
不是神仙府。
只做人中人，
无间他我汝。

（十）

谁说非学校？
就算非学校。
依样画葫芦，
未免太无聊！

（十一）

捧来一颗心，
愿共心儿好。
偶然一到此，
流连不知老！

〔注一〕 日本有一派人，站在保皇党的地位上作工人之后盾。他们根据一君万民之陈说，要铲除那立在君民中间之资产阶级。他们依着天皇的称法，称工人为“天民”，劳动为“天工”。初看这“天工”二字似乎很有精神，故我的初稿，写作“教学做天工”。既而想到大平等之世界中，万工平等，无所谓“天工”，无所谓“地工”，我们所要教学做的只是“人工”，但求他不流于“奴工”“畜工”便是合理了，何必妄自尊大！

〔注二〕 初稿作“非地亦非天”，颇有飘然欲仙之意，对于原在人心之天堂地狱，任其自生自灭。但这至多不过是一时之想象，而大平等之根本要求便是天堂与地狱及一切连类而来的诸多观念形式之完全消灭。所以与其说“非地亦非天”，不如说“无地亦无天”。“非地亦非天”是造端；“无地亦无天”是可望不可即之终极。“非地亦非天”含着有余不尽之诗意。“无地亦无天”是把要说的话一起都说完了。这两句何去何从，却大费踌躇咧。这大概是我个人内在之矛盾在文字上反映出来的影子吧？我的情感欢喜在“非地亦非天”的人间里流连，而我的思想一跳便跳到“无地亦无天”的世界里去，这中间也不知相隔几千百年咧！

二十年春

小孩不小歌

人人都说小孩小；
谁知人小心不小？
您若小看小孩子，
便比小孩还要小！

二十年四月十八日

变个小孩子

儿童园里无老翁；
老翁个个变儿童。
变儿童，
莫学孙悟空！
他在师驼洞，
也曾变过小钻风。
小钻风，
脸儿模样般般像，
拖着一条尾巴儿两股红！

二十年四月十八日

变个孙悟空

变吧！变吧！
变个孙悟空，
飘洋过海访师宗。
三百六十傍门都不学，
一心要学长生不老翁。
七十二般变化般般会，
翻个筋斗十万八千里儿路路通。
学得本领何处用？
揭起革命旗儿闹天宫。
失败英雄君莫笑，
保个唐僧过难亦威风。
降妖伏怪无敌手，
不到西天誓不东。
请看今日座上战斗佛，
岂不是当年人人嘴里的雷公？

二十年四月

新唐僧

老孙！老孙！
校长招你来，
当个师范生。
西天保谁去取经？
小朋友是你的唐僧。

二十年四月

教师节(一)

去年六月六[1]，
先生学干禄[2]。
今年六月六，
先生学种谷。

二十年教师节

注释

① 六月六　国民政府定六月六日为教师节。
② 干禄　求禄位；求进仕。

教师节（二）

（一）

去年六月六，
小孩骇得哭。
今年六月六，
宝宝多幸福。

（二）

去年六月六，
板凳黏屁股。
今年六月六，
满身汗如雨。

（三）

年年六月六，
死书不再读，
只做活学问，
越做越不足。

（四）

年年六月六，
先生自种谷。
肚子饿起来，
喝碗绿豆粥。

（五）

年年六月六，
先生进地狱。
地狱变天堂，
众生自成佛。

二十年教师节

三代*

行动是老子。
知识是儿子。
创造是孙子。

二十年秋

* 本篇原载1932年6月21日《申报·自由谈》。

大扫除*

有人问我："你为什么要向《自由谈》①投稿？"我说："我就是爱它那自由两字。"我见了《自由谈》，便联想到儿童的自由，妇女的自由，被压迫民众的自由，世界弱小民族的自由。我在这里要开自由之炮，破奴隶之城，缴奴主之械，解奴隶之镣，不使民间再有奴隶，人人都成为自由人。有人说奴隶也是有自由的。何以呢？他没有做奴隶之前一定有出处的自由：还是做自由人奋斗而死，还是做亡国奴乞怜而活，在这中间，他岂没有自由的选择？所以除非是他自己死心塌地情愿做奴隶，谁也没有力量叫他做奴隶。我们所要连根扫除的便是这种奴隶性。这种奴隶性不扫除干净，则自由的世界是永远不会实现。好，咱们来他一个大扫除吧！

谁有自由笔？
一起来扫地！
扫到哪一天？
地上无奴隶！

二十年冬

注释

①《自由谈》　1931年史量才主持的《申报》成立了总管理处，任黄炎

* 本篇原载1931年10月3日《申报·自由谈·不除庭草斋夫谈荟》。

培、戈公振为设计部正副主任，陶行知为顾问。当时《申报》改革的突出成就之一就是副刊《自由谈》。1932年后由黎烈文，张梓生相继主持。品类齐全，风格各异。瞿秋白、鲁迅、茅盾等均经常发表文章。陶行知也陆续发表了他的杂文专著《斋夫自由谈》和教育小说《古庙敲钟录》。

儿子教学做*

民国十七年我用上等宣纸装订了一本美丽的大簿子放在办公桌上以备学生们质疑问难。这本簿子的封面贴了一条泥金的标签，上面由我自己写了“人生问题”四个字。簿子旁边放了一张通告，欢迎大家将各人心窝里的问题写出来，使我可以预先考虑，再行答复，在美的簿上写心中事是多么有诗意的一回事啊！不消说得，鸡脚字是不好意思写在上面。我的目的是达到了：同学们每人来写问题之先必将问题里面的一些字练习好多次，才愿下笔。所以我这本簿子，不但是网罗了如珠似玉的问题川流不息的来到，而且写问题的字无形中也就艺术化了。

一天，我把人生问题簿翻开一看，发见了这样一个问题：

“夫子的儿子教学做，可得而闻乎？”

这问题的涵义是丰富极了，给了我一个很深刻的戟刺。从此以后我便时常自己问自己说：“儿子教学做这门功课该如何去上？”现在把最近上的一课发表出来，以供有儿子的人们参考。

儿子要在做上学在做上教，这是没有疑义的。我希望每个儿子做成一个什么样的儿子，我得把我自己先做成那样一个儿子，我要教儿子自立立人，我自己就得自立立人，我要教儿子自助助

* 本篇原载1932年1月23、24日《申报·自由谈·不除庭草斋夫谈荟》，题为《儿子教学做之一课》。

人，我自己就得自助助人。最近我和小孩们商议出一个自立立人自助助人的教学做过程，内分四个阶段：

第一个阶段　三餐喂得饱，个个喊宝宝；
第二个阶段　小事认真干，零用自己赚；
第三个阶段　全部衣食住，不靠别人助；
第四个阶段　自活有余力，帮助人自立。

我现在第四个孩子，六岁，尚在第一个阶段；第三个孩子十岁，在乡下时，已到第二个阶段，现在进城来又回到第一阶段；第二个孩子十三岁，是在第二个阶段；第一个孩子十七岁，是上了第三个阶段。同时大家还在求学，一起向了第四个阶段努力前进。

中国社会对于小孩的教育普通只有两个阶段：一是全然依赖，二是忽然自立。这中间缺少渐进的桥梁。倘若成人突遇变故，小孩失其所依，这是多么难受的痛苦啊！

二十年冬

静山的结婚通告*

静山订于二十一年一月十日与一位旧式姑娘结婚，要我根据他们的恋爱史代写一首小诗通知亲友。

“我爱的是乡下姑娘，
怕的是摩登小姐。”
“我敬的是赤脚先生，
厌的是花花少爷。”
我们在人生的大海里遇着了，
恩情好似鱼与水。
喜鹊一声报喜信，
“三杯美酒快到嘴。”

二十一年一月

* 本篇原载1931年12月27日《申报·自由谈·不除庭草斋夫谈荟》，题为《一张新婚通告》。第4行中的“花花少爷”原为“西装少爷”。静山，即陆静山。

乡村自卫团歌

（一）

琅珰一琅珰，
青菜萝卜汤。
草鞋穿好了，
背枪上战场。

（二）

琅珰一琅珰，
辣油豆拌酱。
少将打倒了，
瞄准打大将。

（三）

琅珰一琅珰，
三月还飞霜。
麦子长不成，
十人九吃糠。

（四）

琅珰一琅珰，
四海一老娘。
兄弟如相打，
缴了我的枪！

二十一年春

钟儿誓

我有一双手，
敲钟种菜蔬。
为人倒夜壶，
不是大丈夫。

二十一年夏

活的教育

静默如地下的种子。
自由如空中的鸽子。
猛勇如斗虎的狮子。

二十一年夏

摸黑路

三个牛皮匠，
凑个诸葛亮。
三个摸黑路，
凑个哥仑布。

二十一年夏

扇倒斯文架

赤脚穿布鞋，
赤膊披大褂。
芭蕉风起处，
扇倒斯文架。

二十一年夏

小小兵

（一）

小小兵，
劝你莫看轻。
你若欺中国，
小命和你拼。

（二）

小小兵，
爱打抱不平，
我们起来了，
不用再招兵。

（三）

小小兵，
问：“您要学谁？”
“别人都不学，
但愿学岳飞！”

二十一年夏

招生

来者不拒，
不来者送上门去。

二十一年夏

自动学校小影*

有个学校真奇怪；
小孩自动教小孩。
七十二行皆先生；
先生不在学如在。

二十一年十月

* 自动学校即南京佘儿岗儿童自动学校，成立于1932年9月4日，由晓庄小学学生胡同炳任校长。陶行知寄去贺诗一首，原诗有一句“大孩自动教小孩”。自动学校的小孩们写信问：“大孩能自动，小孩就不能自动吗？大孩能教小孩，小孩就不能教小孩吗？”陶接受他们的意见，将“大孩”改为“小孩”。此诗曾由赵元任谱曲。

工师歌

他是木匠；
我是先生。
先生学木匠；
木匠学先生。
哼，哼，哼，
我哼成了先生木匠，
他哼成了木匠先生。

〔小注〕　新时代之教师，不再做教书匠，乃是小工人之指导者，简称为孩子之工师。

二十一年冬

留级*

今年留一留，
明年留一留，
留到哪年才罢休？
父母也羞，
同学也羞，
小小眼泪像雨流。
花儿也愁，
草儿也愁，
生长如今不自由！
不自由，不自由，
把它从字典里挖出来，
摔到天尽头！

摔到天尽头！
从今小孩儿，
一级也不留。

二十一年冬

〔小注〕 花草听见小朋友留级，也要滴几滴同情之泪，何况做先生的，当然不是嘴里喊几句小朋友就算了事。您如果是小朋友的真朋友，就得用斩钉截铁的手段，把这个妖怪赶到没有人烟的荒岛上去。

* 本篇原载1932年10月15日《儿童教育》第4卷第9期，题为《打倒留级》。

新锄头歌*

光棍的锄头不中用呀；
联合机器来革命呀。
绮雅海，雅荷海，
联合机器来革命，
雅荷海，绮雅海。

二十二年三月十五日

* 本篇系陶行知1933年3月15日在上海举行晓庄创校五周年纪念会后所作。是对他1927年11月9日写的《锄头舞歌》的增补。他写后曾说："《锄头舞歌》之所以赶得上时代精神，最重要的还是后头这一段。"

儿童节歌*

（一）

隆冬隆冬一隆冬，
今天过节热烘烘。
从前世界属大人；
以后世界属儿童。
从前世界怎么样？
说来肚子会笑痛。
房里骗他有鬼怪；
水里骗他有蛟龙；
街上骗他有老虎；
累我一生做恶梦。
造谣撒谎意何在？
总而言之不许动。
甜来却比蜜糖甜；
凶来简直是雷公。
礼教和奶一起喂，
六岁已变小老翁。
小时学会不抵抗，

---

* 当时国民政府定4月4日为儿童节。此诗后由赵元任谱曲，有上海百代公司灌制的唱片。

大时自然不反攻！

（二）

隆冬隆冬一隆冬，
今天过节热烘烘。
从前世界属大人；
以后世界属儿童。
儿童不再读死书，
儿童不再受人哄。
少爷小姐是废物，
贪图享福必送终。
我们都是小工人，
用脑用手来做工。
娃娃好玩自己造，
自扎风筝舞天风。
拿起锄头与斧头，
造个社会大不同。
世事须从小儿意，
不从儿意不成功。
谁再欺侮弱与小，
总动员向他进攻。

二十二年四月二日

知行诗歌续集

知行詩歌續集

陶行知著

编者按

《知行诗歌续集》上海儿童书局1935年10月出版，诗歌46篇。

贺宝山师范[1]创校纪念

做学教合一，
双手绞脑汁，
脑汁冷如冰，
愿与汗儿一齐滴。
滴成白米饭，
不做工的不配吃。
天行健，大众以自强不息[2]。

注释

① 宝山师范　当时为江苏省宝山县县立师范学校。宝山县现属上海市。

② 天行健，大众以自强不息　见《易经·乾》中，原为"天行健，君子以自强不息。"

牛变为貉*

（一）

劳山有牛，
好用其角。
朱先生[①]说：
“是一丘之貉。”

（二）

牛变为貉，
这事可确？
纪常[②]听之，
磨刀霍霍。

（三）

天下的老牛，
生来都有角。

* 1930年4月，晓庄学校被封，晓庄师生派代表去教育部责问。部长蒋梦麟推故不见，由次长朱经农出面说：“我们以为知行原是很纯洁的，谁知也是‘一丘之貉’。”陶行知知道后，即写这首诗回答1923年曾与他一同编辑《平民千字课》的朱经农。

只因受训育，
有角如无角！

（四）

无角令人爱，
有角令人愕。
平常当非常，
老牛竟成貉！

（五）

用力耕田，
应敌用角。
天下的牛联合起来啊！
谁敢剥削？

注释

① 朱先生　即朱经农。
② 纪常　即时任南京卫戍司令谷正伦。

贺安徽中学[1]十周纪念

大事不好了，
黄帝子孙[2]今病倒。
书呆软手又软脚；
田呆笨头复笨脑。
强盗进门怕抵抗，
张开大嘴会吵闹。
不要吵，
不要闹，
呆子会医呆子病，
我校仙丹炼好了。
一丸叫做脑化手，
一丸叫做手化脑。
呆子吃下呆气消，
手脑相长永不老。
十年生聚十年教，
再过十年该好了。

注释

① 安徽中学　是陶行知在南京担任南京学生联合会顾问时，在南京安徽会

馆创办的一所学校，又叫安徽公学。周为周年，十周即十周年。

② 黄帝子孙　黄帝是传说中我国古代中原各部落的共同祖先。号轩辕氏。黄帝子孙，泛指中国人。

老吴的白话文*

老吴卖山芋，
抽签定赢输。
签分“马”“牛”“羊”，
又有“鸡”“犬”“猪”。
劝将“犬”改“狗”，
他说要依书。
我说书中“豕”，
不是你的“猪”。
好像小脚婆，
想做大脚姑。
今日学生中，
老吴有门徒。
数数桃和李，
老吴胜老胡[1]。

昨日在弄堂中遇见老吴摆着一个摊子，备有牛马羊鸡犬猪六种签，代表六等奖品。我看见那个“猪”字，疑他已经

* 本篇原载1931年9月16日《申报·自由谈·不除庭草斋夫谈荟》，收入诗集时有少许增补。

受了新文学[2]的影响，却又见那“犬”字，便疑他对于老文学还有眷恋旧欢之情。我因好奇心便和他谈改“豕”不改“犬”之缘故，才知道他是一位不彻底之文学改良家，如同一位小脚放大脚[3]的姑娘，难免留了些莲步的余韵。回头想到从前看过的作文，像老吴这样的文学改良主义者实在不少。他的门徒怕比胡适的还要多咧。写出这首诗来，不过是自取一笑罢了。

二十年四月八日

注释

① 老胡　即胡适。

② 新文学　“五四”运动时期产生的在内容与形式上都不同于旧文学的文学。它以接近群众的语言——白话，描写现实生活和斗争，是无产阶级领导人民大众反帝反封建新文化运动的产物。

③ 小脚放大脚　“五四”运动前在封建习俗下，妇女从小被迫把天然的脚缠成小脚。“五四”以后，有些妇女把缠过的小脚放开，但已难还原。

留学生治国

好比请乡下人吃大菜。

乡下老，
吃大菜[①]，
刀儿当做筷。
我的妈呀！
舌头去了一块。

注释

① 吃大菜　即吃西餐。

读冯焕章[1]先生诗

吾读先生诗，
天上正飞雪；
雪比诗中思，
诗是心中血。

注释

① 冯焕章　即冯玉祥。

卖艺*

狐狸有洞鸟有食，
乡下先生难度日。
风高谁放李逵火？
武训讨饭也不易。
自杀不成怕坐牢，
从来不演折腰戏。
众谓我曾做书呆，
便教出卖书呆艺。
书呆之艺卖与谁？
开张岂必有生意。
女生卖艺被开除，
先生卖艺可遭忌？
哪里管得这许多，
硬着头皮试一试。

* 本篇原载1932年12月24日《涛声周刊》第36期，题为：《陶知行卖艺启事》。诗后有卖文、卖字、卖讲的三条价格表。两旁是陈子展的两副对子。一副款题：陶知行先生卖艺新张之喜。款末署：楚狂老人敬贺。对联如下：

先生只三卖，卖讲卖字卖文，何如卖国为有利？

大家争一吃，吃党吃粮吃教，焉知吃粪便无人？

另一副款题：陶公知行卖艺纪念。款末署：楚狂老人拜题。对联如下：

三卖主义不骗人，货真价实文字讲。

五柳先生宁乞食，今是昨非归去来。

启事顶栏，还刊载了周刊主办人曹聚仁以“聋道人”署名的《陶知行卖艺馆开幕颂词》。

卖艺第一夜*

钞票到手绿油油，
乡下先生号莫愁。
洞若[①]！你去买几件棉袄，
莺[②]！你下园去挖菜，要教三冬变作秋。
瑞[③]！你上街去打油，麦子是现成的。
泽[④]！你去磨粉，问金禄[⑤]借匹老牛。
肖生[⑥]！喊小朋友一齐来，
快来做馒头。
馒头吃好去买铁，作舟[⑦]，

买了铁来铸斧头。
兰[⑧]！你攀上山头，

---

* 本篇原载1933年1月1日《涛声周刊》第37期，第4行为“要叫三冬变作重阳秋”，末尾两行为“我作了一夜的梦，何曾见半个袁头?!”

在1933年1月8日《涛声周刊》第38期上，有该刊帮编李僮署名“不知所贺”的《忧卖艺馆四歪诗》。全文如下：

自杀不成怕坐牢，书呆卖艺口唠叨；
盛时哪有便宜事？我道先生计欠高。
信义和平忠孝仁，黄金万两不愁贫；
半文不值猪猫狗，哥姐爹妈空费神。
锄头底下有□□，裱挂斋头怕暗伤，
何若皇恩春浩荡，大门高贴保安康。
卖字卖文何处是，讲台哪许让公登？
青天白日雷公响，轰着穷酸自找寻。

（贺客自注）锄头底下有□□。陶先生的诗是七个字，硬着头皮写上五个字，底下两个字，诚惶诚恐，死罪死罪，不敢再写了，故以□□代之。读若匡匡，方免反动口号之灾也。

去砍木头，
只造茅屋不造楼。
人间多少露天客？竟成[9]！
传语这里好收留。
世德[10]！你去质问盘古：
为什么造成这样一个坏地球，
高高低低不自由？
盘古不高兴，给我一拳头。
哎哟，原来是月亮照上我眉头！
做了一夜的梦，
何尝见半个袁头[11]！

注释

① 洞若　即王洞若。

② 莺　即徐明清。

③ 瑞　即周瑞铨。

④ 泽　即朱泽甫。

⑤ 金禄　即陈金禄。

⑥ 肖生　即马侣贤。

⑦ 作舟　即王作舟。

⑧ 兰　即王振乾。

⑨ 竟成　即严竟成。

⑩ 世德　即张劲夫。

⑪ 袁头　即当时使用的有袁世凯头像的银元。

合作*

英国人对印度人说：
“合作，合作。”
印度人回英国人说：
“我们合，让你作。”〔注〕

二十三年七月六日

〔注〕 We Co; you opperate.

* 本篇原载1934年8月1日《生活教育》第1卷12期。

送礼

乡下人送去的礼：
是麦是米。
城里人回送的礼：
是尿是屎。
尿屎还算好，
可以肥五谷。
挑谷进城卖，
买回一身毒。
梅毒会传代，
永远不可赎。
种谷要纳粮，
粮差凶如虎。
纳粮开学校，
有书不得读。
纳粮养官兵，
吃人如吃肉。
对外不抵抗，
乐土成地狱。
纳粮防天灾，

挪去造金屋。
大雨天上来，
万人水里哭。

新安小学儿童自动旅行团小影*

（一）

一群小光棍，
数数是七根。
小的十二岁，
大的未结婚。

（二）

没有父母带，
先生也不在。
谁说小孩小？
划分新时代。

* 本篇系原载于1934年2月16日《生活教育》第1卷1期《小先生》一文中的诗。儿童自动旅行团于1933年10月22日自江苏淮安出发，经镇江到达上海。陶行知亲手为他们制定参观学习计划十大项：一、帝国主义侵略之路线与证据；二、帝国主义残暴的痕迹；三、中国资本主义的发展；四、社会教育学术机关;五、娱乐场所;六、消闲场所；七、海京伯马戏场；八、中国的上海；九、中外宗教场所；十、下层民众生活场所。同时确定了60个参观学习点，并以演讲、卖报等收入解决生活费用。他们在上海前后活动50天，轰动了上海。

追悼慈母歌*

慈母啊！慈母啊！
流啊流啊大家流，
慈母啊，慈母啊，
流你爱流的热汗，
一滴一滴滴成糙米饭，
一吃一吃吃饱穷光蛋！
爱妈呀爱妈！
爱妈呀爱妈！
背起你留下的重担。
慈母啊！慈母啊！
爱啊爱啊大家爱，
慈母啊，慈母啊，
爱你所爱的小孩，
人人做成自动小工人。
联合起来创造人世界！
爱妈呀爱妈！
爱妈呀爱妈！
消灭那吃人妖怪。
慈母哟！慈母哟！

* 本篇写于陶行知的母亲1933年11月26日逝世之后。

慈母读书图

（一）

吾母五十七，
发奋读书籍；
十年到于今，
工学无虚日。

（二）

小桃[1]方六岁，
略识的和之；
不曾进师范，
已会为人师。

（三）

祖母做学生，
孙儿做先生；
天翻地覆了，
不复辨师生。

（四）

三桃[2]凑热闹，
两眼呆望着，
望得很高兴，
祖孙竟同学。

（五）

上课十六天，
儿子来一信，
老人看得懂，
欢乐宁有尽。

（六）

匆匆六个月，
毕业无文凭，
日新又日新，
苦口作新民。

（七）

病发前一夜，
母对高妈说：
你比我年青，
求学要心决。

(八)

子孙须牢记：
即知即传人！
若作守知奴，
不是中国人。

注释

① 小桃　即陶晓光。

② 三桃　即陶刚。

吾母所遗剃刀*

这把刀！
曾剃三代头。
细算省下钱，
换得两担油。

吾母治家，最为勤俭，连剃头都是她一人包办。这把剃头刀现在是成了我们最可纪念的传家宝了。她剃过父亲的头，剃过我的头，剃过桃红、小桃、三桃，蜜桃[①]的胎头。

注释

① 蜜桃　即陶城。

* 作者曾手书此诗作为1934年10月16日《生活教育》第1卷17期封面题诗，题名《慈母遗刀》。

我的袜

吾袜真奇怪，
半年穿两双。
人笑我蹩脚，
谁知我心欢？

这袜母所补。
这袜儿所穿。
儿穿母补袜，
快活如神仙。

小先生歌*

（一）

我是小学生，
变做小先生。
粉碎那私有知识，
要把时代儿划分。

（二）

我是小先生，
教书不害耕，
你没有工夫来学，
我教你在牛背上哼。

（三）

我是小先生，
看见鸟笼头昏。

* 本篇原载1934年3月16日《生活教育》第1卷3期。诗中第2节，作者将三、四行的“你”均改为“您”，手书作为《生活教育》第1卷12期的封面题诗，题名《小先生歌之一》。诗中第5节，作者将第二行的“烈焰”二字改为“热心”，手书作为《生活教育》第1卷18期的封面题诗，题名《小先生化钉子歌》。

爱把小鸟放出，
飞向森林投奔。

（四）

我是小先生，
这样指导学生：
“学会赶快去教人，
教了又来做学生。”

（五）

我是小先生，
烈焰好比火山喷。
生来不怕碰钉子，
碰了一根化一根。

（六）

我是小先生，
爱与病魔斗争。
肃清苍蝇与疟蚊，
好叫人间不发瘟。

（七）

我是小先生，
填平害人坑。

把帝国主义推倒，
活捉妖怪一口吞。

(八)

我是小先生，
要与众人谋生。
上天无路造条路，
入地无门开扇门。

二十三年三月十六日

富人一口棺

富人一口棺，
穷人一堂屋。
讨得死人欢，
忘却活人哭。

二十三年四月一日

恋爱无上主义者小影

做事读书不起劲，
吃饭睡觉不高兴，
千劝万劝不肯听：
一封信来救了命！

二十三年四月

送一位摩登小姐

脱下高跟鞋，
穿上工人装。
斧头挥起处，
地狱变天堂。

大饼油条

（一）

大饼油条，
大宝，你早！
油条大饼，
小王，你请！

（二）

大饼油条，
和你要好；
油条大饼，
爱你上瘾。

（三）

大饼油条，
哥哥有嫂；
油条大饼，
妹已定亲。

（四）

大饼油条，
和你偕老；
油条大饼，
两人一心。

（五）

大饼油条，
快把我讨；
油条大饼，
爸爸不准。

（六）

大饼油条，
我俩快逃；
油条大饼，
追得太紧。

（七）

大饼油条，
我要上吊；
油条大饼，
我要跳井。

病人的呼声 *

（一）

医生！
医生！
我的名字叫正学，
大学中学做先生。
侍候少爷与小姐，
个个送入害人坑。
跳舞跳到三更，
喝酒喝得头昏，
生病有的是医生，
罪过我与你平分。
你明白吗？
我的医生。

（二）

医生！
医生！
我的名字叫老沈，

* 本篇原载1934年4月16日《生活教育》第1卷第5期。

挑着担儿卖馄饨。
住的是三等病房，
可不是三等病人。
只因荷包少几文，
性命同样是一根。
晴天太阳阴天雨，
折扣岂因贫富分？
你明白吗？
我的医生。

（三）

大夫！
大夫！
我的名字叫阿五，
到上海做黄包车夫。
被汽车一撞十丈远，
撞坏了我的头颅。
七十岁的妈妈要养，
七岁的儿子要读书。
我的苦命如不保，
一家老小要呜呼。
你明白吗？
我的大夫。

（四）

郎中！
郎中！

我的名字叫阿猫，
在杨树浦纱厂里做工。
一天只赚五毛钱，
要做十四点钟。
做工做到头发昏，
机器忽把手穿通。
一家五口要吃饭，
还没有棉袄儿过冬。
你明白吗？
我的郎中。

（五）

护士！
护士！
我在家里种田，
名字叫做金阿四，
乡下已经破产，
城里找不着事。
山穷水尽无路走，
自寻短见两三次。
贞操换了杨梅毒，
不得了三个字。
你明白吗？
我的护士。

二十三年四月十六日

三块大洋的结婚*

我近来对于贵族式的婚礼，一概拒绝参加，就是好朋友，也毫不通融。我觉得当这民穷财尽的时候，在结婚的喜事上，还要摆出排场，彼此争风，简直是一个罪恶。穷光蛋结婚不自量力，甚至于借恶债来和富人比赛，不但是可笑，而且是可怜，这种婚礼不能使我高兴。但最近我是参加了一次富有意义的婚礼：秋平[1]与曼雯[2]为着要到潘家桥共同服务便利起见，就提前于废历新年结婚。婚礼是庄严而简易。刘世厚[3]司仪，马侣贤证婚。节目中有敬鸣晓钟十八响，唱《村魂歌》，新人相对行敬礼，新人向来宾行礼，婚书用印，新人报告，来宾致祝词，唱《锄头歌》，礼成，摄影。新人只备茶点敬客，不设酒席，费了三块大洋，夫妻各出一半。他们也没有钱做新衣，各人只穿了旧的便服行礼，以致特来观礼的乡下姑娘认不清谁是新人谁是客人。这事初看很小，仔细想来，实在是一件破天荒的大事。秋平与曼雯两位青年是抱着绝大信念，下着绝大决心，鼓着绝大勇气，忍受数千年传下来的狠毒讥诮，突出重围，来创造他们的幸福的世界。他们所开的路线，在不知不觉之中，是引导着许多穷青年解除烦恼，避免破产，追取简单的幸福。这是多么可贺的一件事啊！

（一）

三块大洋钱，

---

* 本篇原载1934年5月1日《生活教育》第1卷第6期；作者手书第1节和第15节作为封面题诗，题为《贺秋平曼雯结婚后合办夫妻工学团》。

结婚过新年，
每人出一半，
开创新纪元。

（二）

香姑斗新装，〔注一〕
搽得喷喷香：
赶来看新郎！
赶来看新娘！

〔注一〕　香姑即乡姑。

（三）

新郎在哪里？
哪里是新娘？
怎么寻不着？
一定房里藏。

（四）

也是茅草屋，
不大像新房。
一桌两板凳，
还有床一张。

（五）

新娘却不见，
也不见新郎。
眼皮挤一挤，
香姑心里慌。

（六）

不要慌！不要忙！
听我说端详：
“新娘在这里！
那就是新郎！”

（七）

好一个新郎，
依旧学生装。
纽扣缺一个，
对客献茶汤。

（八）

新娘没凤冠，
也没新衣裳。
她不坐花轿，
不哭不心伤。

（九）

不点红蜡烛，
也没有拜堂。
晓钟十八下，〔注二〕
新人已成双。

〔注二〕 晓庄学生成婚，鸣钟十八响，以示新夫妇在十八信条④之下结合起来为农民服务之意。

（十）

人人拍巴掌，
个个耳朵痒。
新人请上台，
恋爱讲一讲。

（十一）

玎玲玎玲铛，
走到讲台上。
疑是挂环珮，
钥匙一串响。

（十二）

“我非嫁老公，
他非讨老婆。
平等结夫妻，

意思好得多。”

（十三）

“本想迟结婚，
于今不得已。
同去造新村，
中心正可喜。”

（十四）

没有过三朝，
同到潘家桥，
看见先生到，
小手群相招。

（十五）

庙小活佛多[5]，
事忙吃不消。
幸是双双到，
担子两人挑。

（十六）

农人讨老婆，
高利把债驮。
利钱付不起，
赔牛卖老婆。

(十七)

我写这首歌，
脸上起笑涡，
但愿穷男女，
不再唤奈何！

二十三年五月一日

注释

① 秋平　即汪秋平。

② 曼雯　即汪丽云。

③ 刘世厚　即刘大作。

④ 十八信条　指1926年11月21日陶行知在中华教育改进社特约乡村教师研究会上的演讲词《我们的信条》共18条。

⑤ 庙小活佛多　庙指学校，活佛指上学的儿童。

教师歌*

献与儿童教育社[1]同人

（一）

来，来，来
来到小孩子的队伍里，
发现你的小孩。
你不能教导小孩，
除非是发现了你的小孩。

（二）

来，来，来
来到小孩子的队伍里，
了解你的小孩。
你不能教导小孩，
除非是了解了你的小孩。

（三）

来，来，来，

* 本篇原载1934年5月16日《生活教育》第1卷7期。原副标题："献与儿童教育社同人和《儿童教育月刊》同时披露。"《教师歌》是陶行知应陈鹤琴邀请为该社作的社歌，赵元任谱曲。

来到小孩子的队伍里，
解放你的小孩。
你不能教导小孩，
除非是解放了你的小孩。

（四）

来，来，来，
来到小孩子的队伍里，
信仰你的小孩。
你不能教导小孩，
除非是信仰了你的小孩。

（五）

来，来，来，
来到小孩子的队伍里，
变成一个小孩。
你不能教导小孩，
除非是变成了一个小孩。

二十三年五月十六日

注释

① 儿童教育社　即中华儿童教育社。社长陈鹤琴，东南大学教授，著名幼儿教育家。20世纪20年代创办中华儿童教育社，专门从事儿童教育研究，出版《儿童教育月刊》。

一对妖怪*

自私先生，
自利太太，
生下一对妖怪：
大肚的守财奴可鄙，
大头的守知奴更坏。
传下一代一代又一代，
造成了中华民族的大失败。
开刀打针要赶快：
放出一个个脑袋里的毒汁，
取出一个个肚皮里的痞块！
如果再马虎，
天然淘汰！

二十三年六月一日

* 本篇原载1934年6月1日《生活教育》第1卷第8期。《生活教育》第1卷9期上有蔡鹤为此诗配的九幅连续漫画。

五块大洋的棺材歌*

农村破产无日：破于帝国主义，破于贪官污吏，破于苛捐杂税，破于鸦片烟，破于婚丧不易。秋平曼雯二人化三元大洋结婚，曾给农友以有力的感动。我曾作歌数首，宣扬这空前的美事。日前小先生沈××之叔父去世，驮债治丧，几致倾家荡产。沈禹生团长与我谈及此事，乃知治丧新法之提倡，不容再缓，特托王振乾君为我创造五元的寿材一具，陈列在山海工学团，志在唤起农友们之觉悟。我写这首歌的宗旨，也只是要宣扬养生重于送死的要义。

（一）

来也赤裸裸；
去也赤裸裸：
自由复自在，
不想求什么！

（二）

棺材是囚笼；
寿衣是镣锁：
犯了什么罪，
虽死也难躲？

* 本篇原载1934年6月16日《生活教育》第1卷第9期；作者手书第5节作为《生活教育》第1卷第11期封面题诗，题为《薄殓歌之一》。

（三）

寂寂兮肉葬。
熊熊兮火化，
顺受兮自然，
如归兮不怕。

（四）

我虽不怕死，
只怕出孝子。
孝子厚葬我，
全家要饿死。

（五）

出丧给人看，
无钱怎么办？
驮债办丧事，
办了已讨饭。

（六）

我今心已决，
难免有妥协。
未死先筹备，
遗嘱不可缺。

(七)

“几块薄皮板，
凑个薄皮材。
省钱而轻便，
亲友可自抬。”

(八)

“穿我旧时衣，
放进新棺材。
当时葬下去，
十元够哀哉。”

(九)

寿材已做成，
不管好和歹。
谁比我早死，
可以先来买。

(十)

中华四万万，
年死一千万。
每人省百元，
便省十万万。

（十一）

要想活得好，
便须死得对。
如果死要脸，
难免活受罪。

二十三年六月十六日

注释

① 山海工学团　1932年10月1日孟家木桥儿童工学团最先成立，以后就以这一天为山海工学团诞生纪念日，陶行知派马侣贤为团长。当时命名山海工学团，一是因校址处在上海市与江苏宝山县之间；二是该团成立在山海关失陷后。定名山海，寓意唤醒全国人民收复山海关外之东北失地。

大菜司务小影*

教育家醒来！

只为阔老烧大菜，
且听穷人吃糟糠；
说起理由亦充足，
声声重质不重量。

* 作者书写此诗作为1934年9月16日《生活教育》第1卷15期刊头题诗。

山海工学团二周纪念*

（一）

十月一！
十月一！
但愿大家有饭吃。
吃饭要把汗儿滴。

（二）

十月一！
十月一！
但愿人人有知识，
不求个人考第一。

（三）

十月一！
十月一！
勾消私仇在一笔；
联合起来打公敌。

* 作者曾手书此诗作为1934年10月1日《生活教育》第1卷第16期封面题诗。

（四）

十月一！
十月一！
谁是我们的公敌？
不消说是帝国主义！

贺南开中学第一次会考失败

什么学校最出色？
当推南开[①]为巨擘。
会考[②]几乎不及格，
三千里路来贺客。
请问贺客贺什么？
贺你几乎不及格。
倘使会考得第一，
贺客就要变吊客。

〔注〕 听说第二次会考，南开一怒而得第一，不知道是不是事实；如果是事实，那么老夫就不免前去吊香了。

注释

① 南开 即南开中学，教育家张伯苓于1907年把天津私立第一中学改建而成。该校重视教育质量，培养许多人才，深得社会好评。

② 会考 1932年5月国民政府规定，公私立中小学应届毕业生均须参加毕业会考，各科成绩及格始得毕业。

萧场工学团一周纪念联合运动会歌*

一 二 三

一二三，
三二一，
但愿个个身体好，
不愿拼命争第一。

运 动 会

（一）

大家来运动，
大家来运动。
放下你的重担，
别说你没有空。

---

* 本篇原载1934年11月1日《生活教育》第1卷18期《行知行闲谈》栏目，题为《闲谈不如闲唱》。诗前有以下一段文字：十一月一日为萧场工学团周年纪念日。该团指导员黄志成君要乘这个机会开一个联合运动会，要我写几首歌助助兴趣。这是我顶欢喜干的把戏。本来今天上午要预备写“闲谈”的稿子，因为运动会期已经逼近，我不得不运用这点难得的空闲来哼他几首。恰巧，运动会歌哼好的时候，儿童书局已经派人来坐索“闲谈”的稿子，像三十晚逼债一样的紧。我回头一想，闲唱不也就是闲谈的一种吗？这是比闲谈还有趣。一时计上心来，就把我方才哼的几首闲歌写出来当作闲谈吧！

（二）

来开运动会！
来开运动会！
练好你的身体，
把帝国主义打退。

没有选手

“三不像的运动会，
找不到一个选手。”
你说的很对，
我们不做跑狗，
不做蟋蟀，
不做斗牛！
我们都是选手，
都不是选手。
有人送礼来，
也愿拍拍球。
踢的是毽子，
打的是拳头；
放的是风筝，
砍的是斧头；
挑的是粪桶，
舞的是锄头；
玩的是石担，
攀的是山头。
锻炼好身手，
要叫被压迫的一齐来出头，

一齐来出头，
人的脚底下不再有人头。

（一）欢迎夏家宅的好汉出马

夏家宅！
夏家宅！
看你这副神气，
定能收复东北。

（二）欢迎红庙的好汉出马

红庙！
红庙！
胜了哈哈的笑，
输了不可上吊。

（三）欢迎萧场的好汉出马

萧场！
萧场！
努力向前干啊！
听我为你拍掌。

（四）欢迎沈家楼的好汉出马

沈家楼！
沈家楼！
别轻看棉花拳，

论本领大拇指头。

（五）欢迎赵泾巷的好汉出马

赵泾巷！
赵泾巷！
一群真的好汉！
个个当仁不让。

广明小学校歌*

(一)

广明！
广明！
好鸟枝头唱天晴。
大家来做小太阳，
放出一线小光明，
照着广大的群众，
向前进行。

(二)

广明！
广明！
河底朝天望天阴。
大家来做小雨点，
半天落下成甘霖，
洒在广大的地上，
万象清新。

* 本篇原载1934年12月1日《生活教育》第1卷20期。作者书写其中第1节作为同期封面题诗，题名“广明小学二周纪念”。

（三）

广明！
广明！
不管天晴与天阴。
拿起头脑和双手，
干它几个小发明，
攻进广大的自然，
毫不调停。

（四）

广明！
广明！
天阴过了又天晴。
帝国主义倒不倒？
联合起来自分明。
收回广大的东北，
万众齐心。

中国女子中学办了一所小学叫做广明，意义深远。十一月十一日为该校二周纪念，校长王孝英先生要我代拟校歌，特写了四首，给王校长和小朋友贺喜。

送三岁半的张阿沪小先生

我是小娃娃，
床上滚冬瓜，
妈妈教我，
我教妈妈的妈妈。

二四·三·一〇

下雨不上学

小宝宝！小宝宝！
今天天气不好。
你们回家要早，
雨来变成水鸡，
事情有些不妙。

明天下雨不要来。
不下才好来。
破袜破布鞋，
弄坏没钱买。
受了潮湿，
还要把病害。
倒不如留在家里教奶奶，
没有奶奶教乖乖。

乡下姑娘两难

妈妈爱我如掌珠，
叫我种棉又读书。
菊花黄时棉花白，
摘花忙煞小香姑。
听说督学今天到，
先生拉我像拉夫。
不去吧？
老师一双眼睛对我乌。
去吧？
花少不够交地租。
不够交地租，
牵去老母猪。

凤阳花鼓改作*

(一)

你打锣，我打鼓。
打锣打鼓，听我来唱歌。
别的歌儿我们不会唱，
单唱一只《凤阳歌》①。
凤阳是《凤阳歌》呵，绮雅海。
得儿郎当飘一飘，
得儿郎当飘一飘，
得儿郎当飘飘一飘又一飘。

* 本篇原载1935年4月1日《生活教育》第2卷3期，题为：《凤阳花鼓》。前八节写于1928年，均按流传很广的《凤阳花鼓》曲调填写。1933年收入作者主编的《晓庄歌曲集》。1935年因百代公司要灌唱片，特增补九、十两首，并对原八首作了修正。修改后的歌词，刊登在4月16日《生活教育》第2卷第4期上。据吴树琴提供的手抄稿，还有以下一段：

唱凤阳，舞凤阳，
凤阳本是个好地方。
自从来了帝国主义，
十年倒有九年荒。

你打鼓，我打锣，
大家来听一个好歌！
别的歌儿我不唱，
让我们唱个凤阳歌。

（二）

说凤阳，道凤阳。
凤阳本是个好地方。
帝国主义跑进来，
十年倒有九年荒。
九是九年荒啊，绮雅海。
得儿郎当飘一飘，
得儿郎当飘一飘，
得儿郎当飘飘一飘又一飘。

（三）

我的命苦，真正苦，
一生一世嫁不着好丈夫。
人家的丈夫苦吃又苦做，
我家的丈夫偏偏死要赌。
赌是死要赌啊，绮雅海。
得儿郎当飘一飘，
得儿郎当飘一飘，
得儿郎当飘飘一飘又一飘。

（四）

我的命薄，真正薄，
一生一世讨不着好老婆。
人家的老婆管家又读书，
我家的老婆是个小脚婆。
是个小脚婆啊，绮雅海。

得儿郎当飘一飘，
得儿郎当飘一飘，
得儿郎当飘飘一飘又一飘。

（五）

我可怜，真可怜，
我的心中好比滚油煎。
人家的丈夫织布又种田，
我家的丈夫只会抽大烟。
只会抽大烟啊，绮雅海。
得儿郎当飘一飘，
得儿郎当飘一飘，
得儿郎当飘飘一飘又一飘。

（六）

没奈何，没奈何，
一生一世讨不着好老婆。
人家的老婆绣花又绣朵，
我家的老婆开口就骂我。
开口就骂我啊，绮雅海。
得儿郎当飘一飘，
得儿郎当飘一飘，
得儿郎当飘飘一飘又一飘。

（七）

好哥哥，你回头波，

自家吵嘴有什意思啊，
只要你不抽大烟不赌博，
我们两个子一定能合作。
一定能合作啊，绮雅海。
得儿郎当飘一飘，
得儿郎当飘一飘，
得儿郎当飘飘一飘又一飘。

（八）

好妹妹，你说得对。
抽烟赌博都是我的罪。
从今戒掉去，
醒了不再睡。
和气儿一团，
特别有滋味。
特别有滋味啊，绮雅海。
得儿郎当飘一飘，
得儿郎当飘一飘，
得儿郎当飘飘一飘又一飘。

（九）

好哥哥，回家波，
你卖掉阿英，遇着老虎婆。
我一想到她，心里很难过。
少吃一口饭，弄她回来波。
弄她回来波啊，绮雅海。
得儿郎当飘一飘，

得儿郎当飘一飘，
得儿郎当飘飘一飘又一飘。

（十）

好妹妹，说得对，
逼我卖女儿，贪官是有罪。
若追根，帝国主义是罪魁。
打鼓回家啊，把公敌打退。
把公敌打退啊，绮雅海。
得儿郎当飘一飘，
得儿郎当飘一飘，
得儿郎当飘飘一飘又一飘。

注释

①凤阳　县名。在安徽省淮河南岸，蚌埠东南。明代开国皇帝朱元璋的家乡。

农夫歌增补*

(一)

穿的破布衣，
吃的窝窝头。
来势凶凶好一个恶债主，
是来牵老牛。
一天吃两顿，
有盐没有油。
丝茶卖不出去，
乡下难以停留。
投奔工厂，
倒闭不能收。
只好拉洋车，
一面拉一面愁。
走投无路谁是仇？
谁是仇？
联合奋斗才能得真自由！

---

* 作者1931年4月17日作《农夫歌》，载《知行诗歌集·荒郊集》。这是该诗的增补。作者曾手书第（二）节作为1935年4月1日《生活教育》第2卷3期的封面题诗，题为《农民眼中之新教育》，副题“调寄农夫歌”。诗中第一行“穿的老布衣”、第四行“债主拿斗量”、第八行“填成了网球场”、第九行“小孩守牛”、第十一行“听见督学来”、第十二行“先生拉夫一样”，写时改为“穿的粗布衣”、“债主等着量”、“变成了网球场”、“守牛小孩”、“先生拉夫模样”。

（二）

穿的老布衣。
吃的糙米饭。
田里堆着新割的黄金谷。
债主拿斗量。
有人来圈地，
说是办学堂。
好好一块稻田，
填成了网球场。
小孩守牛，
也得把学上。
听见督学来，
先生拉夫一样。
丢掉老牛怎么办？
怎么办？
饭不够吃还要供先生饭！

（三）

穿的树皮衣。
吃的草根面。
背上背着没卖掉的孩儿，
饿煞喊爹爹。
五谷不许种，
逼我种大烟。
牛大哥抵掉债，
不能再想耕田。
九折三分，

驼利纳粮钱。
良民变成匪，
问在何处伸冤？
人面蝗虫飞满天。
飞满天！
联合奋斗才能活天地间。

自立立人歌*

（一）

滴自己的汗，
吃自己的饭，
自己的事自己干。
靠人、靠天、靠祖上，
不算是好汉。

（二）

滴自己的汗，
吃自己的饭，
别人的事帮忙干。
不救苦来不救难，
可算是好汉！

（三）

滴大众的汗，

* 本篇原载1935年4月1日《生活教育》第2卷第3期，作者曾手书第三节作为《生活教育》第2卷第2期的封面题诗。

吃大众的饭，
大众的事不肯干。
架子摆成老爷样，
可算是好汉？

(四)

大众滴了汗，
大众得吃饭，
大众的事大众干。
若想一个人包办，
不算是好汉。

镰刀歌增补(二)、(三)两首*

(二)

太阳当顶墩墩，雅荷海。
砍啊砍啊，荷荷。
大嫂子听啊，梅绮紫梭；
好花儿砍掉，
没有戴了，荷荷。

(三)

太阳偏西墩墩，雅荷海。
砍啊砍啊，荷荷。
大嫂子看啊，梅绮紫梭；
树苗若不留，
秋山髡头，荷荷。

百代公司任光先生要将《镰刀歌》灌成唱片，觉得原歌太短，特为增补两首。原歌刊在《晓庄歌曲集》里，儿童书局出版。

---

* 本篇原载1935年5月1日《生活教育》第2卷5期。这是对1927年12月4日写的《镰刀歌》的补充。增补这两首后，原第二首改为第四首。

五一歌*

（一）

五月一，
五月一，
一家大小吃不饱，
驼背种米给人吃。

（二）

五月一，
五月一，
过冬衣服不够穿，
日夜为人把布织。

（三）

五月一，
五月一，
出钱给人读死书，

* 本篇原载1935年6月1日《生活教育》第2卷7期。作者曾手书第3节作为《生活教育》第2卷6期的封面题诗，题名《不平文化小影》。

一个大字也不识。

（四）

五月一，
五月一，
帝国主义怎样倒？
滴汗还须绞脑汁。

一分钟歌谣演讲*

四个题目四十八个字

歌谣式民众演讲之经验

（一）做工

不做工，〔注一〕
要吃饭：
什么人？
王八旦。

（二）读书

要吃饭，
不读书：
什么人？
老母猪。

（三）教人

读了书，

---

* 本篇原载1935年6月16日《生活教育》第2卷8期，作者手书第三节作为《生活教育》第2卷10期的封面题诗。注一、注三即原来的注一和注二。诗中的注二即封面题诗的尾注。这首诗与吴树琴提供的作者手稿有少许不同。如第二节第1句"要吃饭"、第三节第1句"读了书"、第四节第2句"不反帝"手稿为"吃饱饭"、"死读书"、"不抗日"。

不教人：
什么人？
木头人。〔注二〕

（四）反帝

教死书，
不反帝：〔注三〕
什么人？
狗放屁。

〔注一〕 “不”是不肯。

〔注二〕 原作“不是人”，南通刘宝璠小先生代我改为“木头人”，我又多了一位小老师了。

〔注三〕 “反帝”是反抗帝国主义。

西桥工学团一周纪念*

西桥！西桥！
你是大公无私的太阳，
要把光芒普照。
你是天干已久的好雨，
要滋润每一丘田的禾苗。
你是饥民队的大饼油条。
你是穷人过冬的破棉袄。
你的小孩都做小先生，
先生虽小志不小。
你的老人都做老学生，
学生虽老心不老。
西桥好！
西桥好！
没有一个地方再比西桥好。

* 本篇原载1935年5月16日《生活教育》第2卷6期，作者手书全文作为《生活教育》第2卷13期的封面题诗。题末署“陶行知祝”。

西桥是江苏宜兴县一个村庄。1933年冬陶行知派陆静山和小先生侣朋去协助当地苦学生承国英与几个农友在西桥小学创办了工学团。

谁要丢掉这个小宝宝，
好比是丢掉太阳好雨，
好比是丢掉大饼油条，
好比是丢掉过冬的破棉袄，
哪能活得了！

儿童年献歌之一*

(一)

大家来贺年！
大家来贺年！
贺的什么年？
贺的儿童年。①
儿童年里小主人：
东升好比日初现，
日初现，人人得见光明天。
光明天下来贺年。
贺什么年？
贺儿童年。

(二)

大家来贺年！
大家来贺年！
贺的什么年？

* 本篇原载1935年7月1日《生活教育》第2卷第9期，诗中第五节第6行、第7行，原分别为“反帝不与共戴天”、“共戴天”。

贺的儿童年。
儿童年里小工人：
手脑双挥征自然，
征自然，看他辟地又开天。
开天辟地来贺年。
贺什么年？
贺儿童年。

（三）

大家来贺年！
大家来贺年！
贺的什么年？
贺的儿童年。
儿童年里小学生：
抓住书本种田园，
种田园，叫人有吃又有穿。
有吃有穿来贺年。
贺什么年？
贺儿童年。

（四）

大家来贺年！
大家来贺年！
贺的什么年？
贺的儿童年。
儿童年里小先生：
教人前进不要钱，

不要钱，守知奴化了云烟。
化了云烟来贺年。
贺什么年？
贺儿童年。

（五）

大家来贺年！
大家来贺年！
贺的什么年？
贺的儿童年。
儿童年里小团丁[2]：
反帝不与共青天，
共青天，千千万万小小拳，
打倒公敌再贺年。
贺什么年？
贺儿童年。

（六）

大家来贺年！
大家来贺年！
贺的什么年？
贺的儿童年。
儿童年里无老翁，
老翁个个变少年，
变少年，中华民国万万年。
万万年中都贺年。
贺什么年？

贺儿童年。

(七)

大家来贺年！
大家来贺年！
贺的什么年？
贺的儿童年。
年年愿为儿童年；
天天愿为儿童天。
儿童天！从此同开新纪元。
新开纪元来贺年。
贺什么年？
贺儿童年。

注释

① 儿童年　1935年9月至1936年8月，国民政府定为儿童年。

② 团丁　旧社会各地方民团的兵丁，称为团丁。

儿童年献歌之二*

(一)

大家来过年!
大家来过年!
过的什么年?
过的儿童年。
你不要快乐,
想一想有谁不能过年?
流浪的孩子不能过年。
他没有饭吃,
没有衣穿,
没有工做,
没有书念。
噼啪一声,
是巡捕的皮鞭。
要这样的孩子能过年,
才算是快乐的儿童年。

* 本篇原载1935年7月1日《生活教育》第2卷第9期,作者手书第1节作为该期的封面题诗,题为《儿童年献歌之一》。

（二）

大家来过年！
大家来过年！
过的什么年？
过的儿童年。
你不要快乐，
想一想有谁不能过年？
奶妈的孩子不能过年。
他没有奶吃，
不知糖甜。
你胖如冬瓜，
他瘦得可怜。
追本推源，
只因少几文钱。
要这样的孩子能过年，
才算是快乐的儿童年。

（三）

大家来过年！
大家来过年！
过的什么年？
过的儿童年。
你不要快乐，
想一想有谁不能过年？
拐去的孩子不能过年。
离开家里，
拐到天边，

不许啼哭，
不许谈天。
一生一世，
哪里寻得爹爹？
要这样的孩子能过年，
才算是快乐的儿童年。

（四）

大家来过年！
大家来过年！
过的什么年？
过的儿童年。
你不要快乐，
想一想有谁不能过年？
做工的孩子不能过年。
整天煤烟，
几文工钱，
一不小心，
轧掉指尖，
死去活来，
有谁代他伸冤？
要这样的孩子能过年，
才算是快乐的儿童年。

佘儿岗儿童自动小学三周纪念

紫金山为笔，
青天为纸，
乌云为墨，
动手来写字：
“立大志，
求大智，
做大事。”

二十四年九月四日

贺陈伦朱秉瑜结婚

（一）

“我教人。”
“我做工。”
“结了婚。”
“还做工。”
“哪里去做工？”
“沪西或浦东。”
“不做少奶奶？”
“享福必送终。”
“为大众，”
“各尽忠，”
“老婆无须跟老公。”
（男的唱一句，女的和一句，后三句同唱。）

（二）

“我做工。”
“我教人。”
“结了婚。”
“还教人。”
“哪儿去教人？”

“还是艮山门。”
“预备教什么？”
“教人做先生。”
“大先生，”
“小先生，”
“你别跟我跑进城。”
（女的唱一句，男的和一句，后三句同唱。）

二十四年中秋夜

街头鼓*

（大贱卖小影之一）

（一）

冬冬冬……
冬冬冬……
一半卖，
一半送。

（二）

冬冬冬……
冬冬冬……
货色卖不掉，
肚子胀得痛！

二十四年九月二十日

* 本篇原载1935年11月1日《生活教育》第2卷17期《大众诗歌》栏目，题名《大减价的鼓声》，第1节与第2节位置互换。

“九一八”四周纪念*

（一）

九一八！
九一八！
四年前东北占领，
现在是华北开发。

（二）

九一八！
九一八！
博士送礼送得阔：
不妨退到“堪察加”①。
（这是丁文江，胡适二博士唱和的国策。）

（三）

九一八！

* 本篇原载1935年9月16日《生活教育》第2卷14期，原题《纪念九一八》，词有些微不同。第1节第3行，第2节第4行，第4节第3、4行分别为：“四年前占领东北”、“‘何妨退到堪察加’?”“哪一些是狮虎豹？哪一些是鸡鹅鸭?”

九一八！
手执钢刀八十八，
刀刀只把自己杀。

（四）

九一八！
九一八！
哪几个是狮虎豹？
哪几个是鸡鹅鸭？

二十四年九月一日

注释

① 堪察加　苏联最大的一个半岛。位于苏联东北部，面积37万平方公里。如果由西向东撤退，它是苏联东部的极端。

知行诗歌别集

知行詩歌別集

陶行知題

知行詩歌別集一名

清風明月集

陶行知著

编者按

《知行诗歌别集》一名《清风明月集》，上海儿童书局1935年12月出版，诗歌140篇。此次编入137篇，因《一张新婚通告》《军阀的镜子》已见《知行诗歌集》，《大饼油条》见《知行诗歌续集》，这里只存目。

桃红[1]三岁

吃了秋波梨[2]，
又要欢喜头[3]。
叫声："奶奶嗳！
快上唱经楼[4]。"

孙儿要东西吃，必喊祖母。唱经楼有"欢喜头"卖。这可以说是我的第一首天籁[5]。民国三年到美国去，船出吴淞口，曾写《海风歌》一首，稿已遗失。

七年春

注释

① 桃红　作者的长子陶宏。

② 秋波梨　一种梨的名称。

③ 欢喜头　南京一带孩子吃的甜食。

④ 唱经楼　当时南京比较热闹的地方。

⑤ 天籁　指诗文浑然天成得自然之趣。

北固乡道上*

偕黄任之[①]先生等二十余人游燕子矶[②]，道经北固乡时之情景。

无限春光好，
行行北固乡。
村童惊客众：
一路数车忙。

七年春

注释

① 黄任之　即黄炎培。
② 燕子矶　南京名胜，在南京中央门外，长江之滨。

* 本篇原载1918年4月《金陵光》9卷4期。题为《黄任之先生邀陪暨南学生游燕子矶道经北固乡口占》。

中国小孩子过新年

过了三十晚，
又到初一朝。
枕头压岁钱，
灯笼挂得高。
一身新到底：
鞋，袜，衣服，帽。
“听听打呼声，
轻轻不要闹。”
寻吃厨房里，
五香鸡蛋好。
堂前去拜年：
爹，娘，哥哥，嫂。
开门放爆竹：
大炮和小炮。
大炮闭耳听；
小炮点着跑。
跌在污泥里，
妈妈一顿敲。
眼泪流到嘴，
哈哈又笑了。

放爆竹

一个个的放，
一声声的闹。
他把新的惊起，
把旧的吓跑。
放，放，放，
放到旧的不敢再来到。
放，放，放，不住的放，
放到新的不会再睡觉。

十一年二月六日

游牛首山[①]

戏赠绩溪[②]某同伴[③]

何处牛头坠地?
角化双峰堪异。
我自绩溪来,
寻到南京游历。
游历,游历,
从此不须穿鼻。

十一年春

〔注〕 吾乡称绩溪人为绩溪牛,人以为侮辱,我以为是尊敬,因为牛是农家之友,没有牛,我们哪里来的饭吃呀。

注释

① 牛首山　一作牛头山,在南京西南,双峰角立,状如牛首,故名。
② 绩溪　县名。在安徽省东南部。
③ 某同伴　指洪范五。

寄信

天气好冷啊！
这封信在路上冻三千里
　岂不要冷透了吗？
我怕信冷了要冰了他的手，
连忙拿进被窝里去放在胸前，
双手紧紧的压着，
使它充满了暖气再寄。
邮差啊邮差！
千万别把信里的暖气走出去啊！
我怕信冷了要冰了他的手。

十二年二月

敲门

打破了铜墙铁壁一万重，
跑出个光明磊落的灵魂，
站在您的心前敲门，
要拜会您的灵魂。
望进去铁壁铜墙又是一万重！
我急的丁丁东东的敲；
您却慢慢吞吞的开：
好容易我的魂见了您的魂。
要等到两魂变一魂，
从此出入不关门。

十二年三月

天无奈

天无奈，
奈人何；
人无奈，
奈愁何。
何不将愁化作歌，
送进芳耳，
透入心窝？
偏遇不着顺风过！
只凭你唱，
谁来和？

十二年三月

重逢张君鼎臣

六年不见面，
相逢竟不知。
天工如许巧，
有意令人肥。

十二年三月十二日

津浦车上遇刘君天遒

数读我文章，
谓我鬓已霜。
相逢通姓氏，
惊见少年郎！

十二年三月十三日

春日晨游

草浴晨露绿肥。
谁诱花魂恣睡？
方欣春色含羞，
已饮诗情入醉。

十二年三月二十五日

生命

（一）

生命之美如春花；
千紫万红开落忙。
开时只为春来看，
春去何必再开花？

（二）

生命之泉如夏雨；
风云雷电皆为汝。
农家得雨庆丰年；
江河横流亦是雨。

（三）

生命之光如秋月；
月魄婵娟[①]复清绝。
生来带有盈亏命，
何事团圆照离别？

(四)

生命之洁如冬雪;
梨花散尽天女[2]别。
只合乘风归太虚[3],
不愿亲遭骄阳劫。

十二年四月

注释

① 婵娟 美好或情意缠绵的意思，也可以代表美人。作者以月光的瑰丽皎洁，比喻婵娟的纯洁心灵。

② 天女 典出佛经故事。维摩室中有天女，把花散在菩萨们的身上，花落下都不沾身。至大弟子，花沾着不落，天女说这是尘世结习未尽之故。梨花是雪花的比喻。

③ 太虚 我国古代把太虚看为气。气聚而为万物，万物散而为气。又把太虚看作天和天空，神仙居住的地方。

桃红八岁

公公去了，
正全家哀恸，
惨无生意；
忽有救星天上降，
令人一齐收泪。
细算生辰，
迄于今日，
恰是八周年岁。
如加三月，
公该曾与孙戏。

海外噩耗惊闻，
念堂上母悲，
赋归来去。
正收拾书包去也；
欣悉夫人举子，
太太怀孙，
妹得肝心侄：
百般愁闷，
全凭你一人慰。

十二年四月二日

儿歌

依美国通行的一首儿歌填词

小桃[①]，小桃，
太太的活宝，
偷了个猪儿两脚跑。
猪儿叫哑，
桃儿驼打，
吓得个不敢在街上耍。

十二年四月三日

注释

① 小桃　作者次子陶晓光。

看花

好花不忍折，
愿他好不歇。
为问世间花，
谁逃爱者劫？

十二年五月二十八日

爱

（一）

他如果不来，
谁也不能叫他来；
他如果来了，
谁也不能叫他去。

（二）

本来是有的，
不用讨而给；
本来是有的，
不用送而受。

（三）

他来，
我不知道他从哪儿来；
他去，
我不知道他往哪儿去。

十二年八月五日

爱与害*

你就是我；
我就是你。
但愿爱你，
不愿害你。
如果害你，
便是害己。

十二年秋

* 本篇原载1925年1月10日《申报·申报常识·平民周刊》，原题《国民与我》，末句为“就是害己”。

读《板桥全集》

写诗作画慰劳人，
惟有劳人识味真。
日持一卷随身看，
不觉世间有风尘。

美术家写自己性灵，何暇择人而沽？惟冷眼偶尔一观当世之收藏，只见古今杰作多流落在富贵人家做侍儿，劳人安能得其慰藉？此诚美术家之大憾事。板桥道人①说：“凡吾画兰，画竹，画石，用以慰天下之劳人，非以供天下之安享人也。”这是何等伟大的精神！

十二年秋

注释

① 板桥道人　即郑板桥。

远别辞行

常自恨依依，
重见扬眉。
言欢几日醉如泥。
一梦天翻都不管，
无奈鸡啼！
最苦是生离，
无翼双飞！
来时何速去何迟？
一见归船肠欲断，
惟有君知！

车上过年

上车过旧年，
下车过新年。
年年车上过，
也算是过年。

一九二三年除夕

送葬*

君从天上来；
应归天上去。
此地多烦恼，
久住招人妒。
未若乘高风，
飘入云深处。
天欲成君洁，
夺君见大恕。

* 此诗写于1923年10月8日，为挽青梧弟而作。

为何只杀我

民歌改作

汤家太太做生日，
家家为他拜寿忙。
车满门，
客满堂，
为何不杀羊？
羊说道：
“羊毛年年剪得多，
为何不杀鹅？”
鹅说道：
“鹅蛋好吃不可杀，
为何不杀鸭？”
鸭说道：
“白细鸭绒好做衣，
为何不杀鸡？”
鸡说道：
“五更天亮报时候，
为何不杀狗？”
狗说道：
“我看家门你玩耍，
为何不杀马？”

马说道：
“一年给人骑到头，
为何不杀牛？”
牛说道：
“我耕田，你收租，
为何不杀猪？”
猪说道：
“今天大家都快活，
为何只杀我？”

爱之果

小桃出麻疹时，代老太太作

泰山压在肩脖上的重担，
脚踏在薄冰上的恐惧，
黑云里透出忽隐忽现的
　阳光似的希望！
织成不断的忧思，
放出不倦的精神，
更含了一种苦而甜的滋味。
这不是由于一点爱心吗？

四·八

新年饮

三杯绍兴酒，
一碗红烧肉，
吃到肚子里，
同享无量寿。

十三年二月八日

车中偶题

东西南北徙，
一月一万里。
南海[1]健游翁，
五年赶上公。

康南海有一图章，上有“行六万里路”之语。

十三年二月二十四日

注释

① 南海　即康有为。

归来

诗神始言旋；
诗人混欲仙：
不须饮斗酒，
已可诗百篇；
地变诗的地，
天变诗的天；
两间皆是诗，
妙诗随意拈。

十三年二月二十七日

谢方旭初兄与章杏生女士赠结婚玉照

欢喜复欢喜，
听我说妙理：
祖父做新郎，
从头又做起；
新娘做祖母，
连升三级矣。
百年好夫妻，
玉照映吾儿。

十三年三月十一日

车中偶题

东西南北路，
一月一来去。
谁谓风尘苦？
往往得佳句。

十三年三月十四日

自勉并勉同志*

人生天地间，
各自有秉赋：
为一大事来；
做一大事去。
多少白发翁，
蹉跎悔歧路。
寄语少年人，
莫将少年误。

十三年三月二十五日
写于徐州旅馆

* 本篇系作者1924年3月25日给吴立邦小朋友的信中所题的诗。

南下车中见山树奔过

树哥哥！
山哥哥！
您们真跑得快啊！
率性再跑得快些！
您们一到北京，
就请一个个的对我母亲报个信：
“知行一路平安！”
请您报个信！
您也报个信！
“知行一路平安！！！”
听清楚了吗？

十三年三月二十四日津浦路东南下

勉章衣萍

休作儿女态！
休洒柔情泪！
拿出双板斧，
开辟新天地。

努力

努力，努力，
努力向前进，
努力向上进。
先把脚步儿站稳，
再把方向儿认定。
一步，一步的走，
一步，一步的近。
千万不要回过头来，
别人的闲话也不要听。
战胜困难全靠要自信。
努力，努力，
创造个好命运，
自己的力量要尽。

十三年三月二十五日

赠方振民先生

入山种桃李，
更怀松柏志。
愿将松柏伴桃李，
耐过岁寒无凋意。

十三年三月二十九日

饮冰

故人劝我饮，
一杯冰到心。
心中无限意，
好作水晶凝。

秋歌*

秋风凉，
秋叶黄：
适者生存，
不适者灭亡！

十三年秋

* 本篇原载1924年8月23日《申报·申报常识·平民周刊》，题为《秋的命令》。诗中“适者”与“不适者”，原为“好的”和“不好的”。

秋神的命令

一阵秋风吹叶红。
唱和将尽虫，
柏松有余容。
适者披霜过冬，
不适者从此送终。
问几人尚在梦中？

十三年秋

桃红小桃
学打头绳围巾*

头绳两三根，
指头拨几针，
穿来穿去不费神，
说说笑笑，
围巾做成好披身。

十三年秋

* 本篇原载1924年12月13日《申报·申报常识·平民周刊》，题为《打头绳》。诗中的“说说”“围巾”，原为“谈谈”和“头巾”。

我的小怀抱

好也不算好；
坏也未必坏。
好好坏坏随人讲，
心中玉一块。

恩怨有偶然，
毁誉多意外。
翻手作云覆手雨，
朋友我不卖。

恼别

这里那里，
那里这里，
什么东西？
又是别离。

归来

不披袈裟[1]不烧香，
腾云驾雾游十方。
老夫如今归来也，
曾做了一十三天的野和尚。

注释

① 袈裟　梵文kasāya的译音，佛教徒的法衣。

风月儿

（一）

风月儿[1]，
笑嘻嘻，
出没流云仗双翼，
弯弓要射谁？
原是多情种，
喜向人间飞。
忽然一箭中着伊，
立地化情痴！

（二）

风月儿，
在天时，
世间儿女不自知，
埃典园[2]中嬉。
因你费心机，
人生苦别离。
何如上天暂休息，
恩怨一齐寂！

注释

①风月儿　一般是指清风明月的美好景色，也常有人用来指男女之间的爱情。

②埃典园　通译伊甸园。基督教和犹太教的圣经都把伊甸园说成是人类祖先亚当和夏娃居住的乐园。

谢友去年赠扇

匣里曾藏秋与冬，
今年犹扇去年风。
为问万里未归客，
月下吟诗几时重？

追忆美国得父没耗后之生活

我欲忙。
我欲忙。
忙到忘时避断肠，
几回心内伤！

我欲忘。
我欲忘。
忘入梦中哭几场，
醒来倍凄凉！

悲之极，不得已借事勉强忘之，下课后即到图书馆中看书，不敢回寓，每至深夜始返。但梦中不能自主，悲怀一动，凄凉甚矣。

有怀

东方来的明月，
您带得几多愁来，
把一脸儿都变得这样惨白？
我分明是平安的，
你回去的时候，
可以笑笑吗？

与月亮赛跑

您昨天比前天圆，
今天比昨天圆。
您和我比赛吗？
我明天到家，
比您先团圆！

天气冷

天气冷，
天气冷，
冷到心头冰到魂。
里面分明是一炉红火。
打不开门！

悲美之神

悲莫悲兮天上月，
独行宇内何所恋？
年年月月十五夜，
才望团圆又离别。

美莫美兮天上月，
多情爱把银光射。
射上浣纱西子[1]面，
人面明月难分辨。

注释

① 西子　即西施。

麦多那的恩赏

麦多那[1]的恩赏；
黄连里面夹蜜糖。
两般滋味一般尝，
要加去取无商量。
蜜糖甜，
甜到心头强如上天堂，
神仙薄做南面王[2]。
黄连苦，
苦到心头要发狂，
流下眼泪斗来量。
斗来量，
化作清诗断人肠。

注释

① 麦多那　现译麦地那。位于沙特阿拉伯中西部，是伊斯兰教创始人穆罕默德活动的主要地区之一，并有他的墓地。是伊斯兰教圣地之一。

② 南面王　古时以面向南为尊位，帝王之位面向南，故称帝王为“南面王”。

白兰花

我是一朵白兰花，
愿人摘去送给他——
送给他。
人山人海多似恒河沙[①]，
只愿送给他，
送给他插。
莫向鬓边插；
须在心前插。
花也像他；
他也像花，
天生成的一点儿不差。

注释

① 恒河沙　恒河是印度北部大河，发源于喜马拉雅山，经印度和孟加拉国，流入孟加拉湾。自古为印度教徒奉为圣河。恒河沙比喻事物多得难以计数。

春晨听莺说话

（一）

花魂真恣睡！
终朝谁是侣？
不作辽西梦[①]，
喜听黄莺语。

（二）

莫说前朝事！
莫诉相思苦！
愿得一曲歌，
为我留春住。

注释

① 辽西梦　唐金昌绪五言绝句《春怨》：“打起黄莺儿，莫教枝上啼，啼时惊妾梦，不得到辽西。”描写一个少妇思念从军到辽西戍边的丈夫的心情。陶行知借用这个典故，却是乐观地希望把美好的春光长期留住。

落花

春光归去匆匆。
愁煞侬！
可堪千紫万红舞东风？
枝头绿，
寂寞否？
几时红？
无奈花开易见落无踪。

登高

眼前四大皆空[1]，
有三尊：
云外一轮明月君和侬。
今生愿，
同携手，
听天风。
自是东海[2]有尽情无穷。

注释

① 四大皆空　佛教用语。佛教认为地、水、火、风为四大，所有物质都由四大构成，而四大又从空而生，因此世上一切事物都是空虚乌有。旧时以“四大皆空”表示看破红尘的厌世思想。

② 东海　在扬子江口以南台湾海峡以北。凡福建、浙江及江苏南部之海岸，皆其区域。

饯春

少年尽说春光好，
谁识春光容易老？
花落径泥香，
行人空断肠。
春归侬相送，
侬归知谁痛？
把酒祝春风，
“归去莫匆匆！”

兰花怨

友人房中摆着一盆兰花，八天了，而友人不觉，我写此代兰花伸冤。

我来了八天，
只算活了您看我的那一刻。
若我等您看的时候才开，
您看过之后就落，
又何从懂得人家的负情呢？

这种诗在当时看来，觉得不错，到现在我倒要代兰花向我自己反问了："花是为人开的吗？"我深悔代兰花出气反把它的身份弄低了。

望归

昏沉沉，
一曲琵琶奏离情。
奏离情，
愁将心调，
弹与知音。
心声难达因浮云；
故人何日将亲临？
将亲临，
晓梦惊后，
数尽钟声。

重逢

久别重逢，思携手，
离情共诉，
羞涩涩，颊红心颤，
默无一语。
别时相思见时闷；
闷来更比相思苦。
问何时两个魂灵儿，
如鱼水？

义中情，
何处去？
敬离爱，
便无据。
试把二十四史[1]从头数，
那个圣贤不多情？
多情忍把今生负！
看天边几个同心人，
如我汝？

注释

① 二十四史　即从《史记》到《明史》的二十四部史书。

勉青梧

收汝儿女泪，
挥汝神明笔，
毋再写柔情；
但叫它风卷云翻，
扫起满天霹雳。

收汝儿女泪，
拔汝宝光剑，
毋再挂床头；
但教它雪舞霜飞，
光照山河色变。

贺友人结婚

今日洞房花烛中：
也是靖红[1]，
也是光鸿[2]。

床前细语话勋功：
上有天公，
下有春风。

明如日月两情通：
我与您同，
您与我同。

蜜夜幸延几分钟：
早撞晚钟，
迟撞晓钟。

忆昔当年意中人：
也是花神，
也是诗神。

世间何事最温存？
花里蝶魂，
爱里灵魂。

从此两心不关门：
满酌清尊，
饮个十分。

恩爱千重复万重：
结自前生，
永至来生。

五月二十五日写于江新船上

〔注〕 这篇贺诗，反映五四前后的恋爱观。依现在的目光看来，这种小家庭自足的甜蜜和唐明皇主义[3]之幻想，简直是妨害社会前进之囚笼。

注释

① 靖红　人名

② 光鸿　人名

③ 唐明皇主义　唐明皇即唐玄宗李隆基。他在位后期，沉溺声色，国事腐败。作者所说的就是此事。

古歌

译自《非此吉拉德诗集》

（一）

触目寒阴凝闭，
转瞬一年将逝。
北风忒多事，
吹得枯林叹气。
叹气，叹气，听了令人酸鼻。

（二）

毕竟气候逼我，
我到哪儿去躲？
一间旧房子，
靠近一炉红火。
红火，红火，堆起柴来暖坐。

（三）

坐看古书自娱，
尽是英雄美女。
风儿唱甚歌？
奈何只是诉苦！

诉苦，诉苦，入耳声声凄楚。

（四）

莫向窗外探视！
怕管风儿闲事。
抬眼方一望，
但见黄叶落地。
落地，落地，知谁为你收拾？

（五）

紧靠炉边的我，
像只蟋蟀儿坐。
浑是六月天，
读的侠士生活。
生活，生活，义勇冲天堪慕。

（六）

来个总角知音，
共话少年旧情。
顽皮诚可笑，
想来总算开心。
开心，开心，活的神仙降临。

（七）

乐莫乐，不自禁，

唱个山歌儿听。
深林自相应，
浑在九夏绿荫。
绿荫，绿荫，好个清凉情景。

(八)

歌罢且抽根烟，
相对默无一言。
没事扰心神，
酒瓶独在眼前。
眼前，眼前，便做个酒中仙。

(九)

老友生涯如寄，
酒入愁肠适意。
泪儿已满眼，
还说逢场作戏。
作戏，作戏，旧事不须回忆。

(十)

明日务须起早，
此时上床正好。
我们同跪下，
炉灰地上祈祷。
祈祷，祈祷，心事有天知道。

（十一）

老在沉闷里逛，
令人忒费思量。
多谢好天公，
太阳已放光芒。
光芒，光芒，充满了我的房。

（十二）

空际已无云阴，
燕子来往轻盈。
庭前芳草绿，
春光流转清新。
清新，清新，如遇回生之灵。

（十三）

如狂样儿起跑，
折断烟管不要。
一望碧无际，
且去投奔芳草。
芳草，芳草，直愿流连到老。

（原文附后）

Old Song

Edward Fitzgerald

Tis a dull sight
        To see the year dying,
when winter winds
Set the yellow wood sighing:
    Sighing, O sighing!

When such a time cometh
    I do retire
Into an old room
    Beside a bright fire:
        O, Pile a bright fire!

And then I sit
    Reading old things,
Of Kinghts and lorn damsels,
    Whie the wind sings——
        O, drearily sings!

I never look out
    Nor attend to the blast;
For all to be seen
    Is the leave Falling fast:
        Falling, falling!

But close at the hearth,

Like a cricket,sit I,
Reading of summer
And chiyarly——
Gallant chivarly!

Then with an old friend
I talk of our youth——
How twas gladsome,but often
Foolish,forsooth:
But gladsome, gladsome!

Or, to get merry,
We sing some old rhyme
That made the wood ring again
In summer time——
Sweet summer time!

Then go we smoking,
Silent and sung:
Naught passes between us,
Save a brown jug——
Sometimes!

And sometimes a tear
Will rise in each eye,
Seeing the two old friends
So merrily——
So merrily!

And ere to bed
    Go we, go we,
Down on the ashes
    We Kneel on the Knee,
        Praying together!

Thus, then, live I
    Till,' mid all the gloom,
By Heaven! the bold sun
    Is with me in the room
        Shining, Shining!

Then the clouds part,
    Swallows soaring between;
The spring is alive,
    And the meadows are green!

I Jump up like mad,
    Break the old pipe in twain,
And away to the meadows,
    The meadows again!

The Onford Book of
    English Verse
        1250—1900
By Arthud Quiller Couch

少年

少年！
少年！
油里煎的少年！
为谁心里痛？
没有人相怜！

少年！
少年！
书呆子的少年！
愿为知己死，
知己在哪边？

少年！
少年！
大无畏的少年！
你有万钧力，
砍不断情弦？

少年！
少年！

可敬爱的少年！
同是一个人，
何如几年前？

少年！
少年！
似水流的少年！
你再不觉悟，
坟墓在眼前！

小孤山*

（一）

谁说孤山小？
脚根立住了！
号令长江水：
“东流两边绕！”

（二）

谁说孤山小？
年纪忘记了。
为问往来舟，
浮沉知多少？

十五年五月二十九日

〔注〕　小孤山位于江西彭泽和安徽宿松县交界的长江中间，巍然屹立于滔滔江流之中，险要挺拔。山中有启秀寺、梳妆楼等，为一名胜之地。

* 本篇原载1931年10月19日《申报·自由谈·不除庭草斋夫谈荟》。诗前有文：“十五年五月二十九日乘船经过江西之小孤山，口吟两绝，向它表示我的敬意。”诗的第二节第三行为：“东西往来舟。”

中秋月下

徘徊的秋月！
这分明是您团圆时节，
也如何这样惨白如雪？
莫非是世间还有未圆人，
不忍面？
莫非是月姊亦有心中事，
不堪说？
莫非是会少离多，
今夜虽暂圆，明宵缺？

十五年中秋

赠程仲沂先生

(一)

老有童心，
遍寻大地应无偶。
栽桃种李，
盛德焉能朽！
魑魅魍魉，
到处人家有。
漫开口，
少喝杯酒，
便天长地久。

(二)

“一年一饮长江水，
还赏钱塘月。”〔注〕
水月若多情，
应怨君轻离别！

十五年九月二十日

〔注〕　仲沂先生有此语。

题黄山游记

少年生长黄山[1]边，
足迹未到黄山前；
黄山之神如有灵，
应已记过万万千。
我身未到黄山巅，
我心已见黄山之尊严：
三十六峰似曾到，
峰峰与结梦中缘。
泰岱匡庐[2]虽奇异，
比我梦中黄山远不及。
人生为一大事来，
丈夫志在探新地。
屈指三万六千场，
归老黄山终有日。
此日终须到；
此约今朝立。
黄山与我愿毋违，
看取方子之书[3]助相忆。

十五年十月　题于泰山下

注释

① 黄山　在安徽省南部歙县西北，处在歙县、太平、休宁、黟县、绩溪、旌德之间，方圆250公里，古称黟山，唐代改称黄山。青弋江上游发源地。主峰莲花峰海拔1800米。黄山以奇松、怪石、云海、温泉、瀑布等著名。今辟为黄山公园，属黄山市，是我国著名风景游览胜地。

② 泰岱匡庐　即东岳泰山和江西庐山。

③ 方子之书　指清人方夜写的《黄山小游记》。

攀知识塔*

一二三，
三二一，
一二三四五六七，
看谁找得真知识？

* 1926年陶行知在上海，他的长子陶宏在北京，陶行知寄给陶宏一本《电磁学》，并在书上写了这首诗。诗后还附有一句话：“与桃红作科学忘年竞赛。”此诗在1931年4月1日《儿童生活》第1期上发表时，署名时雨，并增加了如下第二段：

一二三，
三二一，
一二三四五六七，
看看哪个攀第一？

题严子陵先生像*

垂竿古渡头，
无饵亦无钩。
鱼儿爱知己，
群来竿下游。

十六年五月

* 严子陵先生像系晓庄学校艺术指导员许士骐所绘。

骂人

你骂我；
我骂你。
骂来骂去，
只是借人的嘴巴骂自己。

一根麻绳 *

朱葆初兄是一位最有趣最可爱的人。今年端午节前一天，赵叔愚夫人交了一根绳子给我说："朱先生托我代达，倘使节前没有钱来，就请你看这根绳子。"我理会他的意思，便送了他两首诗。

（一）以人眼观之

绳子一根，
性命一条：
呜呼哀哉，
不了也了。

（二）以佛眼观之

绳子一根，
性命一条：
业报相乘，
了也不了。

* 本篇原载1931年9月28日《申报·自由谈·不除庭草斋夫谈荟》。诗前文为："我的朋友宝锄是一位最有趣味最有意义的人。民国十七年端午节前一天，我到漱玉家里去玩，漱玉夫人拿了一根麻绳来笑嘻嘻的对我说：'这是宝锄送你的礼物。端午节没有钱来，他要您看看这根绳子。'我理会宝锄的意思，便写了两首诗托漱玉夫人转交给他。我写的是：诗的小题为：（一）用人眼看，（二）用佛眼看。"

催杨效春弟回校

来，来，来！
来喂婴儿奶。
呱呱日已瘦，
奶妈莫徘徊！

十六年十月十六日

从下关[1]乘船赴豫时寄晓庄全体同志

无语泪汪汪，
涌出愁肠：
千珠万滴付长江。
谁在矶头[2]汲去了，（老高）[3]
挑到晓庄？
洗手做羹汤，
无限思量。
此中滋味不寻常。
寄语愁人吃不得，
要断人肠。

十六年十二月三日

注释

① 下关，在南京市区西北部，长江南岸，解放前为沪（上海）宁（南京）、宁铜（铜陵）两铁路联结点，与浦口隔江相望。

② 矶头　水边突出的岩石。

③ 老高　晓庄学校的工友高祥发。

鸡公山前

行行日已西，
无奈饿肚皮。
喜到鸡公山①：
见山不见鸡！

十六年十二月八日

注释

① 鸡公山　位于河南、湖北交界处的京广铁路东侧。山上有林泉、飞瀑，花草茂密，风景清幽，为中州名胜，适于避暑休养。

一文钱*

公家一文钱：
百姓一身汗。
将汗来比钱：
化钱容易流汗难！

十六年十二月十五日

* 本篇作者手书作为1934年6月16日《生活教育》第1卷9期封面题诗。

过不得年的朋友*

除夕，除夕，
他最怕是除夕。
一年事业不堪记：
收入虽多抵不上开支。
糊涂账儿一笔。
到如今只好两脚三十六儿去[①]也，
且做一晚儿“皇帝”。
鸡啊！可早些儿啼！

注释

① 两脚三十六儿去　即“三十六计，走为上计”之意。

* 本篇写于1928年1月21日以前。

寄小影回家

家人望吾寄照片甚殷，因面瘦不敢寄者数月；近来长肉廿磅，颜色已复旧观，家人见之，必可大慰，特照一相片并题诗寄去。

明日已除夕；
后日是新年：
身在千里外，
心里自团圆。

十六年阴历十二月二十九日

雪中老妇

群儿雪中嬉；
老妇独悲啼：
救得新年饿；
押却除夕衣。

十七年元旦

不投降歌

军人救国不要命。
不要命，不要命，
只有断头将军，
没有投降将军。
军人救国不要命。
不要命，不要命，
只有断头兵丁，
没有投降兵丁。

问江

滚滚的长江！
我要问：
您从何处来？
您往哪儿去？
您一路来干了些什么事？

风雨中开学

风来了！
雨来了！
谢老师捧着一颗心来了！

风来了！
雨来了！
韩老师捧着一颗心来了！

吉祥庵小学[①]于十七年三月七日开学，大风雨，回想到北方有一个歌谣："风来了，雨来了，老和尚背着一个鼓来了。"又想到我为乡村教师写过一副对联："捧着一颗心来，不带半根草去。"便把两样意思合而为一，写成这首歌奉贺吉祥庵学校的家长和小朋友。

注释

① 吉祥庵小学　由晓庄学生谢纬棨、韩度创办，三间小庙，设备简陋，却办得生气勃勃。

香姑的表姊说上海

（一）

大老官儿坐汽车；
小老官儿坐马车；
没得车坐的吃灰。

（二）

爱，闭，细，弟，
（a，b，c，d，）
湾，吐，斯利：
（one，two，three，）
中国人的嘴里放洋屁。

（三）

大世界，
新世界[①]：
七离八怪，
不教人好教人坏。

（四）

穿西装的少爷，
剪头发的小姐，
说什么自由恋爱，
遇着便亲嘴。

注释

① 大世界、新世界　指当时上海两处著名的娱乐场所。

题照*

（一）为朱君泽普题

少流许多泪；
更免得许多惭愧。
念头儿转处，
都成了好夫妻，
万万岁！

（二）为江君忠濬题

岁寒三友[①]，
为谁携手。
先立大者，
天长地久。

（三）为黄君公弼题

誓向儿童瞄准，

* 本篇原载1929年11月30日《乡教丛讯》第3卷第20期。原名《村魂题诗三首》，署名知行。诗前有一段话："这三首诗是泽普、黄君、江君在去年发起组织村魂，三人合摄小影留为纪念并请陶师题这三首诗勉励我们——泽普谨识"。

愿唤迷途者醒：
欲海莫流连，
眼前便是陷阱。
陷阱，陷阱，
现身设法靠您。

三君立志不做桃色梦，决带其夫人同来求学。

注释

①岁寒三友　指能抗寒的松、竹、梅。因松、竹经冬不凋，梅则耐寒开花，故为岁寒三友。

红叶

飞，飞，飞，
满天的飞。
哪儿来这些蝴蝶？
原来是红叶！

十八年十一月十五日

我们的白老鼠

白老鼠，
白老鼠，
爸爸妈妈一同住。
他们福气真正好：
两个儿子两个女。

（倘使没有女，可改为：他们福气不大好，只有儿子没有女。）

白老鼠，
白老鼠，
风车里面好跳舞。
若非身段来得小，
真像活龙与活虎。

白老鼠，
白老鼠，
儿女长大宜分居。
分居免得要打架，
打起架来知谁输？

白老鼠，
白老鼠，
一身洁白如白玉。
拿面镜子照一照，
将我比他如不如？

和平幼稚园，数月前买得白老鼠一对，现已儿女成行。不久，将要分家，故作儿歌数首，藉表贺意。

十八年十一月十五日

该骂不？

（一）

不做事，
要吃饭：
什么人？
是混蛋！

（二）

做坏事，
吃好饭：
什么人？
忘八蛋！

大雪下乡途中写实

一夜西北风，
下雪三尺厚。
雪路深且狭，
只够一人走。
抬头看雪景，
迎面来一狗。
正欲让狗去，
狗儿已回首。

有怀

桃花红，
杏花红，
半天春色渡江东[①]，
人醉画图中。

思重逢，
梦重逢，
身隔关山[②]千万重，
魂灵有路通。

十九年春

注释

① 江东　指长江以东之地。
② 关山　重重叠叠的山川和许多关口险要之地。

大胖子*

佐利女子胖中胖：
称称五百六十磅。
将她和我比一比，
三个半！

新世界来了一位大胖子，名叫佐利女士Jolly Ray。我把她的照片从报上剪下，题了这几句，送给几位小朋友，要他们把各人的重量称一称，算一算，和她比一比，将第四句改了寄给我看，做一种国语和算术的练习。

* 本篇原载1931年9月7日《申报·自由谈·不除庭草斋夫谈荟》，诗的前后均有说明，意思与此处的诗后文相同，诗的第三行中的“她”字，原为“伊”。

别离

多情最是人间梦，
南北东西路路通。
梦魂自有飞机在，
哪怕关山隔万重！

乐莫乐兮心相知，
人间最苦是生离。
愿将天地同缩小，
从今不辨东与西。

伤别

从此各西东，
音信不通，
十回希望九回空！
此生何日能再见？
要问天公。
绿竹已无踪，
梅也无踪。
从今愿醉酒杯中。
待得伊来才肯醒，
白了青松！

岁寒三友

万松岭上松，
鼓荡天风，
震动昆仑第一峰。
千军万马波涛怒：
海出山中。

竹绿梅花红，
转战西东，
争取最后五分钟。
百草千花休闲笑，
且待三冬。

伤别

皎皎天上月，
今夜又团圆。
吾念岁寒友，
都在离恨天。

十九年秋

别后

来是春天去是秋。
日日夜夜在心头。
叫人欢喜叫人愁。

十九年秋

老鼠

你！你！你！
自己不做工，
倒要吃白米。
打个洞儿住，
也在别人房子底。
日间不常出来，
鬼鬼祟祟在夜里。
一见猫儿来，
吓得个魂不附体！
猫儿捉老鼠，
捉得太多了。
肚子装不下，
放你回洞跑。
一见妈妈面，
便说猫儿好。
忘了亲姊妹，
已供猫儿饱。

十九年十一月十一日

贺胡适先生四十岁

明于考古，
昧于知今：
捉着五个小鬼，
放走了一个大妖精。
流落他乡客，
围炉谈适之。
各凭不烂舌，
吹毛而求疵。
彼今四十岁，
我当进寿辞。
不遑论功罪，
献此逆耳诗。

十九年十二月十五日

〔注〕 贫弱私愚乱为五小鬼
大妖精指帝国主义

天要黑了

译一百零一首绝妙好歌
One Hundred and One Best
*Songs*中之*In the Gloaminy*

天要黑了，
亲爱的呀！
暮色暗淡而阴沉。
人影飘然落地：
来也无声，怎去也无声？
清风无力长叹，
心事没人知，只自悲鸣。
您曾念我爱我，
到如今还像从前吗？您！

天要黑了，
亲爱的呀！
念我时切莫伤心！
我话也不说便走了，
让您寂寞，听您自由。
我的心儿都恋碎了；
旧欢已不可复得。
最好这样去了吧！
爱，为您好，为我也好。
最好这样去了吧！
为你好，为我也好。

十九年十二月二十五日

钱

生不带钱来；
死不带钱去。
有钱便散尽，
何须写借据！

二十年一月一日

自誓

人人说我是“共呆”。
愿与众生共忧灾。
今向青天立一誓：
不带债务进棺材。

二十年一月一日

寂寞

你看太阳！
独立苍茫。
自由自在，
嬉游八方。
一腔热血，
化作光芒。
大千世界[①]，
共此辉煌。
渺渺秋月，
如何可双？
日月并举，
人眼荒唐。
原无偏爱，
何用断肠？
甘心寂寞，
地久天长！

二十年二月四日

注释

① 大千世界　“三千大千世界”之省称。以须弥山为中心，七山八海交绕之，更以铁郭山为外郭，是谓一小世界。合一千个小世界为小千世界。合一千小千世界为中千世界。合一千中千世界为大千世界，总称为三千大千世界，后亦以指广阔无边的世界。

天山虎*

你看天山虎，
多么的神武！
啸声动天地，
狂风追骤雨。
野性未消磨，
森林可自娱。
夜宿山之崖，
朝游水之浒。
好听鸟唱歌，
百兽为之舞。
饱时不伤人，
饿时吞水牯。
曾过浣纱溪①，
不恋浣纱女。
归来明月下，
卧对白云语。

二十年二月七日

注释

① 浣纱溪　即若邪溪，在浙江绍兴南。相传西施浣纱于此。

* 本篇原载1931年9月9日《申报·自由谈·不除庭草斋夫谈荟》。诗前有文云：“平生所见虎，只有纸上虎，幕上虎，栏中虎罢了，很以未见山中虎为憾，屡欲画吾心中虎以寄山中虎之思。古人说：‘画虎不成，反类犬。’我画虎未成，像猫不像狗。今弃虎画写虎诗，不知可像诗猫否。”

无怨

我要把怨鬼捉着，
投在白炽热的爱火里
烧成一缕儿黑烟，
向天空飘去，
化为乌有！

白描

（流浪歌的调儿）

说他没有病，
委实病重了：
头儿抬不起，
吃的很少，
坐行不如意，
勉强床上倒；
黄昏后，数尽星儿天未晓。

如是我闻

丈夫面前，
哎哟母妈。
姊妹面前，
嘻嘻哈哈。
情人面前：
“亲爱的啊！”

戏赠黄云与一位飞机驾驶员结婚

嘴儿都笑歪，
有个会飞呆。
上天捉白云，
白云变奶奶！

二房东太太的发明

补述三个月前事

二房东太太理论新，
气象纪录新发明。
卅七年来两次冷：
马桶今朝又结冰！

久病忽愈 *

多年不生病，
一病便病倒。
自己做医生，
自己把药熬，
自己做看护：
性命保不保？
拖了个把月，
形容渐枯槁。
忽从屋梁上，
跳下一只猫。
若信儿时话，
便有些不妙：
“猫来非偶然，
阎王把人戏”。
阎王未见过，
见见也很好。

---

* 作者为了逃避以蒋介石为首的国民政府的通缉，于1930年秋被迫东渡日本后，处境十分困难，1931年病倒在床。此诗系写于刚病愈和决计回国、重新投入战斗之前。

为何不留我，
放我阳间跑？
想是阴山下，
怕听“小庄晓”。
从此生死簿，
勾了我名号。
不用闹地府，
师徒都不老。
病后痛快事，
洗个热水澡。
穿起学生装，
脱下病时袍。
“今日是何日？
三月十五[1]了！”

二十年三月十五日

注释

① 三月十五　晓庄学校开学日。

雪罗汉

儿歌

大胖子，
笑嘻嘻。
太阳一来，
化作烂污泥。

二十年三月二十日

雪狮子

儿歌

雪狮子，
假威风。
太阳公子会打猎，
把你活埋污泥中。

二十年三月二十日

爱之酒

爱之酒，
甜而苦。
两人喝，
是甘露。
三人喝，
酸如醋。
随便喝，
毒中毒！
“我写这三字经儿，
人人都要读得熟。”

二十年三月二十二日

愁云

我赠竹弟[1]太阳诗，他自愿为愁云，因写愁云诗赠之。

郁郁东海云，
洒作西来雨；
落地成黄金，
农夫不愁卖儿女。

二十年三月二十三日

注释

① 竹弟　即方与严。

种菜者与友和唱*

昨夜仲霞先生赠吾一诗

寂寂蓬门昼不开，
山民身世绝尘埃。
几区蔬圃工裁剪，
自有分疆画土才。

吾依原韵和答之

蓬门半倒复半开，
满园青菜堆尘埃。
如今嗜肉多君子；
屠户难容种菜才。

又和之

蓬门无意闭还开，
一任天风扫尘埃。
天下原来是一体，
何用分疆画土才？

* 本篇系仲霞以晓庄学校被封闭一年为题作诗赠作者，把晓庄比作菜园，指出晓庄已为国家社会培养出一批有用的人才。陶行知随即和诗二首应答。

绿豆粥

三个蟹壳黄，
两碗绿豆粥。
吃到肚子里，
同享无量福。

沪语蟹壳黄是烧饼。

逼上诗山

我遇三大盗：
名叫穷，病，愁。
逼我上诗山：
无诗便要头！

二十年三月二十四日

笔病

相隔三千里，
几月无音信：
不是轻忘友，
人病笔亦病。

二十年三月二十五日

愁云

又换一写法，寓贱谷伤农之意。

郁郁东海云，
洒作及时雨：
农夫得丰收，
还要卖儿女。

二十年三月二十五日

问五柳先生

“五柳先生[①]！今安否？
析疑请看大门口：
‘折腰不为米五斗，
缘何偏种折腰柳？’”

五柳先生答

五柳先生笑致辞：
“愿君且莫诬吾柳。
不是柳腰是柳手，
要招诗人与酒友。”

二十年三月二十七日

注释

① 五柳先生　东晋陶渊明的别号。曾著《五柳先生传》以自况，文中云：“宅边有五柳树，因以为号焉。”陶行知家谱为“五柳堂主”，陶行知尝自称“五柳堂主”。

今之戏子

做戏要做好角色，
做了角色懒负责。
人家串得好戏来，
暗里已把戏台拆！

二十年三月二十八日

武二

江村武二会打虎，
打虎犹如打水牯[1]。
江村之人更聪明，
老虎打倒哄老武。
虎来胆子小于鼠；
虎死赶上打死虎。
剥去虎皮做皮袍，
要拆虎骨把膏煮。
活虎犹易打，
死虎诚难处。
好的一起送了人，
人倒呼他二伯武[2]！

二十年三月二十九日

注释

① 水牯　即水牛。

② 二伯武　即武二。又是俗语二百五的谐音，对待人处世很不成熟的愚人的讽语。

偶咏

宇内地球小如粟，
人生更比粟儿小。
但愿多种几粒粟，
何事营营争多少？

二十年四月七日

看荷花舞

(一)

夕阳悬空恋欲住，
清风拂却人间暑。
月亮躲着上东山，
多情爱作谁家侣？

飞鸟盘旋不肯去，
鱼游水面相耳语：
听得山里有人来，
要看荷花今日舞！

(二)

一叶扁舟何处来？
引得荷花眼望呆。
人看荷花花看人，
荷花人面认不真。

十八年夏与晓庄剧社①全体社员游玄武湖赏莲，履冰得一新谱，要吾填词，立写以应。原稿两份，一存履冰，一存秋舫，不幸皆失落，吾又不善记忆。昨夜访友，因有餐约久不归，等候中追述此诗，与原意无甚参差，但格调体裁皆与前词不大相同。

阴历十一左右，夕阳未下，月亮已出，虽为寻常自然现象，然吾于六年前始见此，以为有诗意；赏荷之日，又逢重光，殊以为快。

二十年四月八日

注释

① 晓庄剧社　成立于1929年，社员30余人，陶行知亲任社长并登台参加演出，他还为剧社创作一些剧本，如《生的意志》、《乡姑的烦恼》、《爱的命令》、《死要赌》等。剧社曾到上海、杭州、苏州、无锡等地演出30多场，受到热烈欢迎。

贺大作和风同居并阐明友婚之要旨

友婚之要旨在惟朋友可以成夫妻，夫妻必须是朋友，不能做朋友的人必不可做夫妻，决不是随随便便的乱交。古人劝交益友，是必择益友结夫妻，才是幸福。

（一）

朋友成夫妻；
夫妻亦朋友。
自然还自在，
与爱一样久。

（二）

自己的命运，
操在自己手。
恩情深似海。
人非人所有。

（三）

寄语好朋友，
相偎不可久。
久则有倦意，
吹毛而见丑。

（四）

滚滚扬子江，
载人东与西。
多少亲骨肉，
相知因别离？

（五）

看彼淡淡水，
自是长长流。
有爱来不尽，
莫恋去无休。

二十年四月九日

题雪云合影

悠悠岭上云，
散作半天雪。
几日不见君，
披衣问明月。

二十年四月十八日

看三箭之爱赠李明

一个在地一在天，
门户斩断三生缘[1]。
愿君偕奔自由岛，
从来不识地与天！

二十年四月二十四日

注释

① 三生缘　一种佛教三世轮回的迷信传说。传说唐代李源同惠林寺和尚圆观（亦作圆泽）友善，两人同游三峡时，见一妇人汲水，圆观对李源说："是某托身之所。更后十一年中秋月夜，杭州天竺寺外，与君相见。"后李源如期到杭州访问，果遇一牧童唱《竹枝词》道："三生石上旧精魂，赏月吟风不要论；惭愧情人远相访，此身虽异性常存。"牧童就是圆观的后身。以后人们便称此为三生缘。

不转弯的笔

做官莫做糊涂官：
万人愁苦一人欢。
董狐有笔刚于铁，
只写是非不转弯。

蚕之告状*

上帝啊上帝！
您为什么造我，
功成而见弃？
您为什么造人，
以我为奴隶？
人心实残暴，
嘴里讲仁义。
图我护身茧，
性命遭他忌。
火烘得枯干；
水煮得笔直；
遇着好吃精，
活活炒来下酒吃。
一件绸衣一万命，〔注一〕
漂亮背后是血迹。
蚕妇没有绮罗穿，
报应也似有天意。

* 本篇原载1931年10月17日《申报·自由谈·不除庭草斋夫谈荟》栏目。

罪魁中与日，
附逆的是法兰西，意大利。
科学圣人巴士德，〔注二〕
偷进蚕国做奸细。
自从他出世，
杀蚕放火等儿戏。
不问好和坏，
生了儿女，妈妈得枪毙。
我的妈妈被枪毙！
我的奶奶被枪毙！
我们姊妹也要被枪毙！
不知道枪毙了几万亿！
还说，我是蚕头，
一点不客气。
也怪我好吃他的桑叶，
而不能自立。
何如劝人穿棉衣？
打倒丝罗却不易。
丝罗打倒不养蚕，
吾类绝种没多日。
思来想去无路走，
只有求上帝：
吐丝吃桑叶，
叫人替一替。
我愿披素绢，
好向祖宗祭。
若是办不到，
给我一些力！
给我一些力，

保种制仇敌。

如果弱肉强食老不管，小虫问：

“为什么还要上帝？”

〔注一〕 一张蚕子有二十八圈，每圈由一雌蛾产生五百子，二十八圈共由二十八雌蛾共生一万四千子。吃桑叶三石成蚕，作茧二十斤，提出纯丝二十两。一件纺绸长衫约用丝十三两，系从十三斤茧提出，此茧便是十八条雌蛾所下九千子成蚕后所制成。所以说一件绸衣一万命。

〔注二〕 巴士德，法国人，生于一八二二年，死于一八九五年。依巴士德所发明，蚕子有没有病，可用下子之蛾的尸灰测验而知，故不论蛾之有病无病，一律于生子后弄死，烘干，研成灰，分别观察，无病则让她的儿女们传种，有病则一起烧死。

“未”之运命*

听说日攻马占山，
日军未入山海关①。
山海关内还有关，
关外不如关内欢。
听说日军将入关。
日军未上紫金山②。
紫金山下满江水；
船夫袖手看船翻！

注释

① 山海关　又称榆关。长城起点，北倚角山，南临渤海，形势险要，为华北、东北交通要冲。被称作“天下第一关”。

② 紫金山　在南京市东郊，因山多紫红色砂页岩而得名，又称钟山，孙中山陵墓在此山上。

* 本篇原载1931年11月25日《申报·自由谈·不除庭草斋夫谈荟》，题为《“未”之命运》。“九一八”事变，日军占领东北三省。作者的这首诗讽刺南京国民政府对日寇采取不抵抗主义和步步退让的政策。

东北两少年

（一）哀张学良

东北长城[①]两少年，
长城躲到黄河边。
黄河之水可濯足；
美人欢笑国人哭。

（二）勉冯庸

东北长城两少年；
长城应去嫩江[②]边。
嫩江之水可濯缨；
江山为重风头轻。

〔注〕　嫩江桥是马占山孤军独战日本处。

注释

① 长城　即万里长城，喻卫国。
② 嫩江　松花江主要支流，位于黑龙江省西部，当时抗日义勇军活跃的地区。

观战

弟弟出阵哥旁观；
哥哥出阵弟旁观；
旁观旁观又旁观；
江山一去何日还？

一出历史戏的开场白

老夫也曾革过命，
于今懒动怕人动。
谁要大胆动一动，
俺就断他是反动！

新政府小影

一个鼎儿三只脚，
三只脚儿不合作。
眼睛望穿北极阁。
国府成了一个大空壳。
一个大空壳，
不做好事不作恶。

从南京路说到南京城

死人当路；[注]
病人当国。
路走不通，
国将不国？

〔注〕 大出丧。

儿子教学做之四个阶段

三餐喂得饱，
个个喊宝宝。　（一）
小事认真干，
零用自己赚。　（二）
全部衣食住，
不靠别人助。　（三）
自活有余力，
帮助人自立。　（四）

乡下老眼里的电灯

城里灯，
一点油也无。
洋火点不着，
大嘴吹不乌。

题黄山云海探奇图

记得昨夜住山村，
如何水天竟不分？
眼前景物尽非是，
三十六峰被谁吞。
此去疑是蓬莱岛[1]，
万顷烟波望断魂。
忽然一阵狂风起，
青天还我归乾坤。

注释

①蓬莱岛　古代传说东海中神仙居住的仙山。同方丈、瀛洲合称东海三神山。

保护栽的树

割草留树，
房子有得住。
砍树如草，
板凳无处找。

做生日

阔人做生日，
急煞穷亲戚。
不送寿礼难为情，
送了自己没饭吃。

大官做生日；
小官心里急。
寿礼顶少送一十，
一月薪水去半壁。

夏天打蚊子

蚊子咬嘴巴，
伸手去打他。
打他打不着，
打了自己一嘴巴。

爱的播音*

（一）

我年四十二，
人猜二十四。
本想做圣贤，
心动好几次。

（二）

动心还了得！
提刀赶心贼。

* 本篇原载1934年11月5日《太白半月刊》第1卷第4期。《太白》刊登时，第2节第2行中的“提刀”原为“钢刀”；第11节第3、4行及第12节第1行的“你”字均为“您”。《太白》刊登的诗文比收入《知行诗歌别集》的诗多13、14两节。现抄录如下：

（十三）
话多讨人厌。
谈心等见面。
现在问一问：
可有别条件？
（十四）
有，有，有，
一要野蛮，文明种子弱。
二要康健，不用吃补药。
三要贫穷，繁华不羡慕。
四要聪明，不限定上过学。
五要有志，大官太太不想做。

赶去又回来，
死战到天黑。

（三）

狂风暴雨下，
祷告问上帝。
上帝不管事，
无奈到鸡啼。

（四）

披衣出门去，
要把爱人捉。
爱人有爱人，
我来成三角。

（五）

跳出一三角，
又来一三角。
不愿夺人爱，
此心何所托？

（六）

去来东海边，
想想死不得。

歌德提醒我，
替死造维特。

（七）

虽像阿悲拉，
放心哀露意。
我不做和尚，
不逼你为尼。

（八）

不用人推荐。
不用寄像片。
最好自己来，
或我去拜见。

（九）

莫擦巴黎粉，
唇膏更不要。
不是我古板，
染着给人笑。

（十）

若穿高跟鞋，
脱下要赶快。

遇着革命孩，
动手莫见怪。

（十一）

我是自由人，
愿得自由友。
你不是我的，
我非你所有。

（十二）

大众在左厢，
小孩坐中央。
你若不篡位，
万事好商量。

仍旧是

约我今天来，
半天不见你。
出了什么事？
一场空欢喜！
你这样待我，
下回不理你。
说话容易行不易。
见了面，
仍旧是笑嘻嘻。

知行诗歌三集

知行詩歌三集

陶行知著

编者按

《知行诗歌三集》上海儿童书局1936年11月出版，诗歌33篇。

公道

你说你公道，
他说他公道。
如果有公道，
老鼠不怕猫。

不平等条约

杀猪的对猪猡说：
“我们应该合作”。
猪猡———的说：
“我们长肥肉，你来割”。
杀牛的对老牛说：
“我们应该合作”。
老牛安安安的说：
“我们长牛皮，你来剥。”

小康父母之恐怖*

没有父母带，
先生也不在；
走出大门口，
拐子拐去卖。

* 作者曾手书此诗作为1935年6月1日《生活教育》第2卷第7期的封面题诗，题为《一般小康父母之恐怖》。

儿童节献词

二十四年

（一）

四月四，四月四，
小孩一齐起来，
要教人人都识字。

（二）

四月四，四月四，
小孩一齐起来，
要教人人都做事。

（三）

四月四，四月四，
小孩一齐起来，
亡国不许有三次。

（四）

四月四，四月四，
小孩一齐起来，
小孩必须有大志！

我要证据

多谢您指点我的出路。
如果您是对的，
我愿意跟您去。
书上说的靠不住，
我要证据。

一位初下乡的大学生对小先生说，“你若信上帝，石头可以变面包。”小先生说：“请你变给我看。”我听这话有感，故写此诗。

儿童年献歌之三

(一)

小朋友!
长长长,
再长几年,
变成一群小森林:
枝头有鸟儿谈天;
树底有野兽安眠。
那大的高的,
拿去盖大众的宫殿,
创造新纪元。
新纪元的第一年是什么年?
儿童年!

(二)

小朋友!
攀攀攀,
攀上半天,
变成一群小雨点:
落在每一丘麦田;
洒在每一丘棉园。

那黄的白的，
给大众好吃又好穿，
创造新纪元。
新纪元的第一年是什么年？
儿童年！

（三）

小朋友！
飞飞飞，
飞到天边，
变成一群小太阳：
透进每一家的窗帘；
照到每个人的眼前。
东西南北，
叫大家认清路线，
创造新纪元。
新纪元的第一年是什么年？
儿童年！

注释

（儿童年献歌第一篇和第二篇刊在《知行诗歌续集》里。）

儿童年献歌之四*

（一）

弄冬一弄冬，
今年属儿童！
不要你哄，
不要你捧，
只要你懂：
懂得我们还是小儿童，
不要教成小老翁。

（二）

弄冬一弄冬，
今年属儿童！
不要你哄，
不要你捧，
只要你懂：

* 本篇原载1935年7月16日《生活教育》第2卷第10期。其中第3节作者以《儿童年献歌》为题，手书作为《生活教育》第2卷17期的封面题诗。作者1936年4月4日在《永生》第1卷5期发表《谈谈儿童节》一文，文中引用了这首诗的第1节并在之前说明诗的意义。他说：“小孩所需要的不是爱而是了解。……我的儿童节献歌，发挥这个了解儿童的意义。”《永生》周刊系金仲华主编。

懂得我们不做小古董，
给人玩耍誓不容！

(三)

弄冬一弄冬，
今年属儿童！
不要你哄，
不要你捧，
只要你懂：
懂得我们不做小笼统，
千问万问要问懂。

(四)

弄冬一弄冬，
今年属儿童！
不要你哄，
不要你捧，
只要你懂：
懂得我们不做蛀书虫，
求学只是为大众。

(五)

弄冬一弄冬，
今年属儿童！
不要你哄，
不要你捧，

只要你懂：
懂得我们不享现成福，
手脑双挥要劳动。

（六）

弄冬一弄冬，
今年属儿童！
不要你哄，
不要你捧，
只要你懂：
懂得我们爱拆自鸣钟，
拆得散来凑不拢。

（七）

弄冬一弄冬，
今年属儿童！
不要你哄，
不要你捧，
只要你懂：
懂得穷孩肚子快饿通，
饿死穷孩大不公。

（八）

弄冬一弄冬，
今年属儿童！
不要你哄，

不要你捧，
只要你懂：
懂得教师应敬小朋友，
不再打人摆威风。

（九）

弄冬一弄冬，
今年属儿童！
不要你哄，
不要你捧，
只要你懂：
懂得我们普教小先锋，
即知即传向前冲。

（十）

弄冬一弄冬，
今年属儿童！
不要你哄，
不要你捧，
只要你懂：
懂得帝国主义该打倒，
联合小拳总进攻。

水铭*

杯方水方，
杯圆水圆。
可以穿石，
可以灌田。
分出氢焰，
化铁之坚。
会合众川，
白浪滔天。
居高临下，
马力万千。
流汗流血，
开新纪元。

* 作者曾手写本诗前4句题为《水铭》作为1935年12月16日《生活教育》第2卷20期封面题诗。

新文字歌（一）*

uo mn d r z b zh go;
我 们 的 儿 子 不 及 格；
ch l i sh s rh y c tang;
吃 勒 一 十 四 日 鱼 刺 汤；
H K F P。
喝 咳 拂 拍①。
说起汉字真头痛，
费人精力费时刻。
注音符号怪难看；
罗马字母重平仄；
大写小写不方便；
正体草体不明白。
我们创造新文字，
包你一学就及格。
哈哈哈哈，
一学就及格，
哈哈哈哈，
了不得。

* 本篇与另二首《新文字歌（二）》、《新文字歌（三）》都是陶行知为推行普及教育，积极推广新文字而作。新文字即我国进步人士在20世纪30年代提倡的拉丁化新文字。

〔注〕 “我们的儿子不及格”一段，是指学汉字的困难好一比喝鱼刺汤。新文字北方话的字母完全把这句话拼起来，没有一个字母重复，也没有一个漏掉，所以只要把这几句话背熟，就把字母记着了，而且不会忘记掉。唯一的缺点，就是用“zh"来拼“及”。

注释

① 陶行知此诗开头三处引用的拉丁化新文字，都是按最初的读音和拼音方法，存在许多缺点，同现在的汉语拼音有很大不同。如第一句汉语拼音应为：Women de erzi bu jige;第二句应为：chi le yishisi ri yucitang。第三处四个字母读音也不尽相同。

新文字歌(二)

新文字！新文字！
新文字是大众的文字，
要说大众的真心话，
要讲大众的心中事。
认也不费事；
读也不费事，
写也不费事。
笔头上刺刀，
向前刺刺刺！
刺破平仄声，
刺破方块字，
要教人人都识新文字：
创造大众的文化，
提高大众的位次，
完成现代第一件大事！

送翁家山小朋友*

春花落，茶叶绿：
老老少少摘茶去，
小小先生急得哭。
“小先生，
不要哭！
生手一天摘十斤；
好手能摘三十六；
我们一村人，
靠此喝碗稀米粥。
如果懒动手，
生命不可续。
只等到，
桂花香，栗子熟，
我会拿书来，
天天跟你读。”

翁家山靠近龙井，居民以种茶为业。山上有一破庙，庙里办了一个小学。校长白动生君引导小学生去做小先生，鼓

* 本篇原载1935年10月16日《生活教育》第2卷16期。

起了全村人民好学的热忱。《西湖八小孩》一书即为此处即知即传之写真。书出版而茶叶绿，头茶、二茶、三茶摘个不休，小先生再也找不着学生，甚至有急得哭的。何必哭呢？笑起来啊！生活教育的理论要求我们很高兴的欢迎采茶节气之来到，很起劲地参加到采茶生活里去。因为翁家山的人民吃的，穿的，住的，用的，玩的，学的都是从采茶里来的。不采茶，或采而不起劲，是什么都没有了。采茶的生活便是采茶的教育。采之前，采之时，采之后，来它一个继续的研究，追求所以进步的道理，便是在劳力上劳心，这时候是不能按部就班的上堂读死书。我们这样做并不是放忙假，乃是变更生活。等到茶叶采完，销路打通，一年生活费用到手，大家自然高兴读书了。

谢翁家山小先生约我去吃栗子看桂花

（一）

栗子甜，
桂花香；
小先生，
教人忙。

（二）

栗子熟，
桂花开：
老老少少上学来。

结婚歌*　　Giexun go

(一)

月亮圆，
蜜糖甜，
手拉手，
脸亲脸。
一对新夫妇，
双双走向前。
要劳苦的蜜甜，
要离散的团圆，
要反帝，
反封建，
革命恋爱打一片。

(1)

Yeliang yan,
Mitang tian,
Shou 1a shou,
Lian cin 1ian,
Idui sin fufuu
Shuangshuang zou xiang cian:
Iao laokudi mitian,
Iao lisandi tuanjyan,
Iao fandi,
Fan funggian,
Geming lian'ai da ipian.

(二)

女工人，
男学生，
结了婚，
来斗争。

(2)

Ny gungrhen,
Nan xyosheng,
Gieliao xun,
La douzheng.

---

* 《生活教育》从第2卷第17期开始辟《大众诗歌》栏，发表的汉字诗词都同时配有中国话拉丁化诗歌。

哪儿去斗争?	Naar ky douzheng?
都市或乡村。	Dush zuo xiangeun.
结婚革了命,	Giexun geliao ming,
不再为儿孙,	Buzaai wei rsun.
为大众,	Wei dazhung,
求生存,	Kiu shengcun,
联合起来誓不分。	Lianxokilai sh bu fen.

另一看法*

流尽工农汗，
还流泪不息。
天上不须半日，
地上千万滴！
辛辛苦苦造飞机，
无法上天嬉。
让你看山看水，
这事倒希奇。

陈子展先生新近在《立报》①上谈新诗，引了胡适之先生新写的《桂游小赞》做例子，并且说不妨把它作为新诗人可以走的一条路。没有讨论之前，让我先把这首《小赞》抄下来，给大家看看：

“看尽柳州山，看尽桂林水。
天上不须半日，地上五千里。
古人辛苦学神仙，要受千百戒。
看我不修不炼，也凌云无碍。”

---

* 本篇原载1935年11月1日《生活教育》第2卷第17期，题为《新诗路线》。该期《大众诗歌》栏目，还以《造飞机和坐飞机》为题，刊载此诗。

这就是陈先生所说之“胡适之体”而介绍新诗人的一条路线。其实，这种文学把戏，辛稼轩一流的人是早已玩过了。我想“胡适之体”这个封号连适之先生自己也不能承认吧。新诗之所以走近绝路，主要的原因是由于内容充实的作家，技术未免幼稚；而技术熟练的作家，内容又未免空虚。《桂游小赞》是属于后一类。它是一幅天空行乐图，也可以说是一幅现代仙人逍遥图。它只是一位有闲华人自摄的安享小照。我们的诗人的想象力没有跳出他所整理的国故和所乘坐的飞机。你看在那半日的时间和五千里的空间里，他只看见了他自己一个人，再有，就是他所赛过的古神仙。这种害了贫血症的文艺，根本没有力量走路，还要教青年诗人跟在它后面走，这使我不能忍耐。不能忍耐又怎样？它既害了贫血症，那就应该打一些活的血轮②进去试试看。《另一看法》那首诗就是我们对《桂游小赞》的答复。

我把这首诗读给乡下人听的时候，张健小先生站起来说：“这种事并不希奇，我想把末尾一句改为，‘让你看山看水，还要吹牛皮！’”他这一改，是把胡诗人描写得格外活跃了。但我这希奇的境界是从觉悟中发现出来的。照平常的目光看来，是没有什么希奇，但一经觉悟，哪能不感到奇怪？

我们不敢说已经找着新诗的正确路线，只是指出像《桂游小赞》一类的作品决不是我们可以走的路。

注释

① 立报　1935年9月22日创刊，抗日战争时期由上海迁往香港，1949年4月停刊。

② 血轮　血球的旧名。

闹意见

你说他不好。
他说你不好。
锄头上了锈，
田园长茅草。

没有出路

没有铜子，
买不了稿纸。
没有稿纸，
写不了稿子。
没有稿子，
卖不了铜子。

当当兴学儿歌

当一个金表，
办一个学堂。
人人学得许秋浦，
民自聪明国自强。

许俊人先生为全国灾民奔走呼号，好像是自己挨了饿一样的迫切，这是大家所知道的，用不着多说。但是他不但要救济老百姓肚皮的饥饿，而且还要救济小孩们脑袋的空虚。新近他对于普及教育发生兴趣，办了一所学校。我们知道他自己是没有余钱。那么这个学校是怎样办起来的呢？说起来，也很有趣。他摸摸身上还有一个金表，就把它送到当铺里去，当了几十元钱，充作开办费。学校就因此开成功了。我听见这个消息之后，高兴得很。立即写了一首儿歌，教小孩们读。并寄去给他，以表示我的敬意。现将我所写的儿歌发表，愿全国有金表的人，跟着许先生一齐起来参加普及教育运动。

穷忙

忙得要死，
一点儿也不能偷懒。
一个月里，
要过十个三十晚。

一幕悲剧

（一）

孩子，孩子，
你跟着他去吧，
在这里要饿死。

（二）

先生，先生，
请你做做好事，
他不是我的儿子。

（三）

妈妈，妈妈，
你到哪儿去啊？
我肚子快饿死。

（四）

大嫂子，大嫂子，
他喊你妈妈，
怎么不是你的儿子？

破棉袄〔改作〕*

前年希望去年好，
去年希望今年好，
到了今年，
穿的还是破棉袄。

前些日子在《儿童日报》上看见一首歌，署名奋，写的是：今年希望明年好，明年希望后年好，到了后年，仍旧穿件破棉袄。我把这首歌读给许多农人和小孩子听，大家都很高兴。后来，我仔细想想，歌中说的明年后年，不过是一种悬想，缺少真实性。故改为去年今年，既是回忆与现实的比较，自然更加亲切而有力。

* 本篇原载1935年10月16日《生活教育》第2卷第16期。诗后文中的“《儿童日报》”为《儿童晨报》；第4行“不过是一种悬想”之后，有“或是一种推测，”等字。该期《生活漫画》栏内还有邢舜田为这首诗画的漫画。

公路建设*　　Gunglu giansh

（一）　　(1)

圈去农人地，
农人哭啼啼；
造成汽车路，
汽车大王笑嘻嘻。

Kyanky nungrhen dii,
Nungrhen ku-titi,
Zhaocheng Kichelu,
Kicheda wang siao-xixi.

（二）　　(2)

大汽车，
大人坐；
阔汽车，
阔人坐；
在我们的门前飞过。
压断张老太的大腿。
把小三的脑袋轧破。
“这是农村建设！”
谁敢说你错？

Da kiche,
Darhen zuo;
Kuo kiche,
Kuorhen zuo;
Zai womndi Menkian feiguo.
Iaduan Zhang laotaidi datui.
Ba Xiaosandi naodai gapo.
“Zhesh nungchung gianshie!”
Shui gan shuo ni cuo?

---

* 本篇原载1935年12月1日《生活教育》第2卷第19期《大众诗歌》栏。作者曾以《公路建设又一面小影》为题手书第1节作为《生活教育》第2卷第24期的封面题诗。

亭子间工学团*

Tinzgian Gungshuo tuan

（一）

吃饭在这里，
睡觉在这里，
做工教学在这里，
富翁惭愧死。

(1)

Chfan zai zheli,
Shuigiao zai zheli,
Zuogung giao–xiao zai zheli,
Fuwung cankuis.

（二）

爸爸也卖花，
妈妈也卖花，
字儿认得一大担，
字大像冬瓜。

(2)

Baba ie mai xua,
Mama ie mai xua,
Zr rhende i–dadan,
Z de xiangdunggua.

（三）

跑五里路来，
跑五里路去，

(3)

Pao u–li lu lai,
Pao u–li lu ky,

* 本篇原载1935年12月1日《生活教育》第2卷第19期《大众诗歌》栏，其中第一节曾由作者手书作为封面题诗。
上海旧式楼房的小房间，多在楼梯下面或旁边，或在楼顶上，称亭子间。这个工学团因设在亭子间而得名，创办人为友竹，即方明。

去是叫人来求学，
风雨无阻。

Ky sh giaorhen，lai kiu–xiao,
Feng–y　u’zu.

（四）

学一两点钟，
教一两点钟，
他有一个大信仰：
知识为公。

（4）

Xiao i–liandian zhung,
Giao i–liandian zhung,
Ta iou i–go da xinniang:
Zhsh wei gung.

结婚杂感*

（一）小姐工人歌

女工学小姐，
越学越倒霉。
既已上高山，
为何跳下水？

农人驮债做亲，有时弄得赔牛卖老婆。都市里的情形也是同样的令人担忧。有一位女工，头脑还是比较清楚的，在婚期还没有决定好久好久以前，已经是在那儿忙着预备出嫁的衣服——做旦角的行头。这位女工显然是在学小姐——从小姐学到少奶奶。有趣的新发现！我从来没有想到新时代的女工会跟着没落的小姐学。这件事给了我一个深刻的印象。

（二）做戏的结婚歌

大家都做戏，
不做大家奇。
爸爸拍桌子，

* 作者曾手书本诗第一节作为1935年10月16日《生活教育》第2卷第16期封面题诗。第3行“既已上高山”为“已经上高山”。

妈妈哭啼啼。

结婚是当儿戏做。这个做戏关的确是有些难过。男子要过这一关还比较容易。女子呢，那是千难万难。人人都做戏，不容你不做，亲戚朋友要看戏，不容你不做。父母在你身上化了许多钱，要想借做戏来收回一些成本，不容你不做。

（三）看戏的贺喜歌

看戏钱何在？
不看有人怪。
两片面包里：
火腿加一块。

〔注〕 这是西洋点心，叫做火腿三明治。

这出人生的戏，台上人不得不做；台下人不得不看！而且要买票才能看。票是不得不买。一元、二元、四元、十元，比梅兰芳的戏券还要贵。没有钱又怎么办呢？和做戏的人一样：借债，当衣服，……

问老妈子*　　Wen Laomaz

文章好不好？　　Wenzhang xao-buxao?
要问老妈子。　　Iao wen lao maz.
老妈高兴听，　　Laomaz gaoxing ting,
可以卖稿子。　　Koji mai gaoz.
老妈听不懂，　　Laomaz ting budung,
就算是废纸。　　Ziusuansh feizh,
废纸哪个要？　　Feizh na-go jao?
送给书呆子。　　Sungge shudaiz.

* 本篇原载1935年11月16日《生活教育》第2卷第18期《大众诗歌》栏，作者手书全文作为该期封面题诗，题为《老妈子先生歌》。

农村破产 * Nungcun Pocan

农村破！
农村破！
谁要买小孩？
一升米，换一个。

Nungcun po!
Nungcun po!
Shui jao mai xiaoxai?
I-shengmi xuan i-go.

* 本篇原载1935年11月16日《生活教育》第2卷第18期《大众诗歌》栏。

自鸣钟 * Zmng zhung

短针是我；
长针是你；
中饭半夜相会，
天亮晚饭对立。
你走得太快，
我走得太迟。
等我一忽儿吧，
我要赶上你。

Duanzhen sh wo；
Changzhen sh ni；
Zhungfan Banje xiang hui,
Tianliang wanfan duili.
Ni zoude tai kuai，
Wo zoude taich.
Dengwo ixuir-ba,
Wo iao gan shang ni.

* 本篇原载1935年11月16日《生活教育》2卷第18期《大众诗歌》栏。

堕落的白话文

白话文，
教人聋：
读起来，
听不懂。

杨敦甫先生纪念诗*

敦甫先生，
盛德不朽。
观人之德，
先观其友。
世俗之友，
惟肉与酒。
你有丧事，
彼福其口。
人财两空，
开步就走。
先生之友，
有为有守。
赙仪助学，
赠地数亩。
树木树人，
用脑用手。

* 上海银行经理杨敦甫先生去世后，他的家属将亲友们送来的赙仪6000余元捐给佘儿岗农村小学，以1000元造了五间茅棚式的纪念堂并做了一些桌凳，5000元存于银行，利息补助该校经常费用。陶行知对此深为感动，特写了这首诗。

农夫农妇，
小小朋友，
统统成为，
先生之友。
公之夫人，
治家有谋。
公之儿女，
后起之秀。
急人之急，
忧人之忧。
愿承大志，
天长地久。

古北口来的大刀*

这把大刀！
来自古北口[1]。
刀儿两面光，
不能分好丑。
人也和刀一样：
从前杀敌人，
现在杀朋友。

注释

① 古北口　在北京密云县北，与河北滦平县交界，是长城的重要关隘。

* 本篇原载1936年1月1日《生活教育》第2卷第21期《大众诗歌》栏，前三句为："刀儿两面光，可怜这把刀！来自古北口。"1933年1月，日本侵略军占领山海关后，3月继续向长城沿线进犯，中国二十九军英勇抗击。该军的大刀队在古北口一带肉搏战中，曾给日军以重大打击。在1935年"一二·九"运动中，该军却遵行蒋介石的命令镇压学生，所以陶行知写了这首诗。

送给——店员学生 *

（一）

本来是店员，
还要做学生。
学生店员联起来，
为民族解放而斗争。

（二）

敌货不买卖，
奸利不愿分。
店员来个总动员，
为整个民族求生存。

（三）

不会，跟人学；
会的都教人。
只要不做守知奴，
学生一变成先生。

* 本篇原载1936年2月1日《生活教育》第2卷第23期。

（四）

我们衣食哪里来？
工人织布农人耕！
店员学生联起来，
为大众解放而斗争。

上海各界“一·二八”祭萧德义士 *

萧德[①]先生，
可敬可爱。
您的热情，
没有国界：
大地为底，
青天为盖。
飞机师多做侵略的走狗，
惯向弱小民族加害。
您为被压迫民族斗争，
要打倒帝国主义妖怪。
拼命打虽败犹胜，
不抵抗天然淘汰。
自从您流了最后一滴血，
中国去了一块一块又一块。
我们大众起来，
国土不许再卖；
还要收回失地，

* 本篇原载1936年2月16日《生活教育》第2卷第24期《大众诗歌》栏，原题为《祭萧德先生》。

冲出山海关外！
拿出我们的鲜血，
创造黄金的时代。
先生精神不死，
与中华民族同在！
与新的人类同在！

严谔声　李公朴　张曼筠　行知合写

注释

① 萧德　美国飞行员，在为中国试验新购美国飞机性能的飞行途中，同六架日机在苏州上空相遇，因寡不敌众而牺牲。

妇女大众战歌

（一）

走出闺房，
跑出厨房，
捣毁脚镣手铐的旧礼教，
打倒封建的魔障，
拿出我们自己的主张。

（二）

走出闺房，
跑出厨房，
开放自足享乐的小家庭，
约几个嫂子姑娘，
抽空对国事商量商量。

（三）

走出闺房，
跑出厨房，
揭下卖国汉奸的假面具，
伸出我们的手掌，

左一个耳光，右一个耳光。

(四)

走出闺房，
跑出厨房，
剥下不抵抗军人的军衣，
让我们一齐穿上，〔注〕
冲向民族自救的战场！

〔注〕 何香凝先生在上海妇女救国运动游行示威前之演讲词。

纪念“一·二八”

（一）

一·二八[1]，一·二八，
十九路军顶刮刮，
大炮小炮向外发。

（二）

一·二八，一·二八，
历史教训认不清，
虽有眼睛也算瞎。

（三）

一·二八，一·二八，
大众再做泥菩萨，
古庙一定会倒塌。

（四）

一·二八，一·二八，
救国只有一条路，
武装起来向前杀。

注释

① “一·二八” 指1932年1月28日，日寇侵犯上海。驻上海十九路军将士，在全国人民抗日高潮的推动下，奋起作战。上海各界人民在中国共产党领导下积极支援前线，使上海抗战坚持了一个多月，给了日寇沉重的打击。

知行诗歌集

（生活书店版）

知行詩歌集

编者按

《知行诗歌集》生活书店 1936 年 11 月出版，诗歌 22 篇，其中译诗两篇，配有插图，卷首有《致谢》词。

致谢

韬奋兄看见我最近所作诗歌，希望我赶快编成一个小册子。我一直挨到赴英的前一天才动手。急急忙忙拉着嘉骅、嘉骝两位小朋友帮助剪贴抄写，居然于几小时内办成，这是我出国时顶可纪念的一件事。在这个纪念当中，尤其使我不能忘记的，是两位小朋友所流的汗和他们的父亲的鼓励。

儿童节献歌 *

（一）

四月四，
四月四，
小孩也能做大事。
做什么大事？
学新文字！
教新文字！
有了新文字，
大众个个会识字。

（二）

四月四，
四月四，
小孩也能做大事。
做什么大事？
研究国事！
报告国事！

* 本篇原载1936年4月4日《永生》周刊第1卷第5期。一、二两节最后一行原分别为：“老老少少都识字”，“百姓个个会管事”。

知道了国事，
大众自然会管事。

（三）

四月四，
四月四，
小孩也能做大事。
做什么大事？
嘴上长刺！
手上长刺！
遇了敌人来，
千千万万向前刺。

二十五年三月二十五日

思梅曲 *

冷风细雨整天阴，
到了春天不像春。
东洋送来好樱花，
樱花栽在市中心。
花好好看自须看，
看花想起梅世钧。
白白给人打死了，
叫人越想越伤心。
他在大康纱厂做生活，
为的不是金和银。
甘心情愿卖汗血，
只因要养老母亲。
本来他是无名英雄汉，
打倒东洋当过兵。
为的大帅不抵抗，
当兵不是生意经。
为何不是生意经？
只怕要打自家人。

* 本篇原载1936年4月23日《上海文化界救国会会刊》第4号。

想来想去没法子，
脱下军装做工人。
做工总比当兵好，
忙来忙去为敌人。
敌人肥胖如冬瓜，
自己瘦得不像人。
想起从前和现在，
眼泪滚滚暗中流。
武装照片留纪念，
哪知纪念不可留。
东洋工头查出来，
说他扰乱大不该。
劈头来了一老拳，
身子一闪他避开。
顺手回敬一老拳，
工头翻个筋斗向前栽。
再来一个日本佬，
被他一腿踢到二丈外。
单身匹马打东洋，
莫说世钧头脑呆。
人人像他一样呆，
中华民国就有出路哉！
越来越多东洋鬼，
把个世钧密密围。
你一拳来他一腿，
奋斗到底除了世钧还有谁？
可怜受伤吐血血吐尽，
官府还说不可信。
请问官府管什么？

官府不管东洋打死老百姓。
世钧有冤无处伸，
工人自己求生存。
四千工人齐罢工，
学生起来同斗争。
可怜买办已亲敌，
比比从前顾正红，
救国捐款没一滴。
思想起来可叹息。
死是一样死，
结果不一律。
那时罢工工人三十万，
各界响应好像半天轰霹雳。
有钱的出钱，
有力的出力。
打得帝国主义心里急。
现在大众拚命干，
富贵人家站在旁边看。
厂主晓得罢工难持久，
板起凶脸干一干：
六十工人同开除，
什么地方好吃饭？
头一名是他的亲兄弟，
全家至今都遭难。
还有一个可苦布，
却是东洋真好汉。
因为同情梅世钧，
老板捉他他滚蛋。
躲在中国人家里，

今生不愿再回乡。
日本也有公道人，
胜过中国汉奸和买办。
买办爱上东洋货，
汉奸好像洋人样。
救国变成眼中钉，
亡国与他不相干。
大众从今该明白：
小众不肯再抵抗。
我们要为梅世钧伸冤，
要为中华民族求解放。
只有大众起来，
战！战！！战！！！

题隔夜牡丹*

垂头一牡丹，
惨无富贵色，
仿佛尼古拉，[1]
十月命已革。

王画伯先生画隔夜牡丹，立意颇奇，我在他那幅画上题过这样一首小诗。

注释

① 尼古拉　尼古拉二世是俄国最后一个沙皇，生性残暴，有“血腥的尼古拉”绰号。他在国内下令枪杀示威工人，使全国陷于“黑帮分子恐怖”之中。并曾派军参加侵华的八国联军，乘机侵占中国东北大片地方。俄国十月革命后，他被枪决。

* 本篇原载1936年6月9日《生活日报》。

广西山水进行曲*

压在地下几多年？
大众一怒冲上天！
出头如山；
流汗成川。
千军万马渡黄沙，
直下长江边，
捣幽燕①，
平大连②：
倭寇③民贼逃上船。
从此饿者都有饱饭吃；
冻者都有暖衣穿。
太平百姓昼中眠，
醒来梦也甜。

注释

① 幽燕　河北省北部与辽宁一带的地区。唐朝以前属幽州，春秋战国时属燕国，故称幽燕。1936年前，河北省东北部和辽宁已被日本侵略者侵占。

② 大连　辽宁省辽东半岛南部的优良海港，即现大连市，1931年“九一八”后曾被日本侵占。

③ 倭寇　指日本侵略者。

* 本篇原载1936年6月7日《生活日报》。

送给平南诸友

初到平南

没有到平南[1]，
心里很不敢。
外公变外婆，
滋味不平凡。

我的认识

一群野姑娘[2]，
好像没规矩。
叫她穿袜子，
嘴许心不许。
粉碎烂规矩；
创造新规矩：
无须人干涉，
万事自作主。

有弛也有张[3]，
不是自由乡。
令人留恋处，
仿佛在晓庄。

写字苦

流了半天汗，
绑票④写大字。
也有落伍者。
不要我的字。

〔注〕　有些自命为前进者，不要我写的汉字。

小媳妇讨扇

来一小媳妇，
爱上我的扇。
看谁流汗多，
为他扇几扇。

江边小睡

大树挡太阳，
清风吹郁江。
睡在古碑上，
做梦也清凉。

天晴飞粤

心想天下雨，
再见赤脚女。
这点小意思，
天公竟不许。

到粤后

飞来好几天，
音信无所得。
待月上东山，
让我问明白。

说话不再自由

最近新消息，
有些不同了：
高谈阔论嘴，
已经上封条。

平南村女同学把男教师都当作女人看待。她们呼主任为妈妈。我到时，她们呼我为外婆。我就戏呼平南村为平男村，大家好像是得了很大的胜利似的。

注释

①平南　原广西邕宁县邕江边的一个村庄。

②一群野姑娘　指平南幼师的女学生。

③有弛也有张　有闲也有忙的意思。

④绑票　土匪勒索钱财把人劫走，胁迫被劫人家属按其指定时间用钱财将人赎回称“绑票”。此处是陶行知对当地人恳求他写字留念，不写不让走的戏称。

嫁女儿

（一）

宝宝哭啼啼，
想要牵新娘。
新娘找到了，
还要找新郎。

（二）

找到我头上，
太太想做媒。
内人若知道，
大家都倒霉。

（三）

倒有一女儿，
老是嫁不出；
但愿做好事，
代我找女婿。

（四）

八桂[1]山水好，
革命如有神。
从前石达开，
又有李秀成。

当今论人杰，
首推李宗仁。
彩球有所待，
摔给广西人。

（五）

只要家里穷，
思想不反动，
随便嫁出去，
我都不心痛。

（六）

和我一船来，
寄在香港住。
如果没人要，
带来又带去。

（七）

夫人如答应，

请拆附来信。
履历和八字，
一看自分明。

广西有一位著名的太太，对于我的言论都赞成，只有提倡新文字，她是极端反对，确是一位难以说服的劲敌。但她对于我的遭遇，很为关心。内人去世，大家都瞒着我，她先得到消息，想给我做媒。我写了这几首诗，托她代女儿找女婿。我的女儿是谁呢？这样的急于求女婿？她的“八字”②我可以公开，就是“广西拉丁化新文字”。

注释

① 八桂　桂是广西的简称。八桂，指广西八个地区。

② 八字　旧中国的一种迷信。认为一个人的出生年、月、日、时，各有天干地支相配成八个字，据此可以推算命运。旧俗订婚时须先交换八字帖，简称“八字”，也叫“庚帖”。

飞行有感*

（一）

天上看人间，
越看越奇怪。
黄的一块块；
绿的一块块。
一块块里，
还有许多小块块；
歪歪曲曲，
曲曲歪歪，
这里头的奥妙啊，
怕只有锄头①了解。
要想把它解决啊，
还得要机器②起来。

（二）

我“也凌云无碍”，〔注〕
看了一个大概。

* 本篇原载1936年6月11、12日《生活日报》，原题分别为《坐飞机有感》和《飞机上的感想》。

一块块的田地是谁种？
一座座的屋子是谁盖？
除了山和水。
问是谁造的世界？

〔注〕 胡适之先生写过一篇《桂游小赞》说：“看尽柳州山，看尽桂林水：天上不须半日，地上五千里。古人辛苦学神仙，要受千百戒。看我不修不炼，也凌云无碍。”我觉得这种个人行乐图不是新诗可以走的路，在上海的时候对于《桂游小赞》，也写了一篇我们的答复：“流尽工农汗，还流泪不息：天上不须半日，地上千万滴。辛辛苦苦造飞机，无法上天嬉。让你看山看水，这事太希奇。”我把这两首诗读给一些小朋友听，有十五岁的张健小友说：“最好把‘这事太希奇’改为‘还要吹牛皮’”，我就照他的意思改了。这次我也尝了一尝飞机的滋味，但所见到的实在与胡先生不同了。昨天写了一首坐飞机有感，觉得不够，所以又写这一首，把我当时的感想，再摄一个小影。

注释

① 锄头　这里用以喻农民。
② 机器　这里用以喻工人。

送《生活日报》*

大报不像大报；
小报不像小报。
问有什么好处？
玩的不是老套。

大报不像大报；
小报不像小报。
笔杆一齐对外，
不肯胡说乱道。

* 本篇原载1936年6月18日《生活日报》。该报1936年6月7日在香港创刊，同时发行《生活日报星期增刊》。邹韬奋任主编。同年7月迁上海筹备出版，后因国民党当局的阻挠未能实现。《生活日报星期增刊》改名《生活日报周刊》，在香港继续出版三期后，于同年8月23日改名《生活星期刊》迁上海出版，12月13日遭国民党当局查禁，共出128期。

香港的印刷工人生活*

每天做十六小时工的工人生活小影

（一）

做了八点钟；
又做八点钟；
还有八点钟；
吃饭，睡觉，
撒尿，出恭。

（二）

一家肚子饿通；
没有夹衣过冬；
破屋呼呼西北风；
妈妈病得要死，
不能送终。

* 本篇原载1936年8月24日《生活星期刊》第1卷第12号，题为《一个地方的印刷工人生活》。题后有：“〔每天做十六小时工，也是三八制〕”。每节诗列有小题：“（一）个人生活”，“（二）家庭生活”，“（三）精神刺激”，“（四）出路”。第（三）节第5行为“操他的祖宗”，第（四）节第3行为“也不可做梦”。

（三）

机器冬冬冬，
耳朵嗡嗡嗡，
脑壳轰轰轰，
“再拿稿子来，
操他祖宗！”

（四）

骂他他不痛；
怨天也无用；
也不要做梦：
拳头联起来，
碰！碰！碰！

写给青年斗士们*

莫说你爱我。
莫说我爱你。
碰到一块来，
大家欢欢喜喜的，
为民族大众的解放，
出一点儿主意，
努一点儿力：
就是这样吧，
已够甜蜜！

* 本篇原载1936年6月15日《生活日报》。

答奉然小姐*

你问我你在我心中留了一个什么印象，
这叫我如何可写？
让我想一想吧。
你是一个可以做小姐，
而不愿做小姐
的矛盾小姐。〔注〕
这是亲近大众的前夜，
你已经上了时代的列车。
向前进吧！
只要你百折不回，
一忽儿便赶上了革命的战垒。

〔注〕 矛盾即摩登，是modern的另一译法，含意双关，别有趣味。

* 本篇原载1936年6月23日《生活日报》，题为《答奉小姐》。

一块煤炭*

你们说我热烈。
我是一块烧得通红的煤：
要把吊儿郎当的少爷烧毁，
再烧毁贪图享福的小姐。
把少爷小姐的灰，
堆得一堆又一堆，
拌一些儿水，
塑成千军万马，
用嘴一吹，
都变成活龙活虎，
冒着敌人的炮火向前追，
要把它们赶出华北东北才肯回。
到那时，我这块煤炭，
是早已烧成灰；
但是打开眼睛来看啊！
那靠近我摆着的煤，
都一块块的红起来了，

* 本篇原载1936年6月24日《生活日报》。

要把人间的围墙烧毁，
把奴隶的锁链烧毁，
把世上的不平烧毁。
重新造出一个地球来，
上面没有吃人鬼；
没有人饿得太瘦；
没有人长的太肥。

诗人？ *

有人说我是诗人，
这可不敢。
破布烂棉花，
纸上堆得满满。
岂不糟蹋了诗坛？

有人说我是诗人，
谁肯承认？
亲爱的妹妹，
站在门口老等。
岂不得罪了诗神？

有人说我是诗人，
我可不懂。
唱破了喉咙，
无非是打仗的号筒，
只叫斗士向前冲。

---

* 本篇原载1936年6月25日《生活日报》。

再到广州 *

天上星光欲泻！
海上波光一片片！
岛上灯光千万点；
这是南国的大门！
一百年前的事[①]有谁念？
我带得一船的愁来，
问在何处可卸？
当斗士们还在梦里作战的时候，
我已与广州再见。

注释

① 一百年前的事　指1840年英帝国主义对中国发动侵略的鸦片战争，轰开了中国的南大门，从此中国由闭关锁国的封建社会，逐步变成半封建半殖民地的社会。

* 本篇原载1936年6月30日《生活日报》。

苍梧扇 *

(一)

清风爱吹桃花面，
吹不到生存线①。
生存线上彩云飞，
千里行人正相念；
化了五个铜子，
送来苍梧扇。

(二)

清风爱吹桃花面，
吹不到生存线。
生存线上汗如珠，
春夏秋冬扇不厌，
待得汗流时，
但愿长相眷。

---

* 本篇原载1936年6月21日《生活日报》，诗的第一节第3行为“生存线上望明月”。苍梧即现在的梧州，在广西壮族自治区东部，苍梧扇是当地名产，用蒲葵叶制成，俗称芭蕉扇。

（三）

清风爱吹桃花面，
吹不到生存线。
如果东风可以借，
不必再借鹅毛扇。
随时借几阵，
吹到生存线。

（四）

清风爱吹桃花面，
吹不到生存线。
除非是黑云起，
天大变，
太阳不见：
生存线上发大风，
大风吹倒安乐店[②]，
原来是大众大扇而特扇的
扇起苍梧扇。

注释

① 生存线　按陶行知的解释，人类生活的地方是个大生存圈，生存圈中心是少数有钱的老爷、太太、小姐、少爷，他们不劳而获，享尽人间之福，广大工农劳苦民众在生存圈的四周辛勤劳动，不得温饱。

② 安乐店　指有钱人居住的享乐地方。

枪杆向北

是谁失掉了东北？
是谁要丢掉华北？
也别说，
谁是假抗日，
谁是真救国？
也别管，
谁的心儿红？
谁的心儿黑？
只须看那枪杆儿，
向南还是向北？
便自然明白。

枪杆向外*

是谁要丢掉关内?
是谁失掉了关外?
也别说,
谁是真抗日?
谁要把国卖?
也别管,
谁的心儿好?
谁的心儿坏?
只须看那枪杆儿,
还是向内,
还是向外,
便自然了解。

* 本篇原载1936年6月21日《生活日报》。“是谁要丢掉关内?”为诗的第2行,第1行为“你别听”。

送给唐纳先生*

听说您寻死，
我为您担心。
您要知道：
蓝苹是蓝苹；
不是属于您。
您既陶醉在电影，
又如何把她占领！
为什么来到世界上？
也要问一个分明。
人生为一大事来，
爱情是否山绝顶？
如果您爱她，她还爱您，
谁也高兴听喜讯。
如果您爱她，她不再爱您，
那是已经飞去的夜莺。
夜莺不比燕子，
她不会再找您的门庭。
如其拖泥带水，

* 本篇原载1936年7月8日《生活日报》。

不如死了您的心。
如果她不爱您而您还爱她，
那么您得体贴她的心灵。
把一颗爱她的心，
移到她所爱的幸运。
现在的时代不同了！
我想说给您听：
为个人而活，
活得不高兴；
为个人而死，
死得不干净。
只有那民族解放的大革命，
才值得我们拼命。
若是为意气拼命，
为名利拼命，
为恋爱拼命，
问我们，究有几条命？

想一想！*

（一）

几个人掌舵，
几个人摇桨。
有祸别人当，
有福自己享。
这个骂得毒，
那个骂得响。
拿把秤来称一称：
一个是半斤，一个是八两。
朋友们！想一想：
船儿快要散板。

（二）

几个人掌舵，
几个人摇桨。
有祸别人当，
有福自己享。
你踢他一腿，

* 本篇原载1936年7月10日《生活日报》。

他给你一掌。
拿把秤来称一称：
一个是半斤，一个是八两。
朋友们！想一想：
船儿快要散板。

联合战线 *

四万万人的公意掌舵；
八万万只手儿摇桨：
有祸同当，有福大家享。
看啊，前面到了一只怪船，
这分明是海盗来劫抢！
朋友们，
不要胡思乱想！
只对准着那只怪船冲去，
肃清了海盗再讲。

* 本篇原载1936年7月10日《生活日报》，1936年9月12日巴黎《救国时报》再次发表。

打开眼睛看看*

*Hermynia Zur Muhlen*创作

（一）

这个大胖子，
肥肉哪里来？
他会刮人钱，
因此发大财。

（二）

一座大洋房，
住个大胖子。
夏天凉快冬天暖，
胖子快活死。

（三）

胖子有汽车，
坐车去如飞。
一路都都都，
风头十分足。

* 本篇原载1936年4月1日《生活教育》第3卷第3期。

（四）

烟囱冒黑烟，
工人苦连天。
机器开动了，
胖子大赚钱。

（五）

钱儿刮到手，
鱼肉好下酒。
自命大好佬，
你看丑不丑。

（六）

嘴衔雪茄烟，
眼睛望着天。
不见地上有人，
只因袋里有钱。

（七）

看看这个工人，
辛苦有谁知道？
做工做得很好，
流汗直流到老。
住的一间木棚，
又破，又冷，又潮。

想要得点阳光，
问到哪儿去找？

（八）

他有一个老婆，
还有几个宝宝。
整天做牛做马，
三餐不得一饱。

（九）

饿肚进工厂，
工头来监工。
呼来唤去随他意，
凶头凶脑像雷公。

（一〇）

汽笛叫了几声，
午饭时刻到了。
你吃一块大饼，
我吃两根油条。
还有谁吃冷饭，
那是张家嫂嫂。
可有一些小菜，
萝卜干儿几条。
做人总要吃饭，
饭儿算是吃过了。

（一一）

初一望到十五，
十五来领工钱。
还了半月米账，
无钱再买油盐。

（一二）

工人们！
你们要吃饭！
就得起劲的干！
钱啊！钱啊！
要拼命地为我赚！
拼命的干啊。
拼命的赚啊。
看你铁柜里的金子，
是谁流的汗啊？

（一三）

穷苦小工人，
起早送牛奶。
送到富翁后门口，
少爷还在床上赖。
赖在被窝里，
喝牛奶。
长成一个白白胖胖的小乖乖。

（一四）

工人小孩也要玩，
三三两两街头上。
呜的一声汽车来，
轧断大腿无人管。
无人管，
还要骂声小瘪三。

（一五）

工人小孩并不笨，
做点买卖街上混。
少爷享了祖宗福，
还要骂人小光棍。

（一六）

糖果店，
糖果店，
一百回也看不厌。
工人小孩流口水，
口水流在店门前。
有钱小孩嘴福好，
嘴也甜来心也甜。

（一七）

牧师说：

“有的人享福，
有的人受苦。
你不可埋怨，
万事上帝作主。”

（一八）

先生说：
“牧师说的话，
一字值千金。
你若玩花头，
鞭下不留情。”

（一九）

还有街头巡捕，
最是欺贫重富。
工人谁敢不服，
打得头破血出。
有时关进监牢，
不知几时出去。

（二〇）

工人起来奋斗，
领袖被人捉走。
秃秃几声枪响，
好比杀猪杀狗。
天昏地黑人残忍，

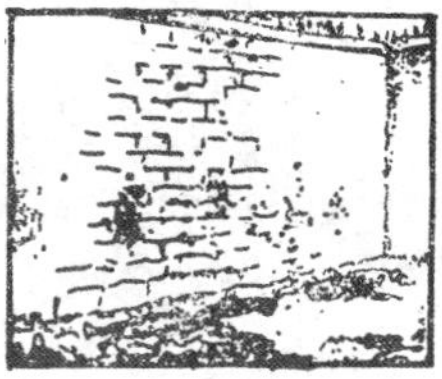

试问公理有没有？

（二一）

打开眼睛看，
看人怎样干？
苏联真伟大，
个个是好汉。
工人打胜仗，
浑蛋都滚蛋。
自由又平等，
大家吃好饭。

（二二）

导师是列宁，
指点光明路。
拿着真理的火把，
照着人向前去。

（二三）

大众武装起来，
保护工人祖国。
谁想在老虎头上擦擦痒，
叫他看一看颜色。

（二四）

工厂还是工厂，
情形大不相同。
从前工人是奴隶，
现在都做主人翁。
你来我去拉拉手，
工人歌声遍西东。
只要自己不懒惰，
海阔天空路路通。

（二五）

小孩都要进学堂，
学堂不是少爷制造厂。
五年计划联起来，
创造新国小孩都帮忙。

（二六）

大人在工厂里忙，
小孩在学堂里忙。
全家为国忙，
忙了回家玩。

（二七）

太阳起山东方红，
好像红球挂天空。

我们冲向草场去，
踢回球儿再上工。

（二八）

夏天来到，
夏天来到，
冲到海边真逍遥。
扎起帐幕，
吹起筒号。
我们是征服自然的前哨，
你可知道？

（二九）

打了胜仗，
回到家乡，
你看我们是多么强壮！
我们是在太阳光里锻炼出来的，
要放出太阳的光芒！

（三〇）

鼓儿冬冬冬的响，
旗儿在半天飘扬。
歌儿打进小儿心，
个个小儿心中痒。
你不要误会这儿戏，

我们要拿出我们的主张！

（三一）

说一说我们的主张：
今生要帮大众忙。
大大小小一起来，
如此力量不可当！

（三二）

大众一联合，
力量不可当。
拥护真和平，
战神定逃亡。
造个新世界，
快乐像吃糖。

黑白之战*

米拉陪琦创作，邢舜田补绘最末一图

（一）

黑人黑，
家住香蕉国。
香蕉正好吃，
猴子来做客。
旁边象大哥，
大的了不得，
竹上擦擦痒，
倒把猴子骇。

（二）

黑神仙，
家住河马边。
河马真要好，
头靠屁股尖。

象哥更有趣，
鼻子翘上天。

---

* 本篇原载1936年3月1日《生活教育》第3卷第1期。

背上跳跳舞，
快乐赛神仙。

（三）

快点跑！
看谁跑得快！
跑到海边去，
看妖怪。

（四）

妖怪在哪里？
妖怪在天边。
看不见烟囱，
怎么冒黑烟？

（五）

黑烟会长大。
黑烟会走路。
原来是鲸鱼叹气，
可怕啊有趣！
鲸鱼有大门，
开门在肚皮：
有人跑出来，
蓝眼白肉皮。
abcde，
说话很希奇。

手儿招一招，
送我好东西。

（六）

他送我假珠一串，
我送他黄金一元。
他送我帽儿一顶，
我送他黄金一锭。
他送我洋伞一把，
我送他黄金一打。
他对我笑嘻嘻，
我对他笑嘻嘻。

（七）

一晚笑嘻嘻，
早上出事体。
客人拿皮鞭，
问我依不依？
他要坐洋车，
逼我拉去嬉。
他要造大路，
逼我开荒地。
还要推东西，
还要背东西，
从早做到太阳西。
我又不发痴！
吃了一天亏，

明天定不依。

（八）

千不依，
万不依，
客人发脾气。
忽然发电光，
接着几声响，
胸前开了小窟窿！
血往身下淌，
人往地上躺！
剩了个孩子跑回去，
快步赶，
大声喊。

（九）

喊醒狮子梦，
一齐来抵抗。
哥哥射弓箭，
弟弟放镖枪。
瞄准敌人无商量：
来一个，杀一个，
来两个，杀一双。
自由花开在战场。

集外诗汇

攀松山*

迷径入松山，[1]
登山如上滩。
不见水流急，
唯觉涛声寒。

七年春

注释

① 松山　位于南京郊外。

* 本篇原载1918年4月《金陵光》第9卷第4期。《金陵光》为1909年12月金陵大学学生办的学报，开始为英文版。1913年2月经陶行知提议，从第4卷第1期起增设中文版，陶行知任主笔。

骑驴 *

钝驴①一何懒，
箠策②劳我鞭。
鞭时跑几步，
不鞭不肯前。

七年春

注释

① 钝驴　走得慢的笨驴。
② 箠策　用鞭子抽打。

* 本篇原载1918年4月《金陵光》第9卷第4期。

携诗游 *

李杜文章在[1]，
爱读常自随。
遇景即看景，
无景还读诗。

七年春

注释

① 李杜　指唐代诗人李白和杜甫。

*　本篇原载1918年4月《金陵光》第9卷第4期。

梨歌*

——泊头镇的梨子最便宜

泊头梨①，
真便宜，
一块一百一十一。
买来放在房门外，
让人随便拿去吃。
劝众客，
莫忘记：
梨一只，
汗千滴；
千辛万苦种梨人，
省下不吃给人吃；
还有那些远行人，
口燥唇干想吃不得吃。

一一·九·一六

注释

① 泊头梨　产于河北省泊头镇，现为泊头市，该地产的梨，即著名的天津鸭梨。

* 本篇原载1924年12月20日《申报·申报常识·平民周刊》。1912年史量才主持《申报》后，力图向“创造舆论”的方向努力。1921年6月1日起，每日副刊《申报常识》，宗旨是以“新生括、新知识，新思想”来教育国民，进而在该栏内主办《平民周刊》，分载法律、道德、卫生、科学等门类的问答，主张用科学、民主来唤醒国人。陶行知早期的诗歌大都在此发表。

赠方旭初同学*

当年趣事勤搜罗，
《东莱博议》①滋味多。
不甚解处求君问，
君倦欲逃把辫拖。②

十二年三月十四日

注释

① 《东莱博议》为南宋吕祖谦所著，内容主要是对记述我国古代历史的《左传》所作的评议，又名《东莱左传博议》凡25卷。

② 辫拖　指清朝男人脑后均留有发辫。

* 本篇选自1981年三联书店版《行知诗歌集》。写于1923年。

国之大禁*

春天莫打猎
春天打猎鸟兽绝
秋天莫内乱
秋天内乱民食竭

* 本篇原载1924年10月18日《申报·申报常识·平民周刊》。

恕歌*

人生在世，
各有所好。
赌的赌；
嫖的嫖；
吸烟的吸烟；
逍遥的逍遥；
这个要功名高；
那个要发财早；
还有人要长生不老：
各有各的不好。
就是一无所好，
也未见得十分好。
如有十分好。
到哪儿去找？
只要他不是嘴上圣贤，心里强盗，
还是模模糊糊的好。
若是只知责人，不知责己，
那就糟糕！

---

* 本篇原载1925年1月31日《申报·申报常识·平民周刊》。现据手稿排印，原题为《人情歌》。

家穷子孙多*

家穷子孙多，
爹娘可奈何。
争吃打破锅；（人多饭少不够吃，为争锅粑把锅都打破了）
睡觉撕被窝。（人多被少，你拉过来，我拉过去，把被都撕破了）。
妹嫁候姊姊；
弟娶等哥哥。
十个九烦恼，
还说福气多。

* 本篇原载1925年3月14日《申报·申报常识·平民周刊》。

新年 *

听啊，鸡儿已啼。
看啊，烛影纸迷。
一年之计始于一月一日。
同学起，
同志起，
快快起来行个礼：
愿把灵魂共身体，
献与中华民国，
誓从今年今日起。

十七年一月

---

* 本篇原载1928年1月15日《乡教丛讯》第2卷第1期，编者按说：“这是陶先生新年作品之一，原诗有三节：第一节是为小朋友而作，第二节为稍长学生而作，第三节为救国健儿而作，此所载乃诗中之第二节也。原诗甚长，故录其一，以见一斑。”原诗的第一、三节迄今未查找到。

《乡教丛讯》诞生于1927年1月1日，是乡村教育同志会与中华教育改进社合办的机关报，每月出两期。初由赵叔愚主编，办了5期，从第1卷第12期起晓庄师范同学轮流编辑，从第2卷起改由专人负责编辑。

劝友*

这时教育部里的科学家、教育学家、政治学家，互相诽谤，不能合作，部中友人告诉我，我便写了这几句话送他，劝他做些建设工作。不要分心于无谓之党争。

教育、科学与政治，
原是同胞三兄弟。
虽然各有各脾气，
何必你骂我来我骂你？
大祸当头如燃眉，
建国救世更协力。
“你不好，打倒你，我来做。”
莫把“做”字轻忘记。

十七年六月

* 本篇选自1981年三联书店版《行知诗歌集》。

大家一起来流汗*

流啊流啊大家流！
流出您老①爱流的热汗！
大家一起来流汗！
一滴一滴滴成糙米饭。

背啊背啊大家背！
背起您老留下的重担！
大家一起来流汗，
背起您老留下的重担。
做啊做啊大家做！
做成您老未做的工作！
大家一起来流汗，
做成您老未做的工作。

注释

① 您老　指刚去世不久的晓庄学校第一任院长赵叔愚。

*　本篇出自作者手迹。写于1930年。

小日本*

（一）

小日本，
心肠狠！
乘我大水灾，
夺我东三省。

（二）

日本国，
良心黑！
大家拿起小斧头，
万众一心来赶贼！

* 本篇原载1931年10月15日《儿童生活杂志》第6期，署名：梧影。

抵制日货 *

（一）

抵制日货！
制造国货！
不在空嘴讲白话，
事体该做便须做！

（二）

衣服让他破，
不用洋布做。
衣服让他旧，
衣旧山河寿。

* 本篇原载1931年10月15日《儿童生活杂志》第6期，署名：梧影。

活 *

用活书。
活用书。
用书活。

二十年十一月

* 本篇原载1931年11月26日《申报·自由谈》。

瞄准乡村向前冲

弄东一弄东，
乾坤属儿童，
我们是真理的传布者，
瞄准乡村向前冲。

阔人过生日 *

人们喜喜喜，
猪儿咿咿咿。
怎么这热闹？
阔人过生日。

阔人过生日，
急煞穷亲戚：
寿酒滋味好，
寿礼送不起。

寿礼分四等：
福禄与寿喜，
福字一万元，
喜字洋一十。

洋一十，
薪水去半壁。
不送饭碗破，
送去不够吃。

* 本篇选自1981年三联书店版《行知诗歌集》。

工学团 *

工以养生。
学以明生。
团以保生。

* 本篇原载1934年2月16日《生活教育》创刊号。

化愚蒙的小先生

我是小先生，
热心好比火山喷，
生来不怕霜和雪，
踏破铁鞋化愚蒙。

豆腐浆 *

乳白豆腐浆，
胜过人参汤。
喝到肚子里，
爽快而健康。

* 本篇原载1934年5月1日《生活教育》第1卷第6期。

改宋儒[1]之幻想诗*

东风放牧出长坡，
谁识阿童苦恼多。
归路转鞭牛背上，
笛声吹老饿肚歌。

依牧童自己的意思
改宋儒之幻想诗

注释

① 宋儒　宋代的理学家，一般指程颐、程颢、朱熹等人。

* 本篇原载1934年8月16日《生活教育》第1卷第13期，系作者手书的封面题诗。原手迹稿上，“苦恼”二字处有被圈掉的“乐趣”二字，“饿肚”二字处有被圈掉的“太平”二字。

“九一八”三周纪念*

我今天从上海赶来，心里难过得很！一路上想到了几首诗，现在背给大家听听。请大家跟着我读：

九一八，[①]
九一八，
怎样收回东四省？
小小女儿教妈妈。

九一八，
九一八，
怎样打倒帝国主义？
小小儿子教爸爸。

九一八，
九一八，
谁能救中国？
小小先生顶呱呱。

九一八，
九一八，

* 本篇原载1934年10月16日《生活教育》第1卷第17期。这是作者1934年9月18日在山海工学团联合的孟家木桥、沈家楼、萧场、红庙、赵泾巷五个工学团举行的“九一八”三周年纪念大会上的全篇演讲。

哪个忘了九一八，
便是一个“小忘八[②]”！

二十三年九月十八日

注释

①“九一八” 1931年9月18日，日本帝国主义的侵略军，突然炮击沈阳北大营，接着大规模武装侵略我国东北，向吉林、黑龙江等地发动进攻。蒋介石命令张学良的东北军“绝对不许抵抗”并撤至山海关内，使东北全境到1932年1月全部沦陷。

② 忘八 旧的说法是指忘记了“孝悌忠信、礼义廉耻”八个字的人。

赶上史考梯[①]*

白拉克，
史考梯，
坐飞机，
上天嬉。
一日一万里，
白云在脚底，
人群像蚂蚁。
打破莫里逊的纪录[②]，
三天飞过查尔斐[③]。
黄金五万到手，
还得一个娇妻。
痴人看了别发痴，
半生辛苦你须知。
告尔曼，一失手，
骨头粉碎肉成泥。
这不过是本领儿小试试，
等到世界大战开火，

* 本篇出自1934年11月16日《生活教育》第1卷19期《怎样指导小朋友明白时事》一文。

再分高低！

小朋友，
别发痴！
看做戏，啥稀奇？
自己造飞机，
上天去嬉嬉。
等你长大了，
赶上史考梯。

注释

① 赶上史考梯　1934年10月，英、澳、美、荷、新、丹等国举行由英国伦敦到澳大利亚墨尔本的飞行比赛，英国的白拉克和史考梯驾驶的飞机以71小时18分的成绩夺得冠军并创造了这条航线飞行速度的记录。飞行前，白拉克向女演员台斯芒求婚，台说："等你夺到锦标后，我再回答你。"白拉克终于达到了目的。

② 莫里逊的记录　莫里逊从英国伦敦飞到澳大利亚墨尔本夺魁记录是212小时49分。

③ 查尔斐　飞行途中经过的印度洋中的岛屿。

兴学的乞丐*

莫言苦，
莫愁贫，
有志竟成语非假，
铁杵磨针事本真，
古今来不少奇男子，
最难得山东堂邑姓武的人。
武先生，
名叫训，
兄弟既早死，
父母又不存，
饥寒交迫难度日，
沿街乞食倚人门。
武先生，
做乞丐，
有深心，
他见邑人知识浅，
少时失学是原因，

* 本篇选自1934年12月山东临清私立武训小学编辑的《武训先生九七诞辰纪念册》。

常恨自己能力薄，
家境又贫困，
哪有金钱办学塾，
教育清寒子弟们。

武先生，
一壁去乞食，
一壁自沉吟：
将来若要兴学塾，
此刻先须积聚基本金。
从此乞钱更努力，
遭人侮辱尽容忍。
每日只费两个钱，
买个馒头囫囵吞。
忍辛耐苦两三载，
果然积了六千文。

堂邑有个某富翁，
丰衣足食冠四邻。
武先生走到富翁家，
跪在门前不起身。
门仆呵喝也不去，
声称要见贵主人。
富翁当他是疯子，
门外哀号如不闻。
武先生跪了六日夜，
富翁才来问原因。
武先生，
貌温顺，

语诚恳：
“小人有钱六千文，
要托贵人谋子金，
贵人心肠善。
想肯助孤贫。”
富翁口答应，
心评论：
乞丐居然能储蓄，
节俭精神莫与伦。
富翁既允许，
武训喜万分；
只要积满一千钱，
立刻送进富翁门。
十多年，
一转瞬，
本银生利息，
利息做本银，
总数达到百千文。

武先生，
创学塾，
不逡巡。
租借古庙几间屋，
粉刷门墙气象新。
学生招集贫家子，
教师聘请宿学人。
有人见他是乞丐，
故意推诿不就任。
武先生只是跪地不起身，

使他不能不承认。

开学日，
尤殷勤，
备酒菜，
宴佳宾。
教师坐首席，
陪伴有乡绅。
有人见他是乞丐，
坐着不食也不饮。
武先生又是跪地不起身，
使他不能不沾唇。
逢朔望，
进塾门，
遇见教师能尽职，
打躬屈膝谢辛勤；
遇见学生不好学，
跪地劝诫泪涔涔。
因此教师学生都感愧，
讲习哪得不谨慎。

可是武先生，
仍然乞食储钱文，
他到五十八岁，
创设学塾三十多，
教育子弟千余人[1]。
有的就工商，
有的去耕耘，
他们衣食都无虑，

只有先生还苦辛，
路上相见心不忍，
齐来迎养报深恩。
武先生，
不允准，
并对大众说：
“但愿养我志，
何须养我身。”

注释

① 创设学塾三十多，教育子弟千余人　据李士钊调查，应为“创设学塾整三处，教育子弟几百人。”

一张破棉被 *

这是一张破棉被，
只给穷人盖着睡。
谁要拿来藏罪恶，
宁可撕得粉粉碎。

* 本篇原载1935年1月1日《生活教育》第1卷第22期，系作者手书的封面题诗。

改作黄金时代歌*

拔茅草，
搬石块，
自己的学校自己开。
互相教导，
互相信赖，
读书不做读书呆。
分析过去，
抓住现在，
创造将来。

* 本篇原载1935年1月16日《生活教育》第1卷第23期，系作者手书的该期封面题诗。1935年1月1日，晓庄学生尹孔敏在《生活教育》第1卷第22、23期连续发表《我的黄金时代》，叙述他离开晓庄以后，立志为乡村劳苦大众的儿童服务的经过，陶行知有感而发，立即写了这首诗。

即铭(一)*

破即补。
污即洗。
劳即谦。
乱即理。
债即还。
病即医。
过即改。
善即喜。
行即思。
倦即息。
信即复。
账即记。

* 本篇写于1935年9月，选自1981年三联书店版《行知诗歌集》。

不打而自倒*

你说他不好，
他说你不好。
地上长茅草，
不打而自倒。

* 本篇原载1935年11月上海商务印书馆出版的《怎样做小先生》。

工人歌*

（一）

工人们来团结，团结，
工人们来团结，团结，
我，我，我们来团结，
我，我，我们来，我们来，我，
我们来团结。

（二）

工人们来生产，生产，
工人们来生产，生产，
我，我，我们来生产，
我，我，我们来，我们来，我，
我们来生产。

* 本篇选自1983年人民音乐出版社版《行知歌曲集》。这是1935年作者按上海当时流行的《码头工人曲》曲调填写的歌词，并常到工厂教工人唱这首歌。1936年陶受全国救国联合会的委托，担任国民外交使节，出访欧、美、亚、非各国宣传和呼吁抵抗日本帝国主义侵略时，在国外华侨工人中也多次教唱此歌。

（三）

工人们来奋斗，奋斗，
工人们来奋斗，奋斗，
我，我，我们来奋斗，
我，我，我们来，我们来，我，
我们来奋斗。

（四）

工人们来创造，创造，
工人们来创造，创造，
我，我，我们来创造，
我，我，我们来，我们来，我，
我们来创造。

新文字歌（三）*

新文字，
新文字，
读也不费事，
写也不费事，
用也不费事，
笔尖上刺刀，
拼命向前刺。
刺破平仄声！
刺破方块字！
要把教育普及，
大众会管事。

* 本篇选自1948年光华书店版《行知诗歌选》。

即铭（二）*

即行即知。
即知即传。
即传即联。
即联即前。

* 本篇原载1936年1月16日《生活教育》第2卷第22期，系作者手书的封面题诗。

一出历史戏的开场白*

三花脸①唱

救国大家救，
卖国归我卖。
岳飞学厌了，
现在学秦桧。

东北华北送了人，
国土还有一大块。
等到整个民族进棺材，
我盖棺材盖。

注释

① 三花脸　即中国旧戏中丑角的俗称。

* 本篇原载1936年1月16日《生活教育》第2卷第22期。

妇女节*

赛龙船是端午节，
吃月饼是中秋节。
报告村姑要知道：
于今还有妇女节。

阳历每年三月八，
世界妇女最热烈；
联合起来求解放，
重男轻女之风该斩绝。

童养媳妇伤人道；
裹脚布快快撕裂。
婚姻自己作主张，
有妻不许再娶妾。

要想达到：
经济地位平等，
文化地位平等，

* 本篇写于1936年3月，据手稿排印。

政治地位平等；
互教互学一天不可歇。

国耻要妇女共同昭雪，
世界强盗要妇女共同来消灭。
谁能得到最后胜利，
要看谁奋斗最坚决。

一年一度的妇女节；
检讨过去，
创造将来，
几人流汗，几人流血。

礼拜六下午对上海工部局小学教师讲演之开场白*

好容易望过礼拜五，
到了礼拜六的下午。
本想去游游园，看看戏，
跳跳舞。
谁要听陶行知说鳖，
李济之考古？
这都是陈处长好意，
害我们受苦。
少讲点吧，
我们一秒一秒的数。

二十五年春

* 本篇选自1947年大孚出版公司版《行知诗歌集》。

拼命*

攀山要攀上山绝顶，
游船要游到海中心。
战要拼命，
干要拼命。
玩，如果有，也要拼命。

二十五年五月二十日

* 本篇选自1947年大孚出版公司版《行知诗歌集》。

南湖有怀*

一片晚霞照眼明，
说是无情却有情。
几日不知君去处，
教人苦向梦中寻。

二十五年五月

* 本篇选自1947年大孚出版公司版《行知诗歌集》。

赠南湖瑞霞*

南海作客困新亚，
有友同游如在家。
试问霞头看湖水；
何如湖里看明霞？

二十五年五六月之间，与南湖、瑞霞两先生同客南粤，居隔重楼，朝暮过从，不知在客。

* 本篇选自1947年大孚出版公司版《行知诗歌集》。

广西小孩*

六位小同志，
不做读书呆；
头戴军帽束皮带，
自命为革命小孩。
有将军，有主席，
大家坐下谈将来。
有的要开小孩救国会，
邀请全国小孩一齐来。
有的要和世界小孩通通信，
好叫人类知道日本万不该。
有的主张造飞机，
炸得日本脑壳开。
有的主张造兵舰，
百万水师收东海。
有的要做李秀成，
有的要做石达开，
有的要做刘永福，
有的要做冯子材。

* 本篇选自1947年大孚出版公司版《行知诗歌集》。

桂林山水甲天下，
山灵水秀出奇才。
我们大胆冲出去，
后面已有小孩顶上来。

回忆五月广西南宁乐群社[1]小孩座谈会。

二十五年六月

注释

① 广西南宁乐群社　是官方专事接待贵宾的地方。

沙漠归来*

人人都说地上好。
谁知地上活不了？
你看戈壁大沙漠，
也无树木也无草。
太阳晒在赤膊上，
洒出油来皮也焦。
大风吹起黄沙飞。
嘴唇鼻眼耳朵一齐上封条。
姑且回到地下去，
没有阳光清气也得熬。
何处树木成林草青青？
沉默之中长青草，
找着之后再往地上跑。

二十五年六月

* 本篇按手稿排印。

三姊妹*

三姊妹[1]，
想起很惭愧。
走得太匆匆，
无法说再会。

一月不相见，
见相如见面。
赶快收起来，
常见讨人厌。

昨天在广西，
今天在广东。
我是什么人？
现代孙悟空。

二十五年六月

注释

① 三姊妹　吴树琴、沈德华、黄彤麟三人都是安徽人，同时毕业于安徽省隆阜第四女子中学，因她们关系密切，陶行知称她们“三姊妹”。吴树琴1939年12月31日与陶行知结婚。

* 本篇出自作者手迹。

听众心中的我*

根据一位听我演讲者之报告而写的自我小影

个子不小不大，
穿的白布长褂。
黑框眼镜一副，
芭蕉扇儿一把。
调子有高有低，
满口南京官话。
听者心里难过，
脸上嘻嘻哈哈。

二十五年六月于香港

* 本篇选自1947年大孚出版公司版《行知诗歌集》。

新大学*

大学之道：
在明大德[1]，
在亲大众，
在止于大众之幸福。
知止而后能动；
动而后能虑；
虑而后能得。

注释

① 大德　是大众的德，有三层意义：一为觉悟；二为联合；三为争取解放。

* 本篇原载1936年6月10日《生活日报》第4号第7版。

广州“六一四”的[1]民众运动*

假干，
每人两毫。
真干，
捉进监牢。

二十五年六月十四日于香港

注释

①广州“六一四”　“六一四”应为“六一三”。”1936年6月1日两广事变爆发后，广东军阀为了伪装抗日，到了6月13日才强迫和收买广州部分民众举行抗日救国示威游行大会。

* 本篇选自1947年大孚出版公司版《行知诗歌集》。

还是不多*

香港民众歌咏团①，在今年六月二十夜公开演唱。因为要使民众多来些，办事人对于入场券不大认真。我和几个朋友来不及去讨入场券，但是青年会②的收券人是很客气的让我们进到会场里去。会场是挤满了人，连四周围人家楼上看热闹的人一起算在内，是有三千光景。唱歌的人本来只有四百，但是他们有一个很好的办法，就是希望到会的人都跟着唱。这晚所唱的，除了少数外，都是前进的歌曲。三千人的吼声，实在是令人奋发。我在香港住了一个月零四天，最快乐的一晚，是在失去九十五年的孤岛③上听见民族解放的歌声，自然我是很高兴听着他们唱我写的《锄头歌》；我觉得唯一的缺陷，还是人数太少。我心里想，倘使有一万人唱十万人和，那是会叫我更加满意了。我是这样的不知足，当时我并具体向青年会的朋友建议，下次还要推广到下层的民众的队伍里去。他们说过一礼拜在九龙演唱时，可以采取这建议，我又是多么高兴啊！但是九龙演唱是千呼万唤不见影子。原因是香港演唱后第二天，侦探长就把青年会的朋友找去，吩咐他们不许再干，罪名是歌词里面打倒的呼声太多。他们说就把打倒的词句改掉好了。侦探长说，我们不反对唱歌，所反对的是那个"众"字，好一个"众"字！这是殖民地三大忌讳之一，也是我们民族解放的主力军。人家所骇怕的正是我们要拥护的。"众"之所以被人反对，还是不够"众"，如不相信，请听我唱吧！

---

* 本篇选自1947年大孚出版公司版《行知诗歌集》。

（一）

四百人唱，
三千人和，
别人听了，
心里难过。

（二）

四百人唱，
三千人和，
“唱歌可以，
打倒太多。”

（三）

四百人唱，
三千人和，
“唱歌可以，
民众太多。”

（四）

四百人唱，
三千人和，
“太多太多，
下回不可。”

（五）

不可不可，
谁说不可？
所以不可，
还是不多。

（六）

百万人唱，
万万人和，
这样的多，
不可而可。

二十五年六月二十日

注释

① 香港民众歌咏团　当时香港一个进步的民众歌咏团体，演唱进步歌曲，号召民众联合抗日。

② 青年会　即基督教青年会，是世界性组织，成立于1844年。初期是在青年职工中提倡宗教活动，以后逐步发展成为广泛进行社会活动的组织，以提倡德、智、体、美四育为宗旨，宣传基督教义和资产阶级民主思想。1885年传入中国。

③ 失去九十五年的孤岛　指鸦片战争后，香港从1842年被英帝国主义侵占到1936年时，已有95年。

九龙仓[①]的小孩*

看你们飘洋过海，
看你们风凉爽快。
看你们到银河里去，
看你们从银河里来。
看你们好像牛郎织女，
一双一对摇摇摆摆。
我是一个苦小孩。
你知道，我只能看看，
有时看呆。

二十五年六月二十五日，香港

注释

① 九龙仓　即九龙半岛，在广东南部，珠江口东侧，与香港一海之隔。1898年为英国殖民者侵占，随即作为香港的一部分。

*　本篇选自1947年大孚出版公司版《行知诗歌集》。

大烟香*

为了鸦片烟，
失掉九五年，
三代不长进；
仍旧吃乌烟[1]。

二十五年六月二十八日
香港街上闻烟有感

注释

① 乌烟　即鸦片烟。

* 本篇选自1947年大孚出版公司版《行知诗歌集》。

孙宅的邻居*

（一）

一屋的女人，
听说都是老婆。
奇怪吧！
男人只有一个。

（二）

名义虽叫老婆。
实际都是做工。
做工没有工钱；
睡觉难得老公。

二十五年六月三十日，香港

* 本篇选自1947年大孚出版公司版《行知诗歌集》。

广西小孩问 *

南京是中国的地方，
我们是中国的小孩，
为什么不能来？

二十五年七月初，香港

* 本篇出自作者手迹。

擦皮鞋的小孩子亲眼所见*

小孩，小孩，
小孩来，
几文钱，
擦一双皮鞋？
喊一个小孩，
六个小孩来，
把一双脚围住，
抢着擦皮鞋。

二十五年七月七日，香港

* 本篇原载1946年6月22日《唯民周刊》第1卷第12期。

再会吧 *

再会吧，香港！
我不便说谎：
你是穷人的地狱，
是富翁的天堂。

二十五年七月十日，香港

* 本篇选自1947年大孚出版公司版《行知诗歌集》。

团结御侮文件*

大祸已临头，
萁豆忍相煎①。
摩登万言书，
我名最先签。

二十五年七月

团结御侮一文件②，由胡愈之先生起草，经我修改，与邹韬奋先生在港先行签字，再持至上海作最后修正，并由沈钧儒、章乃器二先生加入签名发表。

注释

① 萁豆忍相煎　典故出自三国时代魏国诗人曹植的《七步诗》："煮豆燃豆萁，豆在釜中泣。本是同根生，相煎何太急！"

② 团结御侮一文件　指《团结御侮的几个基本条件与最低要求》。1936年夏，作者收到世界新教育会议的邀请，准备赴英国伦敦出席该会的第七届年会。作者借机以救国会代表的身份在国内外宣传统一战线，从事抗日救国运动。先

* 本篇选自1947年大孚出版公司版《行知诗歌集》。

去广东、广西，后经香港。在港期间，他修改了由胡愈之等起草的“团结御侮文件”，与邹韬奋在港先行签字，再将文件带回上海，在上海和沈钧儒、章乃器、邹韬奋联名发表。同年7月15日在香港《生活日报》刊登。8月10日，毛泽东代表中国共产党、苏维埃政府和中国红军，给沈、章、陶、邹及全体救国会员写了复函，表示“我们诚恳的愿意”在这个文件上签名，并与一切愿意参加抗日斗争的各党派组织或个人合作，来共同进行抗日救国的斗争。据《史良自述》云：“这就把整个救亡爱国运动引向了高潮。”

留别北海先生 *

（一）

联合战线未展开，
北海先生眼望呆。
只须珍重苍梧扇，
自有春风天上来。

（二）

联合战线将展开，
五柳先生眼望呆。
合是云头吃酒醉，
如何一去不归来？

二十五年七月十一日

* 本篇选自1947年大孚出版公司版《行知诗歌集》。这是作者离开香港去英国时写的。当时，中共代表潘汉年正向救国会在港成员及十九路军和两广当局的代表，宣传抗日救国统一战线。诗的第一节指作者1936年4月23日离上海去两广时的国内政治形势，第二节指7月10日离港时的形势。作者曾在广州会晤胡汉民，并由李宗仁陪同去梧州、南宁。此时，李济深正在梧州与中华民族解放委员会负责人章伯钧联系，策动同胡汉民、李宗仁等联盟，发动反蒋抗日的军事运动。接着发动了两广"六一"事变，发表《抗日救国宣言》，由陈济棠、李宗仁任正、副总司令，分兵三路北上抗日。由于粤军将领宣布拥护国民党中央，4日陈济棠被迫下野。25日蒋介石接走李宗仁，李蒋晤谈后达成和平协议。7月，两广事变虽平息，但也影响了蒋的对日政策。联合战线"未展开"，指事变前；"将展开"指蒋介石的对日政策有改变，从而使建立包括蒋在内的联合战线有了可能。作者是受救国会委托去两广的。他离港时两广事件尚未结束，故写了两首留别诗，一留给两广事变的领导人，二留给救国会领导人沈钧儒，以作为作者此次两广之行的结束。北海先生系指出生在原广东合浦县（今广西北海市）的陈铭枢。五柳先生是陶行知的别号。

留别沈钧儒先生*

（一）

老头！老头！
他是中国的大老，
他是同胞的领头。
他忘了自己的头，
要爱护别人的头，
唯一念头：
大家出头。

（二）

老头！老头！
他是中国的大老，
他是战士的领头。
冒着敌人的炮火，
冲洗四十年的冤仇：
拼命争取，
民族自由。

* 本篇原载1936年7月23日《生活日报》，现据手稿排印。

（三）

老头！老头！
他是中国的大老，
他是大众的领头。
他为老百姓努力，
劳苦功高像老牛。
谁害老头？
大众报仇！

（四）

老头！老头！
他是中国的大老，
他是少年的领头。
老头常与少年游，
老头没有少年愁。
虽是老头，
不算老头。

沈钧儒先生六十三岁，在上海领导民众救国运动，比少年还要英勇，参加游行，走四五十里路，不觉疲倦。今年“一·二八”到庙行祭沪战无名英雄[①]，我曾追随沈先生参加游行。很受他的精神感动。现读《永生》第14期[②]，见一照片，知为公祭五卅[③]烈士之影，前排有一老少年，仔细看来，知道是先生，回寓即想写一首诗表示敬意。但行色匆匆，诗思不定，到新嘉坡前一日才写成。现飞奉清览，并致联合战线敬礼。

二十五年七月十三日

注释

① 沪战无名英雄　指“一·二八”淞沪抗战中英勇牺牲的士兵和群众。

② 《永生》　《生活周刊》1936年底被国民政府查禁后，主编邹韬奋将它改名为《永生》继续出版。

③ 五卅　指“五卅惨案”。1925年5月30日上海2000多名学生，在租界内游行示威，抗议日本兵枪杀中国工人顾正红，号召收回租界，被逮捕100多人。随后群众万余人在南京路示威要求释放被捕者，英帝国主义出动巡警，开枪镇压，打死10余人，伤无数，造成震惊中外的“五卅惨案”。

前进的青年*

青年！青年！
最前进的青年！
你要带着落伍的人们，
一起向前。

青年！青年！
最前进的青年！
只要知道联合战线，
不许轻剪。

二十五年七月

* 本篇据手稿排印。

造路小影 *

根据蒲特之粤闽边境开筑公路记

(一) 圈地

老爷下乡,
东看看,西张张,
把小小的旗儿,
插在坟上,
插在屋角,
插在田中央。
引得一村都惊慌:
老李问老王,
老王问老汤,
才知道要造马路,
老爷来为的测量。

(二) 最后一课

梅花落,
桃花香。
小旗倒地烂,
老爷一去无声响。

---

* 本篇原载1936年9月28日至30日《生活日报》。

无声响，管他娘！
再耕地，
再插秧，
再施肥，
再看禾苗青青向上长。

（三）征佚

向上长！向上长！
老爷瘾过足，
建设没有忘。
下条召乡长，
乡长召村长。
地要农家出，
路要农人忙。
左右二十里，
派工无商量。
富人雇人代，
因为有租偿。
穷人自己做，
还要自带粮，
有人不服气，
单独来抵抗。
捉进衙门去，
打一顿，不许讲。
还要造路，
比别人加倍长。

（四）请愿

路线歪歪曲曲，
请愿毫无商量。
为什么，无商量？
让我仔细说端详。
沿路有座狮背山，
山上树木可以砍。
又有几处好风水，
好向孝子敲竹杠。
几百几千大洋钱，
块块敲来进私囊。
还有些土豪劣绅，
居然是筑路委员。
乡下衙门办公费，
每家出两毛小洋。
老爷总算尊民意，
收了大洋免小洋。

（五）割秧

问题都解决，
秧儿却遭殃。
老牛修来好福气，
一生吃草今吃秧。
老牛一条吃不了，
农人割去〔喂〕猪羊。

（六）逼工

农夫愁恨比路长；
农妇眼泪斗来量。
三餐哪有白饭吃，
肚子饿了喝米汤。
巡查看见发脾气，
连碗带汤挥下江。
怒目向着带工说：
“做工要有劲，必须吃干粮！”
带工回说：“大家穷，
树皮草根将要尝。”
巡查听得不高兴，
霹拍几鞭问他敢不敢。
三个农妇受不了，
从此告别儿子和老娘。
她们到了何处去？
树上一起悬了梁。

（七）赎罪

公路短！公路长！
不论短和长，
破坏公路罪难当。
你若得罪他，
捉你进铁窗。
若想再出来，
送他几块洋。
现洋送不出，

可以写笔账。
欠账若不还，
牵去马牛羊。
请看一路的乡长，
哪一个不是得意扬扬？

（八）接收工程

公路做好了，
已是三十晚。
接收工程小委员，
居然成了大老板。
明明做得没有错：
他说狭了要放宽；
他说低了要填补；
他说高了要用铲子铲。
百般留难，
万般留难，
送他几文，
没有完工也算完。
荷包装满去过年，
哪管他人能不能团圆。

（九）春又来到

梅花落，
桃花香。
路是造好了，
官府没钱造桥梁。

农人看见土地荒废太可惜，
耕去路基又栽秧。
又栽秧，
难保不遭殃。
老牛一生真辛苦，
或有嘴福再吃秧，
农人心事不大同，
但望老爷没钱造桥梁。
万一造桥梁，
顶好过秋凉。
老牛虽然功劳大，
不该与人争食粮。
老农老牛不要争，
老爷再来大家完。

二十五年七月十二日

三江会馆*

愿君认识新三江，
黑龙扬子与钱塘。
珠江为兄闽为弟，
从此兄弟不阋墙[①]。

愿君听我唱三江：
黑龙扬子与钱塘。
珠江为朋闽为友，
联合起来打东洋。

新加坡华侨，闽粤以外者都入三江会馆，陈馆长把新三江的意思告诉我，我便写这首诗送给他们。

二十五年七月十五日

注释

① “兄弟不阋墙” 出自《诗·小雅·常棣》有“兄弟阋于墙，外御其务(侮)”之句。意谓家内兄弟相争，受外人侵犯时，也应联合抗争。

* 本篇选自1947年大孚出版公司版《行知诗歌集》。

新加坡看天*

北辰①已无踪，
北斗②合不拢，
天上众星无所拱。
一年三百六五日，
没有秋冬③。

二十五年七月十五日　新加坡

注释

① 北辰　指北极星。

② 北斗　指大熊星座的七颗明亮的星，分布成勺形。又称北斗七星。

③ 没有秋冬　新加坡地处热带，海洋性气候，一年四季不分，只有干、湿两季。

*　本篇选自1947年大孚出版公司版《行知诗歌集》。

新加坡海港[1]*

谁是主人翁？
谁是喉咙？
天下第一海陆空。
一把锁匙谁捏住？
南北西东。

二十五年七月十五日　新加坡

注释

① 新加坡海港　新加坡居南亚大陆最南端马来半岛的一个小岛，与印尼的苏门答腊岛隔海相望，东临南中国海，西出马六甲海峡到印度洋，是连接欧、亚、非和五大洲的交通枢纽，马六甲海峡的咽喉。人口200万，华人占76%。当时是英帝国主义的殖民地，所以作者在诗的开头就提出“谁是主人翁？谁是喉咙？”1963年9月，同马来亚、沙捞越、沙巴组成马来西亚联邦。1965年8月，退出联邦，宣布独立，成立新加坡共和国。同时为英联邦成员国。

*　本篇选自1947年大孚出版公司版《行知诗歌集》。

街上所见 *

几个老妇穿新装，
大红裙儿走街坊。
若非孩儿喊奶奶，
几疑尽是老新娘。

二十五年七月十五日　新加坡

* 本篇选自1947年大孚出版公司版《行知诗歌集》。

橡树国里*

生活苦连天，
不比从前。
要想赚得一毛钱，
主人还嫌生性懒，
折腰三千。

每次取浆须折腰，要折三千次腰才赚得一毛钱。

二十五年七月十五日　柔佛国[①]

注释

① 柔佛国　柔佛为马来西亚一个州名。柔佛国是16世纪建立的马来西亚封建王国。新加坡是柔佛国的一部分。

* 本篇选自1947年大孚出版公司版《行知诗歌集》。

当裤吃流连*

问在哪一年，
失去庄园？
一闻香气便垂涎；
还有纱笼可以当，
要吃流连。

流连外表像菠萝，大小也差不多，但有臭气熏人，而土人以为香。从前南洋果子极丰，现在庄园都为外来地主所有，果子不能自由取吃。想吃的时候，就得买。纱笼即马来人遮盖下身之物，仿佛裙子一般。

二十五年七月十五日

* 本篇选自1947年大孚出版公司版《行知诗歌集》。

傅家兄弟 *

傅家宝宝年纪小，
救国大道知道了：
“哪个不肯打东洋，
我就要把他打倒。”

二十五年七月十五日

* 本篇选自1947年大孚出版公司版《行知诗歌集》。

三江宴*

——留别新加坡张清和[1]先生

三江宴：
白雪一杯[2]饼一片。
二十年前曾相见。
你问吾妹安否；
你问吾母康健；
你问吾妻无恙；
我听了说不出话来，
眼泪要从心头泻。
待我再上坟时，
当诉说你的挂念。
他们去了也好，
我率性将家庭眷恋，
化作民族解放宏愿，
将大地走遍，
要被压迫民族，
把握存亡关键，
结成联合战线。
但看那台湾、朝鲜，

* 本篇原载1936年9月6日《生活日报·星期增刊》第1卷第14号。

安南[3]缅甸，
便知道诲人不倦，
学而不厌，
都只在这一点。

二十五年七月十六日，新加坡

注释

① 张清和　系作者求学时的旧友。

② 白雪一杯　指冰激凌。

③ 安南　越南的旧称，当时是法国的殖民地。诗中的台湾、朝鲜是当时日本的殖民地，缅甸是当时英国的殖民地。

我们统治波浪*

自己不做奴隶，
总算不大容易；
我若统治波浪，
奴隶解放自己。

船上小孩唱不列颠歌："统治啊！不列颠①。不列颠把波浪统治，不列颠人永远不做奴隶。"一位英国人问我："不列颠能永远统治波浪吗?"我说："自己不做奴隶而叫别人做奴隶的人，不能永远统治波浪。"

二十五年七月二十一日

注释

① 不列颠　指英国。

*　本篇选自1947年大孚出版公司版《行知诗歌集》。

统治波浪*

廿五年出国出印度洋时，与柯尔孚船一位英国下级军官对话重写。

小孩唱："统治啊！不列颠，
　　不列颠将波浪统治：
　　不列颠人永远不做人奴隶。"
英军官问："小孩们唱得
　　好听吧？
　　你觉得有什么意义！
　　不列颠统治波浪，
　　能统治到哪一日？"
我答："你问得十分客气，
　　请让我想想仔细。
　　贵国人不做奴隶，
　　我向你表示敬意。
　　可惜美中有毛病，
　　为何大批造奴隶？
　　留心奴隶变波浪，
　　一怒掀天莫能敌。"

二十五年七月二十二日

* 本篇选自1947年大孚出版公司版《行知诗歌集》。这是《我们统治波浪》的续篇。1940年作者在《谈未来的东亚新秩序》一文中对这两首诗作了如下说明，他对诗中那位英军官说："奴隶造得太多，他们会发出波浪来动摇你们的统治（这是运用Rule the Wave和Wave the rule的意思来加强我们的说明）。"

摩登侵略*

一块手帕两头招。
一个火把两头烧。
一根竹杠两头敲。
上了他的当，
还说别人一团糟。
眼一眨，脸一翻，
露出他雪亮的刺刀！

二十五年七月二十二日

* 本篇选自1947年大孚出版公司版《行知诗歌集》。

二十万人同进牢*

读尼赫鲁自传有感

（一）

达斯先生说得妙：
“印度是个大监牢。”
从大牢走进小牢，
问有什么不好？

（二）

我的意思还嫌小：
“世界是个大监牢。”
请看纵横九万里，
自由平等哪里找。

（三）

世界是个大监牢。
几人坐牢几管牢？
几人忧愁几人豪？
奴隶一起愿坐牢，

* 本篇原载1936年《生活星期刊》第15号。

地上长草不长苗，
管牢的人吃不饱。
大监牢，
小监牢，
请问到了那时候还牢也不牢？

二十五年七月二十二日

阿里煞[1]的农人 *

天将黑！
一生辛苦何所得？
老农牵着老牛来：
皮包骨！

二十五年七月二十四日印度

注 释

① 阿里煞　orisa通译奥里萨，是印度东部沿海的一个邦（奥里萨邦），相当于我国的一个省。诗中描绘当地农民的穷苦生活。

* 本篇选自1947年大孚出版公司版《行知诗歌集》。

不可亲近的人[①]*

（一）

你看这把扫帚，
四面八方扫干净。
自己受了牺牲，
人说不可亲近。

（二）

你看扫地的人，
和扫帚同一命运。
干净人受了恩惠，
还说不可亲近。

（三）

千年恶名谁定？
有些失掉自信。
人说不可亲近，
就算不可亲近。

* 本篇选自1947年大孚出版公司版《行知诗歌集》。

（四）

多谢甘地提醒，
前途稍放光明。
要想洗去恶名，
还得联合拼命。

二十五年七月二十五日印度

注释

① 不可亲近的人　是印度社会地位最低，受压迫、剥削最深，被摈弃于种姓之外的人，亦称“贱民”。

印度三姊妹 *

出嫁爸爸赔不了，
不嫁一世给人笑。
东方礼教爱吃人，
只好一齐都上吊！

二十五年七月二十五日

* 本篇选自1947年大孚出版公司版《行知诗歌集》。

印度高利贷*

没得吃，要借债；
没得穿，要借债；
嫁女儿，要借债；
印度农人一身都是债。
自己不识字，
借据随人派；
指印印上去，
永远不可赖。
年成好，
便宜谷子抵重债；
年成坏，
利上加利债加债。
生个儿子，
一出世就背债。
到期不能还，
屋子让他卖；
田地让他卖；
牛羊让他卖；

* 本篇选自1947年大孚出版公司版《行知诗歌集》。

老婆女儿让他卖。
骨头烧成灰，
尽归高利贷。

二十五年七月二十六日

海底来的浪*

海面风浪大，
大船不害怕。
浪从海底来，
个个都躺下。

二十五年七月二十九日过阿拉伯海

* 本篇选自1947年大孚出版公司版《行知诗歌集》。

给爱西阿皮亚[①]的战士 *

（一）

我已经到了红海[②]，
靠近吉布底[③]。
要向英勇的爱西阿皮亚，
致民族解放敬礼。

（二）

你看墨索里尼，
是欺骗了意大利。
留守的兵吓得要死，
回去的兵没有工做没饭吃；
大家问“占了爱西阿皮亚，
于我究竟有何益？”

（三）

你们的领袖摇动。
你们的皇帝逃避。

* 本篇原载1936年9月20日《生活日报·星期增刊》第1卷16号。

保镖的人靠不住，
国际联盟没出息。
许多人因此灰心，
但是大众别着急，
只要意志统一，
分出队伍游击，
最后胜利，本来靠：
千千万万汗儿滴，血儿滴，
不靠眼泪和鼻涕。
大家不愿做奴隶，
必有一天，打倒帝国主义。
被压迫民族要联合努力，
奋斗到底。
你们的拼命抗战，
是推动了新世界的出世。

我到红海口，无线电报说，爱西阿皮亚人三路进攻意军！特写此诗致敬。

二十五年八月三日

注释

① 爱西阿皮亚　又称阿比西尼亚，通称埃塞俄比亚。1935年意大利法西斯进攻阿比西尼亚，阿人民奋起抵抗，因实力悬殊，终被占领，沦为殖民地，1941年恢复独立。

② 红海　位于欧亚大陆之间，南接亚丁湾，北经苏伊士运河连接地中海。因水中生有许多红色藻类，使海水呈红色而得名。

③ 吉布底　通译吉布提。位于非洲亚丁湾西端，紧邻埃塞俄比亚，为东非一大港口。

塞特[①]的水上乞丐 *

人说塞特人心坏，
我说塞特人心好。
一家大小要吃饭，
靠他一人氽水泡。
船上丢下一铜板，
氽进水里一把捞。
眼睛一瞧手一飘：
“这是墨索里尼的钱，
我不要！”

二十五年八月四日

注释

① 塞特　即埃及的塞得港。位于苏伊士运河通地中海的出口处。

*　本篇选自1947年大孚出版公司版《行知诗歌集》。

中秋*

今天是中秋了，
我的病倒的小孩[①]。
你不能上铁塔[②]去赏月，
也不能到色纳河[③]边去徘徊。
我把灯儿熄掉，
　把窗儿推开，
　让月亮进来，
陪着我的小孩。

二十五年　巴黎　中秋

注释

①病倒的小孩　指陆璀。她作为全国学生救国联合会代表随陶行知一道出行。

②铁塔　即法国巴黎艾菲尔铁塔。1889年法国为庆祝法国大革命100周年，由工程师艾菲尔设计建造。塔高320米，是当时世界上最高的铁塔。

③色纳河　一译塞纳河，法国北部河流，全长776公里。沿岸为法国经济发达区域。

*　本篇选自1947年大孚出版公司版《行知诗歌集》。

月亮圆*

月亮圆，
清风吹入心田，
我想到一位姑娘①，
曾同游兆丰公园②。

月亮圆，
清风吹入心神，
我想到国际联盟③，
毁灭由于贪利蠢人④。

月亮圆，
清风吹入心头，
我想着我的祖国，
她要斗一条斗牛⑤。

月亮圆，

* 本篇系1936年9月30日（中秋）参加巴黎中国学生会时写。有中、英文各一式，见本全集第六卷。1938年5月13日在美国博尔德到芝加哥的火车上将此诗第四段的末句“我想到我的民族，将要受民主的洗礼。”改为“我想到爱滴蒙吞，不久归你领导。”

清风吹入心窍，
我想到爱滴蒙吞⑥，
不久归你⑦领导。

月亮圆，
清风吹入心窝，
我想到我自己，
何时毕业于世界大学。

注释

① 一位姑娘　即吴树琴。

② 兆丰公园　在上海市西部，现已改名为中山公园。

③ 国际联盟　也称“国际联合会”，简称“国联”。1920年1月成立，名为“促进国际合作，维护国际和平与安全”，实际上是被少数帝国主义国家操纵，成为分割殖民地的工具。总部设在日内瓦，第二次世界大战爆发后，无形中瓦解。1946年4月正式宣布解散。

④ 贪利蠢人　指英美法等国当时的执政者，他们为眼前的经济利益，纵容德、意、日法西斯的侵略，终致使国际联盟垮台。

⑤ 斗牛　这头牛指正在疯狂侵略中国的日本帝国主义。

⑥ 爱滴蒙吞　加拿大地名Edmoton（现译埃德蒙顿）。1938年4月6日作者在埃德蒙顿演讲和被采访时，讲到：中国必胜，日本必败。

⑦ 归你　“你”指民主，意为未来的中国必将接受民主的领导。

今年的“九一八”*

五周年纪念儿歌

（一）

一年三百六十五，
五个指儿数。
敌人今年在北方，
加队伍。

（二）

一年三百六十五，
五个指儿数。
今年失地又加多，
内蒙古。

（三）

一年三百六十五，
五个指儿数。
地球缺了一大块，

* 本篇原载1936年9月18日巴黎《救国时报》。同年9月27日香港《生活星期刊》转载。

谁来补？

（四）

一年三百六十五，
五个指儿数。
联合战线快联合，
谁能阻！

（五）

一年三百六十五，
五个指儿数。
要想不做亡国奴，
三条路！

（六）

一年三百六十五，
五个指儿数。
第一条路是什么？
宁可不穿裤，
不买东洋布。〔注一〕

（七）

一年三百六十五，
五个指儿数。
第二条路是什么？

不再死读书，
要教大多数。〔注二〕

(八)

一年三百六十五，
五个指儿数。
第三条路是什么？
丢掉怨和妒，
保卫绥东去。〔注三〕

(九)

一年三百六十五，
五个指儿数。
若想试做亡国奴，
请听博士胡，
再等九个五。〔注四〕

(十)

一年三百六十五，
五个指儿数。
若想试做亡国奴，
难得真糊涂，
兄弟自相屠。

（十一）

一年三百六十五，
五个指儿数。
金哥银哥好把戏，
你打锣，我打鼓：
一个文，一个武。

（十二）

一年三百六十五，
五个指儿数。
大众赶快联起来，
不管他，许不许，
要救国，自作主。

〔注一〕　经济抵抗。
〔注二〕　文化抵抗。
〔注三〕　武力抵抗。
〔注四〕　博士（指胡适——编者）有再等五十年之国策。

中华民族大团结*

（在巴黎全欧华侨抗日救国联合会成立会上朗诵）

（一）打倒包办救国

人人都说要救国，
最是包办要不得！
包办包成大光棍，
光棍如何能救国？

（二）要怎样的准备

小众藉口要准备，
我问方法对不对。
什么方法才算对？
大众救国不为罪！

（三）一齐联起来

人人都说要救国，
只有大众能救得。
大众一齐联起来，
方能创造新中国。

* 本篇选自1947年大孚出版公司版《行知诗歌集》。

（四）联合的条件

1　要坦白

人人都说团结好，
只有猜疑忘不了。
大家都怕人利用，
一盘散沙造成了。

2　要诚恳

人人都说团结好，
只有怨恨忘不了。
你杀我来我杀你，
亡国滋味要尝了。

3　要批评

人人都说团结好，
只有批评受不了。
马马虎虎想敷衍，
结果只是一团糟。

4　避离间

人人都说团结好，
东洋火把两头烧。
如果闹起意见来，
只见洋人哈哈笑。

5　要改善大众生活

人人都说团结好，
竹杠只对大众敲！
如果要想救中国，

大众肚子得吃饱。

6 要有中心

人人都说团结好，
没有中心团不了。
请问中心是什么？
东洋强盗该打倒！

7 在战上联

人人都说团结好，
若不打仗团不了。
局部抵抗总动员，
一处起火处处烧。

二十五年九月二十日

赞《救国时报》*

（一）

大报不像大报，
小报不像小报，
主张联合战线，
不是做好圈套。

（二）

大报不像大报，
小报不像小报，
诚心要停内战，
不敢胡说八道。

* 本篇原载1936年10月8日《救国时报》第60期。这是作者1936年9月21日应邀参加《救国时报》招待出席“全欧华侨抗日救国大会各国代表”晚会上的总结讲话。到会代表100多人。诗中第一、二、三、四、六节是归纳《救国时报》负责人李琨致辞的要点；第五节是归纳东北同乡会代表王宝恒发言的要点；第七节是响应英国侨胞王礼锡要大家投稿而写；第八节归纳陈铭枢将军演说中对蒋介石说话的答复。

《救国时报》于1935年5月创刊，1938年2月停刊。负责人李琨。该报是中国共产党驻共产国际代表团的吴玉章在巴黎创办的。

（三）

大报不像大报，
小报不像小报，
广播大众呼声，
不爱歌唱小调。

（四）

大报不像大报，
小报不像小报，
主张国共合作，
乃是救国之道。

（五）

大报不像大报，
小报不像小报，
还要收复失地，
一定必须做到。

（六）

大家要想救国，
人人须看好报，
什么好报可看，
请看救国时报。

（七）

大家若想救国，
人人必须投稿，
请问投到哪里，
自然救国时报。

（八）

如果你抗日，
杀我都可以。
如果不抗日，
反对你到底。

二十五年九月二十一日

比京[①]和平大会[②]中国会员数人之夫人失踪*

（一）

你打鼓，
我打锣。
满街跑，
找老婆。

（二）

你打鼓，
我打锣。
老婆找不着，
险被野鸡拖。

二十五年九月

注释

① 比京　即比利时首都布鲁塞尔。

* 本篇选自1947年大孚出版公司版《行知诗歌集》。

② 和平大会　指1936年9月，在比利时布鲁塞尔召开的全世界反侵略的“世界和平大会”第一次会议，到会4900多人。陶行知与宋庆龄（钱俊瑞代表）、吴玉章代表中国全国救国联合会参加，大会期间陶行知和陈铭枢、王礼锡、胡秋原被选参加大会主席团。陶行知在大会上作了日本破坏和平侵略中国和中国民众为拥护和平而反抗侵略的救国运动的报告。大会结束时，又被推选为代表中国的执行委员。中国参加会议的代表，要求大会的常务会议尽速派遣代表到中国察看日本帝国主义在中国侵略的罪行。

跟青年学*

世界将起变化，
火把要换人拿。
但愿天翻地覆，
青年领着老大。

二十五年十月五日

* 本篇选自1947年大孚出版公司版《行知诗歌集》。

双十节[1]测字*

朝

太阳在左，
月亮在右。
背着两个十字架，
为自由而奋斗。
快起来，
向前走！

萌

太阳在左，
月亮在右。
背着两个十字架，
大众刚才出头。
侵略者，
吓得抖！

二十五年十月十日

注释

① 双十节　1911年10月10日是辛亥革命武昌起义纪念日。南京国民政府将每年10月10日定为国庆节。因有两个十字，所以又叫“双十节”。

* 本篇选自1947年大孚出版公司版《行知诗歌集》。

巴黎万花楼中法友人共庆双十节*

自从盘古开天地，
只有中国可算老前辈。
说到法兰西呀，
她是一个年纪轻轻的小姐。
但用自由神的眼光来看啊，
越看越想越有味。
小姑娘变成大姐姐，
老太婆变成小妹妹，
现在是欢欢喜喜的一双一对，
在妹妹做寿的时候来相会，
他们手拉着手要打倒和平的公敌。
这联合是比宴会还宝贵。
大家喝一杯吧！
三呼法兰西万岁！
再喝一杯吧！
三呼中华民国万岁！

二十五年十月十日

---

* 本篇选自1947年大孚出版公司版《行知诗歌集》。

两位姊妹*

中国与法国朋友于民国二十五年双十节在巴黎举行联欢会，我致贺词。

两位好姊妹，
生辰有意义：
一是七一四，
一为十月十。
姊名大中华，
妹名法兰西。
拿起笔与剑，
保卫德谟克拉西[1]。

二十五年十月十日

注释

① 德谟克拉西　“民主”的英文译音。

* 本篇选自1981年三联书店版《行知诗歌集》。

别巴黎工胞*

红叶看我，
我看红叶。
一阵秋风吹来，
想起朋友失业。

二十五年十月十九日伦敦南山公园

* 本篇选自1947年大孚出版公司版《行知诗歌集》。

寄树琴*

短短信，
长长寄。
事情忙，
画儿笔画儿替，
免人苦相忆。

二十五年十月十九日伦敦南山公园

* 本篇选自1947年大孚出版公司版《行知诗歌集》。

忆上海工友夫妇*

老公做日工，
老婆做夜工，
牛郎织女羡慕煞，
工厂门前早晚一相逢！

二十五年十月十九日伦敦南山公园

* 本篇选自1947年大孚出版公司版《行知诗歌集》。

和平与战争*

有人好唱高调，
空说不甚可靠。
大家都行公道，
和平自然来到。

和平要花血本，
帝国主义该滚。
想为战神挖坟，
先要民族平等。

二十五年十月二十三日伦敦

* 本篇选自1947年大孚出版公司版《行知诗歌集》。

回忆上海工友夫妇*

我们是夫妇。
我们是夫妇。
亭子间里，
轮流住，
轮流去。

这也算夫妇！
这也算夫妇！
工厂门前，
你出来，
我进去。

二十五年十月二十四日伦敦

* 本篇选自1947年大孚出版公司版《行知诗歌集》。

马克思墓*

光明照万世，
宏论醒天下。
“二四七四八”，〔注〕
小坟葬伟大。

〔注〕　二四七四八为马克思墓号数。

二十五年十月三十日伦敦

*　本篇选自1947年大孚出版公司版《行知诗歌集》。1936年10月30日，作者与陆璀第一次拜谒马克思墓。1938年2月10日至15日，与一起出席伦敦世界反侵略大会的吴玉章再次去拜谒。第三次是1938年6月15日至24日，与李信慧一道拜谒。本诗是作者第一次瞻仰时所作。

题赵不凡三女图*

我家都是儿子，
无女便是无福。
你们有金三千①，
可以平衡民族。

二十五年十一月二十七日

注释

①有金三千　旧时称别人的女儿为“千金”，含有尊贵之意。作者意指赵不凡有三个女儿。

*　本篇选自1947年大孚出版公司版《行知诗歌集》。

红玫瑰 *

一朵儿红霞，
两片儿翡翠，
好像杨贵妃，
一半吃酒醉。
我想摘一枝，
送给好朋友，
不知它有刺，
刺了我的手。
索性给它刺，
刺出鲜红血，
写在白纸上，
心事让它说。

二十六年一月

* 本篇选自1947年大孚出版公司版《行知诗歌集》。

傻瓜 *

傻瓜种瓜，
种出傻瓜。
惟有傻瓜，
救得中华。

二十六年一月二十二日

* 本篇出自作者手迹。

送梅翊强回国 *

送君回南国，
惹我思故乡。
何处再相见？
东方大战场！

二十六年一月二十二日

* 本篇原载1947年大孚出版公司版《行知诗歌集》。

"一·二八"儿歌*

（一）

一·二八，一·二八，
十九路军顶呱呱！
枪炮瞄准向外放，
一发一发又一发。

（二）

一·二八，一·二八，
中国工人顶呱呱，
武装起来打东洋，
东洋不敢过闸北。

（三）

一·二八，一·二八，
中国老农顶呱呱！
知道兵士吃不饱，
一担一担鸡鹅鸭。

* 本篇原载1937年1月28日《纽约公报》中文版。

（四）

一·二八，一·二八，
中国学生顶呱呱！
活龙活虎义勇军，
丢掉书本来撕杀。

（五）

一·二八，一·二八，
中国商人顶呱呱！
决心不买东洋货，
东洋老板都急煞。

（六）

一·二八，一·二八，
中华民族顶呱呱！
打倒少将打大将，
东洋才知中华辣。

（七）

一·二八，一·二八，
只有秦桧头上滑，
出卖国土不知足，
念念想把岳飞杀。

（八）

一·二八，一·二八，
孔雀博士眼睛瞎，
联合战线成不成，
只须看看一·二八。

（九）

一·二八，一·二八，
东洋帝国[1]该倒塌！
联合起来拼老命，
拼命胜过拜菩萨。

注释

① 东洋帝国　指日本帝国主义。

“一·二八”五周年纪念*

（一）

一·二八，日子好！
中国军人是好老：
一个兵士打两个，
打得东洋四处逃。

（二）

一·二八，日子好！
十九路军是好老，
打倒少将打中将，
战绩照耀曹家桥。

（三）

一·二八，日子好！
十九路军大好老：
打倒中将打大将①，
七次冲锋八字桥。

* 本篇原载1937年2月美国《THE CHINSE REPUBLIC NEWS》（中文版）433号。

（四）

一·二八，日子好！
中国工人是好老：
坚守闸北死不退，
傅维玉和孙小宝。

（五）

一·二八，日子好！
中国农人是好老：
知道战士要吃饱，
为他煮饭蒸年糕。

（六）

一·二八，日子好！
中国商人是好老：
存心不贩东洋货，
罢市急煞东洋老。

（七）

一·二八，日子好！
中国学生是好老：
生龙活虎义勇军，
丢掉书本把国保。

（八）

一·二八，日子好！
中国妇女是好老：
看护宣传又慰劳，
娘子军儿守战壕。

（九）

一·二八，日子好！
中国裁缝是好老：
名字叫做谢志成，
做成军衣不要钞。

（十）

一·二八，日子好！
中国车夫是好老：
恭喜胡家出人才，
不是胡适是阿毛。

（十一）

一·二八，日子好！
中国侨胞是好老：
一万一万又一万，
捐尽万金捐珠宝。

（十二）

一·二八，日子好！
朝鲜也有大好老：
奉吉炸弹大如雷，
白川大将呜呼了！

（十三）

一·二八，日子好！
美国也有大好老：
萧德为我争自由，
万世流芳不朽了！

（十四）

一·二八，日子好！
只有汉奸心不好。
几次压逼救国会。[②]
一心讨好东洋佬。

（十五）

一·二八，日子好！
谁在上海挖战壕。
谁扣捐款在腰包。
谁在洛阳两脚跑[③]。

（十六）

一·二八，日子好！
联合战线联得牢：
中国三天亡不了，
千年万年自由了。

注释

① 打倒少将打中将，打倒中将打大将　“一·二八”事变中，十九路军在上海各界人民积极支援下，抗战坚持一个多月，日本侵略军遭到沉重的打击，曾四度更换司令，少将换为中将，最后换成大将。

② 几次压逼救国会　指以蒋介石为首的国民政府一再封闭进步救亡报刊，逮捕救国会领袖“七君子”，强令取缔救国会等。

③ 谁在洛阳两脚跑　“一·二八”淞沪抗战开始不久，国民政府急急忙忙由南京迁都到河南洛阳，并把洛阳改作陪都。

无边湖 *

一个呆，一个迂！
被一座高山挡住。
你一锄，我一斧，
要把高山铲成路。
石头大，木头粗！
锄头斧头都打输。
你怄气，我发怒，
丢下炸弹密如雨。
炸掉石，炸掉树，
高山炸成无边湖。
你西来，
我东去，
何时再相遇？

* 本篇出自作者手迹。

相见难 *

一个呆，一个迂，
被一座高山挡住。
你一锄，我一斧，
要把高山铲成路。
石头大，木头粗！
锄头斧头都打输。
你怄气，我发怒，
丢下炸弹密如雨，
炸掉石，炸掉树！
高山炸成无边湖。
湖变海，海变洋，
什么法子能过渡？
你造船，我造船，
造得船来好摆渡。
一个来，一个去，
海中几时相遇？

二十六年二月二日

* 本篇选自1981年三联书店版《行知诗歌集》。

安内攘[①]外歌 *

——九张游稿[②]之三

（一）

“安内！安内！
安内而后攘外。”
内没有安，
东洋已占关外。

（二）

“攘外？攘外？
攘外必先安内。”
内更不安，
东洋已占关内。

（三）

东洋占关外，
东洋占关内。
内都变成外，
外都钻进内。

* 本篇原载1937年3月19日香港《大众日报》。

(四)

外部钻进内，
内都变成外；
再安没有内，
要攘都是外。

注释

① 安内攘外　这是继1932年1月8日作者在《颠倒的逻辑》一文之后，对蒋介石制造的安内攘外政策的讽刺和谴责。“九一八”事变以及全国勃发的群众性抗日救亡运动，使蒋介石大为恐慌。他对日本帝国主义的侵略采取不抵抗政策，步步退让，同时假意敷衍群众，声称要抗日。因而在1931年11月30日提出“攘外必先安内”的反动方针。陶行知当时就郑重指出“中国的国事是弄颠倒了”，并针锋相对地提出“安内必先攘外”的正确主张。

② 九张游稿　见第三卷《九张游稿说》。之一、之二见第三卷，之四紧接本文之后。

倒退十年歌

——九张游稿之四

西安事变[1]发生的时候，幽默大师林语堂先生答世界电讯记者说："如果张学良杀了蒋介石，则中国将要倒退十年。"我希望蒋先生平安回来。但倒退十年啊，那真是倒退黄金时代去了。别的不说，那时我和现四川大学校长任鸿隽先生代表教育文化基金董事会[2]前去考察中山大学[3]，预备对中山大学加以补助。我们坐的是一只日本船，船到汕头，青年客人在船头上召集旅客、水手开会，高呼打倒日本帝国主义，日本船主一双乌溜溜眼睛呆呆望着，没有办法。我高兴起来，大碗喝酒，几乎喝醉。回想当年，恨不得把它一把抓住。抓不住它，只好唱一首《倒退十年歌》来追思已往，启示未来。

新年新岁，我愿倒退。
倒退十年，也不后悔。
十年之前，要好十倍。
东方睡狮[4]，不肯再睡。
中山遗嘱[5]，读得有味。
国共合作[6]，亲如姊妹；
农工商士，联合军队；
全民阵线，力量最伟。
动员北伐[7]，军阀崩溃；
汉口租界，一天收回[8]；

* 本篇原载1937年1月16日纽约《先锋报》、3月19日香港《大众日报》。

内蒙无恙，满洲无“伪”⑨；
华北无“私”，冀察完备⑩。
日本船上，临时开会；
客人水手，精神可佩。
“打倒日本！”呼声如雷；
船主听见，心中惭愧。
抬头看天，低头看水；
看水看天，无法作对。
因为什么？团结为贵；
天下兴亡，无人推诿。
高兴起来，喝酒喝醉；
有时唱歌，喉咙唱累。
将今比昔，地图破碎；
对内残忍，对外下跪；
汉奸升官，忠义有罪。
万年古国，靠谁保卫？
一想再想，对而不对？
莫再徘徊，也莫流泪。
走错了路，赶快倒退！
退到生路，再向前走。
倒退倒退，于我也对。
倒退十年，年轻十岁。
年轻十岁，多么有味。
哈哈哈哈，多么有味！

注释

①西安事变　发生于1936年12月12日。亦称“双十二事变”。事变前，蒋介石一直要求以张学良为首的东北军和以杨虎城为首的十七路军进攻红军。张、

杨认为这样做没有前途，因而与红军实现了停战，并请蒋联共抗日。蒋不同意，亲到西安督战，张、杨于12日发动兵谏，扣留了蒋介石。事变发生后，中国共产党即派周恩来去调停，终使蒋介石口头上同意了驱除亲日派，容纳抗日分子；释放救国会的“七君子”和一切政治犯，保证人民自由；停止“剿共”，联合红军抗日；召集各党各派各军的救国会，决定抗日救亡方针等。蒋在25日获释。这次事变，为抗日民族统一战线的建立创造了条件。

② 教育文化基金董事会　即中华教育文化基金董事会。成立于1924年，由中美双方代表组成董事会，陶行知曾是该会干事。该会主要负责保管、分配和监督使用美国“退还”的八国联军庚子赔款。

③ 中山大学　孙中山先生1924年创办。原名广东大学。孙中山去世后，为纪念他改为中山大学。

④ 东方睡狮　语出拿破仑。一百多年前，拿破仑说：“中国是一头睡狮，一朝醒来，它的吼声将震撼整个世界。”

⑤ 中山遗嘱　孙中山去世前口述，由宋庆龄、汪精卫记录下来的遗嘱。开头即说：“余致力国民革命凡四十年，其目的在求中国之自由平等。积四十年之经验，深知欲达到此目的，必须唤起民众，及联合世界上以平等待我之民族共同奋斗。”最后，着重指出：“革命尚未成功，同志仍须努力。”

⑥ 国共合作　指1924年~1927年国民党和共产党为了反帝反封建而实行的第一次合作。后由于掌握国民党党政军大权的蒋介石、汪精卫先后在上海、武汉叛变革命，两党合作遭到破坏。

⑦ 北伐　即1924年~1927年由国共两党联合组织的国民革命军，对投靠帝国主义的北洋军阀吴佩孚、孙传芳等进行的讨伐战争。

⑧ 汉口租界，一天收回　1927年1月1日至3日武汉工人和学生、市民为庆祝北伐胜利，举行集会。3日，英国水兵要驱逐集会队伍，用刺刀刺死一人，刺伤数十人。5日，武汉市人民在中国共产党领导下举行了数十万人抗议示威游行，工人英勇地驱逐英国巡捕，收回了英国租界。英国军政人员全部逃到军舰上去。

⑨ 内蒙无恙，满洲无“伪”　指写此诗的10年前，日军还未对内蒙侵略，东北也没有被日本占领后建立起的伪满傀儡政权。

⑩ 华北无“私”，冀察完备　日本侵占东北后，利用日本浪人在华北一带大搞走私活动，又相继占领河北、冀东和察哈尔省（旧省，省会为张家口）许多地方，并建立由日本人控制的冀察政务委员会。而这些在写此诗时的10年前都是没有的。

死了的书呆子*

我是书呆子，
家住太平洋，
读破万卷书，
要中状元郎，
农家供酒肉，
主人快饿死，
失业教蒙童，
尽变小呆子。

* 本篇选自1981年三联书店版《行知诗歌集》。

新安旅行团[①]团歌*

同学们别忘了，
我们的口号：
生活即教育，
社会即学校，
拼命的团结拼命的探讨，
一边儿用手一边儿用脑。
别笑我们年纪小，
我们要把世界来改造，
来改造！

同学们别忘了，
我们的口号：
生活即教育，
社会即学校，
弱小民族不得了，
劳苦大众吃不饱。
看吧！

* 本篇原载1938年9月10日《战时教育》第3卷第2期。这是作者于1937年按张曙的谱曲所填的词，是《新安旅行团团歌》的第二段词。第一段歌词为田汉所作。

到处是敌人的枷镣锁梏。
兄弟们，别睡觉，
把一切人类敌人都打倒，
都打倒！

同学们别忘了，
我们的口号：
生活即教育，
社会即学校，
不怕他飞机，
不怕他枪炮，
为人类奔跑，
使人类和好，
我们是人类的小宝宝，
小宝宝。

注释

①新安旅行团　这是一个用旅行的办法来实践生活教育理论的教育团体，创建人是中共党员、江苏淮安县新安小学校长汪达之。1935年10月在中共上海市地下组织领导下成立，汪为顾问。皖南事变前，一直在国民党统治区一面宣传抗日救亡，一面学习、锻炼。皖南事变后，因不为反动派所容，才进入苏北抗日根据地。1952年，在上海与其他文艺团体合并，存在时间长达17年，经历全国22个省市（含香港），行程5万里。

四川天灾*

蜀道易，
易于上青天[①]。
飞机里面，
有几个活神仙。
数百万人没饭吃，
饿倒在路边。
钱粮提前，
纳过五十年。
我要问：
几人在地几人在天？

二十六年四月七日

注释

① 蜀道易，易于上青天　李白在《蜀道难》一诗中曾写到：“蜀道之难，难于上青天。”作者把“难”改为“易”，用以讽刺当时的反动统治者只顾乘坐飞机享乐，不顾四川灾民的死活。

*　本篇选自1947年大孚出版公司版《行知诗歌集》。

四万万的代表*

这个代表四万万，
那个代表四万万，
四万万哪里知道这笔账？
他们要吃饭，
不上你们当。
你们不倒霉，
何曾知道四万万？
他们瘦得不像样，
你们吃得白而胖。
算了吧，
救国要包而不办。
你们打起内战，
就忘了四万万。
飞机摔炸弹，
大炮对着百姓放。
谁个打胜仗，
谁便是好汉。
只有四万万依旧
扶着锄头把气叹。

二十六年四月二十日

* 本篇选自1981年三联书店版《行知诗歌集》。

“垃圾”阵线的回答〔注〕*

孟真①挥一笔，
救国变“垃圾”。
有人发一笑，
有人深叹息。
请您别笑别叹息，
静心听我说端的②：
垃圾真不少，
五四三二一；
“朱门酒肉臭”③，
酒肉变垃圾；
秦桧卖了国，
岳飞变垃圾；
强权欺弱小，
公理变垃圾；
独裁抬上天，
人民变垃圾；
呼人垃圾者，

* 本篇选自1947年大孚出版公司版《行知诗歌集》。

合作造垃圾。
文人会动笔，
武人脚会踢；
脚笔同起处，
谁不变垃圾？

〔注〕　阅国内来报见傅孟真作文骂联合阵线为“垃圾”阵线。敝人为“垃圾”一分子，写此答之。

二十六年六月三日

注释

① 孟真　即傅斯年。

② 端的　此处作底细、根由讲。

③ 朱门酒肉臭　出自唐代大诗人杜甫《自京赴奉先咏怀五百字》一诗中“朱门酒肉臭，路有冻死骨。”古代贵族富豪大门多漆成红色以表示尊贵。所以朱门就代表贵族官僚和富豪。

江湾月 *

怀七·一七

江湾月，
月儿弯，
前年看我在江湾。
去年送我去西洋。
今年问我几时还？

冰妹[①]教正

二十六年六月二十五日

注释

① 冰妹　即吴树琴。

* 本篇选自1981年北京三联书店版《行知诗歌集》。

谢葆真*

闻说谢家有奇女，
单刀夺得机枪回。
我在金山①几曾见，
疑是红拂②天上来。

谢女士在陕有红拂之誉。

二十六年八月二十三日

注 释

① 金山　即美国大城市旧金山。

② 红拂　唐宋传奇《虬髯客传》中的人物，姓张，原为隋炀帝大臣杨素执红拂的家妓。遇见前来拜访杨素的青年志士李靖，她识李的英雄才略，便逃出杨府投奔他。二人结为夫妇后，路遇一虬髯客，言行不凡，红拂与他结为兄妹。后虬髯客将家产资助他们起兵反隋。李靖能成为唐王朝的开国功臣，与红拂的机敏和智慧给他的帮助分不开。

* 本篇选自1947年大孚出版公司版《行知诗歌集》。

戏寄友人*

哥哥嫂嫂今次回到纽约。哥哥只见了一次，嫂嫂竟一次都没有见，思想起来心中好不难过也！从纽约匆匆到克礼复伦，到华盛顿，昨晚又向阿仑易来过几个钟头，又要在尼嘎拉拖龙拖之间了。车中烦闷，写成小诗一首，奉呈清览，藉作围炉饮茶谈心之资。

东跑西跑，
光棍一条。
想回纽约，
月圆花好。
意料之外，
事不凑巧。
一见哥哥，
不见嫂嫂。
电话不通，
无处可找。
或是太迟，
或是太早。
近在咫尺，
千里迢遥。
漫漫长夜，
思量到晓。
天命如此，
青年易老。

二十六年十一月十七日费城

* 本篇选自1947年大孚出版公司版《行知诗歌集》。

战场即学校*

写游击队向敌军宣传

学堂变了战场，
战场变了更伟大的学堂。
游击战士做先生，
无声无臭有主张。
活叶教材，
满满的贴在围墙。
来一军教一军，
来两军教一双。
同学们！仔细思量，
为什么天天辛苦年年忙，
妈妈饿了喝米汤，
小孩冬天没衣裳？
为什么丢了妻子，
别了爹娘，
把性命送掉，
岂不冤枉？
为什么跑来打仗，
做肉炮弹，

* 本篇选自1947年大孚出版公司版《行知诗歌集》。

让三菱三井[1]发大财，
少将中将升大将？
想一想吧！
不要再上当，
为什么不拿飞机坦克，
帮助我们打一仗？
再不然收兵回去打军阀，
推翻一切混账忘八蛋！
把自由种子，
撒遍东洋，
创造新日本，
和我们平等的做工吃饭。
哈！哈！哈！哈！
和我们平等做工吃饭。

二十六年十二月二十四日

注释

① 三菱三井　即三菱财团、三井财团，都是日本大垄断资本的集团。他们在中国上海、天津、大连等地设有“三菱商事株式会社”“三井物产株式会社”，对中国实行经济侵略，是日本帝国主义发动侵华战争的重要经济支柱。

敬赠东北游击将军李红光*

长白山前闪红光，
将军名字像女郎。
霹雳一声天上来，
惊破旗上红太阳！

二十六年十二月二十五日

* 本篇选自1947年大孚出版公司版《行知诗歌集》。

和平之威力*

献与加拿大的朋友

默无一言我面对着尼嘎拉[①]，
洋洋乎大哉这水之交响曲！
在动人心灵的美乐中，
我接到了加拿大之智慧的忠告。

让我们想象这小小的水点，
何等的渺小而微细！
在高岩上一经联合奔向前，
便成为打破距离层的威力。

爱护和平与民主的朋友，
高高的倚在象牙塔[②]之上，
要对准着一个目标团结前进；
只有这时情感才变成力量。

这力量大于尼嘎拉之水力，
能阻止侵略战争之加于中华。

* 本篇选自1981年三联书店版《行知诗歌集》。

等到无奴隶的和平降临在大地，
自然而然地也会繁荣加拿大。

二十七年一月十六日

注释

① 尼嘎拉　位于北美洲美国、加拿大东部，美、加交界的伊利湖和安大略湖之间，尼亚加拉河上，一般译为尼亚加拉瀑布。因它在美洲各瀑布中水量最大，风景优美，是世界著名瀑布之一。

② 象牙塔　即“象牙之塔”。系法国文学批评家、作家圣佩韦（1804~1869）对消极浪漫主义诗人、作家维尼批评的话。后泛指“为艺术而艺术”的文艺家幻想超脱现实的艺术狭小天地为“象牙之塔”。

游击歌*

狂风起，
黑云飞，
杀人放火誓不依。
民军到，
魔道低，
除暴安良太阳西。
穿的是便衣，
谁个也不知。
战术是游击，
谁个也不识。
枪口瞄准，
我们有目的：
中华自由，
万国平等，
大家有饭吃。

二十七年二月二十七日

* 本篇选自1947年大孚出版公司版《行知诗歌集》。

敬赠西班牙之中国战士[①] *

东战场，
西战场，
原来是一体，
哪怕他万里隔重洋。
咱们所拼命的，
同是反侵略的抵抗；
咱们要贯彻的，
同是民主的主张。
你们为西班牙伟大民族而受伤，
你们流的血是自由神下凡的红光！
你们的英勇消息，
充满了我们的心腔，
好比是冬天的太阳。
你们打胜仗，
便是我们打胜仗，
请你们放心，
祖国的责任有我们担当。
向前创造吧！

* 本篇选自1947年大孚出版公司版《行知诗歌集》。

直等到法西斯消灭，民为王，
有四万万同胞，
欢迎你们回故乡！
啊！何必急急回故乡？
看青天为顶，大地为底，
二十八宿②为围墙，
人类是兄弟姊妹，
全世界是咱们的家乡。

二十七年三月二日

注释

① 西班牙之中国战士　1936年2月西班牙共和国选举，共产党、社会党、总工会等组成的人民阵线获胜，组成联合政府。7月，佛朗哥在德意法西斯军队支持参加下发动内战。世界各国人民，进步民主势力支持西班牙人民和政府，组织国际纵队和他们并肩作战。其中有不少人是旅居欧洲和西班牙的中国侨民。

② 二十八宿　我国古代天文学术语。古代天文学家把天上可见的星分为28宿，按东西南北方各七宿划分，每宿为一组，有如西方古代天文学的星座。西亚、南亚古代也有类似我国28宿的说法。

前途公园[①]中所见 *

松鼠有胆量，
松鼠有福气，
攀上她的嘴唇，
衔去花生一粒。
衔去花生一粒，
连鸽子也妒忌。

二十七年四月十三日

注释

① 前途公园　在加拿大温哥华。

* 本篇选自1947年大孚出版公司版《行知诗歌集》。

秋柳答 *

二十七年四月十四日，在云哥华[1]中华学校[2]朱广炜先生处，见着胡适先生写的一首《秋柳》诗："但见萧萧万叶摧，尚余垂柳拂人来。西风莫笑长条弱，待向西风舞一回。"我看了这首诗，有点为秋柳抱不平，便拿起笔来，代它写了一个答复：

这是先生自写照，
诬吾献舞真冤哉。
君不见吾鞭但一指，
东风西风都滚开。

二七·四·十四

注释

① 云哥华　通译温哥华。加拿大太平洋岸最大的港口城市，华侨较多，市内有唐人街。

② 中华学校　一所在温哥华市的华人学校。

*　本篇出自《衙备忘》第18本3页。

中国所要的*

小亲亲，
他要你的金；
小亲亲，
他要你的银；
小亲亲，
还要你的心。
啊呀呀！
你的心！

毛毛雨[1]在抗战时代是退伍了，但我只改了三个字，对三藩市[2]露天晚会数千华侨唱出来，便成了有力的号召。

注释

① 《毛毛雨》　20世纪30年代流行在中国的一首爱情歌曲。

② 三藩市　即旧金山，美国太平洋沿岸第二大城市，人口100余万。华侨和美籍华人较多。有著名的唐人街。

*　本篇出自《衙备忘》第18本51页。写于1938年4月30日。

再到金山 *

去的时候桂花香，
来的时候桃花开。
也曾翻山穿岭，
也曾飘洋过海。
日子算是八个月，
十万里路跑回来。

跑来做什么？
恭喜大家大发财。
一万一万又一万，
千千万万买公债，
多多的买，
快快的买，
左手捐出去，
右手赚回来。

金元宝最好，
银元宝不坏，

* 本篇选自1947年大孚出版公司版《行知诗歌集》。

千只万只滚进来，
欢送日本军阀进棺材。

二十七年四月三十日

好少爷*

好少爷，
真不错，
宁可裤子破，
不买东洋货！
如买东洋货，
没人嫁你做老婆。

二十七年四月三十日

* 本篇选自1947年大孚出版公司版《行知诗歌集》。

告华侨姑娘*

好姑娘，
顶呱呱，
宁可打赤脚，
不愿穿丝袜。[①]
如果穿丝袜，
便是一个女忘八。

二十七年四月三十日

注释

① 丝袜　指当时日本大量生产的人造丝袜，价格便宜，在世界各地大量倾销。

* 本篇选自1947年大孚出版公司版《行知诗歌集》。

张伯伦*

老狐狸信不得，
甜言蜜语心肠黑。
他和墨索里尼吊膀子[①]，
预备承认“满洲国”[②]。
中国同胞四万万，
万众一心赶暴客。
等到暴客赶出去，
锦绣山河归中国。
归中国，
只有狐狸信不得！

二十七年四月三十日

注释

① 吊膀子　上海方言，指男女调情。诗中“他和墨索里尼吊膀子”，指张伯伦牺牲阿比西尼亚，换取墨索里尼的欢心。

② 满洲国　日本发动“九一八”事变，占领东北后，为加强对我国东北的控制，于1932年炮制出一个由日本帝国主义一手操纵的傀儡政权，由清末代小皇帝溥仪在长春“执政”，宣布为满洲帝国。1945年中国人民取得抗日战争胜利，满洲帝国也即垮台。

* 本篇选自1981年三联书店版《行知诗歌集》。

飞到日本去*

中国飞机顶呱呱，
曾到台湾去轰炸。
瞄准日本飞机放炸弹，
一炸就是四十架。

再过一些时，
还要飞到日本去轰炸。
海鸟一样，
上上下下。
鸟蛋儿一个个的，
对着煤油池丢下，
对着飞机场丢下，
对着火药库丢下，
对着军舰儿丢下。
你会看到皇宫倒塌，
天皇陛下[①]躲在地底下。
给他知道，
自由的中国，
平等的东亚，
不许他再称霸。

* 本篇选自1947年大孚出版公司版《行知诗歌集》。

我们不像他们，
不对小孩轰炸，
不对妇女轰炸，
无辜的百姓不必怕；
我中华民族，
自有他的伟大。

二十七年四月三十日

注释

① 天皇陛下　日本人对皇帝的称呼。指当时的裕仁。因年号昭和，又称昭和天皇。

万里大路*

古时有万里长城，
现在有万里大路。
义气冲天哼哟嗨！
百万工人发大怒。
翻山越岭活龙样，
千万钢车来又去。
一路开的自由花，
两旁栽的平等树。
邻居听得看不得，
鞭长莫及应羡慕。
千年万年莫奈何，
自由大路自坚固。

* 本篇选自1981年三联书店版《行知诗歌集》。

笔伐平时教育*

某大学校长有不知办战时教育①之语

遍地发瘟，
妈妈病倒在床。
叫他倒口开水，
他说功课忙；
叫他去请医生，
他说功课忙；
叫他去买一服药，
他说功课忙。
等到妈妈死了，
他写讣闻忙，
写祭文忙，
称孤哀子忙。

二十七年五月九日

注释

① 战时教育　抗日战争爆发后，陶行知为把教育与争取抗日战争胜利结合起来，以展开反侵略救亡运动而提出的一种教育主张。

* 本篇选自1947年大孚出版公司版《行知诗歌集》。

矛盾孙行者*

孙行者，
学他很不易。
他一个筋斗十万八千里，
我翻了两个[①]，
已经很费力。

注释

① 翻了两个　指作者担任国民外交使节的行程已近二十多万里。

* 本篇出自《衔备忘》第18本74页。写于1938年5月12日。

《先锋》[①]八周年(一)*

(一)

同胞们，大家瞧！
八周《先锋》报，
访的是真事，
说的是公道。
认真来分析，认真思考，
描写得正确，描写得妙。
别笑我们篇幅小，
我们要把大事来探讨，
来探讨。

(二)

同胞们，大家瞧，
八周《先锋）报，
访的是真事，
说的是公道，
帮助华侨要联牢，

* 本篇选自1947年大孚出版公司版《行知诗歌集》。

号召同胞挖战壕。
听吧!
到处是敌人的飞机和大炮。
同胞们，别睡觉，
把帝国主义快打倒，
快打倒!

(三)

同胞们，大家瞧!
八周《先锋》报，
访的是真事，
说的是公道。
揭纳粹阴谋，
破法西斯圈套
向人类报告，
锄人类强盗。
《先锋》是人类的好向导，
好向导。

二十七年五月十二日

注释

①《先锋》 旅美华侨的进步报纸。1930年创刊。

《先锋》八周年*（二）

见了看不厌，
不见令人念。
但愿你，
三家村，五里店，
处处都走遍。

二十七年五月十三日

* 本篇选自1947年大孚出版公司版《行知诗歌集》。

黄朝琴总领事空手扣敌船*

不流血，
打胜仗。
没收日本广源船，
扣在太平洋上美国港。
外交官树立新榜样，
论功行赏，
应升任海军大将。

二十七年五月二日，黄朝琴总领事，扣留没收冒插中国旗之敌船广源号于旧金山港口。

* 本篇出自《衔备忘》第18本76至77页。写于1938年5月13日。

洗衣侨胞的爱人*

八磅姑娘

洗衣工友戏呼熨斗为八磅姑娘。此篇系用广州话新文字，写给华侨工友读，再译其大意。

我的亲爱的姑娘，
名字叫做八磅。
她有铁打的身体，
她有热烈的心肠。
记得她给我上了一次当，
在初恋的晨光，
想把人生滋味尝一尝。
没有摸着她的性格，
亲嘴倒把嘴唇烫，
害得我三天不能把话讲。
这还不算坏，
胶她的脂粉，
便个都呒敢。
自从同她结夫妻，
呒似得别人一样，
一到夜晚，
她是待我冷淡。

* 本篇选自1947年大孚出版公司版《行知诗歌集》。

礼拜天我也是光棍一条去玩，
你话好不凄凉。
但是虽不同房，
醒来是甜如蜜糖。
礼拜一到礼拜六，
我们是从早亲爱到晚。
一时一刻我离不了她，
除非是得罪老板，
打破饭碗，
我是要和她一块过活，
活到钻进棺材再说。
讲起来也悲惨，
我们的工作是帮助老爷、太太、
少爷、小姐的漂亮。
我们要联合起来奋斗，
自家才有福分享。
我们要联合起来奋斗，
自家才有福分享。

衣联[①]五周岁*

回想五年前，
力量如棉。
光棍生活有谁怜？
还有同根不懂事，
萁豆相煎。

如今有衣联，
熨斗万千。
阵线排到富士[②]边。
一切不平都熨去，
东海可填[③]。

美国华侨洗衣工有衣馆联合会之组织，美国人便誉之为最合美国民主主义之团体。

二十七年五月二十五日

---

* 本篇出自《衔备忘》第19本19页。据19本8页记载，第7至10行分别为：“力量万千”“万众一心争人权”“洗尽人间罪恶”“辟地开天”。

注释

① 衣联　成立于1933年。

② 富士　指日本富士山。

⑧ 东海可填　古时传说，炎帝的女儿女娲，游东海时被淹死，后变成神鸟精卫，常衔西山木石去填东海。作者用这个典故，喻只要团结一心，共同抗日，东海也可以填成平地。

衣联歌初稿*

我们有艺术的手段，
能把龌龊洗干净。
我们有通红的熨斗，
能把皱纹熨平。
世界有多少罪恶？
待我们洗净。
人间有多少障碍？
待我们熨平。
兄弟们联合起来啊！
拿出我们的真本领！

熨啊！熨啊！
熨去衣服的皱纹，
熨去自救的障碍，
熨去人间的不平。
使天也平，
地也平，
人也平，

---

* 本篇选自1947年大孚出版公司版《行知诗歌集》。

兄弟们联合起来！
拿出我们的真本领！

洗啊！洗啊！
洗去衣服的龌龊，
洗去中国的国耻，
洗去世界的罪恶。
使天也干净，
地也干净，
人也干净，
兄弟们联合起来！
拿出我们的真本领！

二十七年夏

寄树琴 *

巴黎无雨也留客，
独有今宵不可留。
抬头仿佛江湾月，
屈指惊人已三秋。
横贯欧陆我去也，
一任铁塔与云浮。
只是数月无音问，
重逢何日令人忧！

二十七年七月十七日

* 本篇出自1938年8月5日作者自哥仑布寄给吴树琴的信，诗题《给冰冰》。

坐苏格拉底石牢*

这位老人家，
为何也坐牢？
欢喜说真话，
假人都烦恼。

二十七年七月二十一日，在雅典[①]苏格拉底石牢中坐五分钟有感。

注释

① 雅典 希腊的首都。

* 本篇选自1947年大孚出版公司版《行知诗歌集》。

到Beruth[1] *

前坐飞机天上行，
昨朝化做四等客。
海风明月陪我坐，
阔人登岸我没得。

在匈牙利计划日子要坐飞机才赶得上苏彝士运河[2]之回国轮船，因此就飞到雅典。但在雅典计算旅费，要坐四等舱才够回国，所以就坐四等舱去海法[3]。但是船过Beruth，便因此失掉登岸权利。

二十七年七月二十三日

注释

① Beruth　指黎巴嫩首都贝鲁特（Beirut）。是中东商业、交通和金融交易的一个枢纽城市。

② 苏伊士运河　在埃及东北部，1859年至1869年由苏伊士运河公司利用埃及人力花十年凿成。是亚、非两洲的分界线，欧、亚、非三大洲海上交通枢纽，国际著名航道，全长173公里。

③ 海法　位于以色列北部的海港城市，西临地中海，水陆交通发达。

* 本篇出自《衙备忘》第20本24页。

过Palestine[①][*]

昨夜铁桥被炸毁，
基督门前不能过。
并非害怕吃炸弹，
小命要为中国活。

原拟巡礼耶路撒冷[②]，因全境犹太阿剌伯两民族冲突作罢。

注释

① Palestine　即巴勒斯坦。

② 耶路撒冷　中东著名古城，位于巴勒斯坦中部。相传犹太王所罗门在此建造“圣殿”，基督教的崇拜神上帝耶和华之子耶稣被钉死于此，伊斯兰教的圣主穆罕默德在此升天。故犹太教、基督教和伊斯兰教都把此地奉为“圣地”。

*　本篇出自《衔备忘》第20本33页。写于1938年7月24日。

敬告犹太和阿拉伯两大民族*

犹太[①]的朋友！
阿拉伯[②]的勇将！
你们杀得凶呀，
为什么忘了阿无罗汉？〔注〕
你们是被压迫的民族，
有共同的敌人要抵抗。
为什么让人火把两头烧，
彼此都上当！
为了真正的自由，
留着你们的炸弹，
如果你们联合起来干，
我就被炸成肉酱，
也自心甘，
而今却不然。
恕我不来上当，
我要为中国的自由而活，
为中国的平等而战，
你们若不听我的忠告，

* 本篇系作者“敬赠育才之友鼎铭先生纪念”的手书。

是浪费了血汗换来的炸弹，
那末早一点儿摔，
或是迟一点儿放，
让我平安的过去打东洋。

〔注〕 亚伯拉罕是犹太人与阿拉伯人之共祖，生当唐尧时代，开封清真寺碑称他为阿无罗汉。

二七年七月二四日余过帕列斯坦，适值犹太与阿拉伯人互轰海法被炸，有感而作此诗，以告两族朋友。

注释

① 犹太 古称希伯来人。用希伯来语，在巴勒斯坦居住。在罗马帝国统治期间，绝大部分被赶出巴勒斯坦。19世纪末，犹太资产阶级掀起“犹太复国运动”，煽动世界各地犹太人移居巴勒斯坦。二次世界大战后，建立以色列国，近代散居世界各地的犹太人多已取得所在国国籍，使用所在国语言。

② 阿拉伯 一般指说闪含语系闪语族阿拉伯语的人。原住阿拉伯半岛。多信伊斯兰教，该教兴起后，在亚、非、欧三洲建立了阿拉伯帝国。我国古称之为大食国。古代阿拉伯文化对亚、非、拉中世纪科学、文化发展有巨大的影响。

过苏彝士*

自从沙漠开运河，
印度南洋一齐收。
左有亚力山大右海法，
生命线上见远忧。

二十七年七月二十七日

* 本篇选自1947年大孚出版公司版《行知诗歌集》。

回教学生唱进行曲①*

巍巍金字塔②，
滚滚尼罗河③。
法老④如犹在，
惊醒问谁歌？

二十七年七月二十六日夜在爱资哈大学⑤

注释

① 回教学生唱进行曲　回教学生指留学埃及的我国回族青年。进行曲是指《义勇军进行曲》。

② 金字塔　埃及古代高大建筑物，形似汉字的金字，故称金字塔。是古埃及埋葬法老（帝王）的陵墓。

③ 尼罗河　世界著名大河，在非洲东北部，全长6670公里。流经坦桑尼亚、乌干达、扎伊尔、肯尼亚、埃塞俄比亚、苏丹等国，进入埃及国境后，经开罗至杜姆亚特流入地中海，在埃及境内1530多公里，下游巨大的三角洲，是世界古代文明发祥地之一。

④ 法老　古埃及对国王的尊称。

⑤ 爱资哈大学　在埃及首都开罗，公元970年创办，是伊斯兰教的世界最高学府，也是世界上最古老的大学之一。

---

*　本篇曾载1938年9月9日《立报》第3版，题为《书赠〈八一三歌咏团〉》。

锡兰[①]下船别同船诸友*

七日过红海，
炎热不可当。
既出吉布底，
海风转清凉。
高歌失海病，
观星消夜长。
想吃中国菜，
垂涎四等舱。〔注〕
书生好论世，
闲坐说沧桑。
十日聊共命，
没世不能忘。
天公亦解事，
波浪有商量。
愿再成人美，
顺风归故乡。
他日如相见，
东方大战场。

* 本篇出自《衔备忘》第22本11页。

愿作东道主，
洗尘黑龙江[②]。

〔注〕 法国船上，只有四等舱客人有中国饭吃，我们都羡慕煞。

二十七年八月三日

注释

① 锡兰　现名斯里兰卡。位于印度半岛东南的锡兰岛上，为印度洋东西航行必经之地。1505年曾先后被葡、英两国殖民者侵占，1948年独立后改名斯里兰卡，首都科伦坡。

② 洗尘黑龙江　指准备在赶走日本侵略者后，在东北接待各国朋友。

赠黄伯长大力士*

南海有奇士，
威名震五洲。
力利义合一，
光芒射斗牛[①]。

生长在美国，
要做中国人。
不徒力拔山，
登台如有神。

魁梧黄伯长，
压倒东西洋。
萍水相逢处，
如来说道场。

二十七年八月六日哥伦坡维多利亚旅店

注释

① 斗牛　北斗七星和明亮的金牛星。斗、牛星都在北方天空。

* 本篇选自1947年大孚出版公司版《行知诗歌集》。

义 卖*

南海有义卖，
高风可崇拜。
富翁学穷人，
中国不会败。

香港小贩发起义卖，一个月内献金百万，全国为之感动。

二十七年八月二十日

* 本篇选自1947年大孚出版公司版《行知诗歌集》。

为香港中区商贩义卖纪念特刊题诗*

南海有义卖，
高风可崇拜！
跟着苦人学，
中华万万载！

* 本篇原载1938年9月7日香港《立报》。

赵老太太[①] *

东洋出妖怪，
中国出老太。
老太捉妖怪，
妖怪都吓坏。
老太有名言，
圣人不能外。
别死在床上，
战死才痛快。

二十七年九月十四日

注释

① 赵老太太　东北抗日义勇军将领赵侗的母亲赵洪文国。

* 本篇选自1947年大孚出版公司版《行知诗歌集》。

敬送赵老太太*

东洋出妖怪，
中国出老太。
老太捉妖怪，
妖怪都吓坏。
说起赵老太，
无人不崇拜？
生长在岫岩，
与朝鲜交界。
少小不识字，
明理无人盖。
眼看众同胞，
受尽妖怪害。
组织义勇军，
动员捉妖怪。
母子与孙儿，
同军有三代。
远近齐响应，
三军都推戴。
军队大家庭，

* 本篇原载1938年9月18日香港《星岛日报》。

英勇而亲爱。
高粱为城堡，
锄头是军械。
兵器虽不足，
百战不能败。
军中没有粮，
老太没有粮，
民众送饭菜。
军中没有枪，
老太没有枪，
妖怪送枪来。
钻进妖怪肚，
妖怪摇脑袋。
截断妖怪路，
一块又一块。
最后大目的，
赶妖出东海。
自由而平等，
中华万万载。
老太有名言，
救国莫能外：
“别死在床上，
战死才痛快”。
堂堂男子汉，
翩翩少奶奶。
要想中国好，
学学赵老太。

“九一八”七周年纪念为《星岛日报》写

赠田汉*（一）

人从武汉散，
他在武汉干。
练出艺术军三千，
田汉毕竟是好汉。

二十七年十月十日

* 本篇选自1947年大孚出版公司版《行知诗歌集》。

赠田汉 *(二)

“喝到最后一滴酒，
战到最后一滴血”。
中秋敬你酒三杯，
化作好戏双十节。

* 本篇选自1947年大孚出版公司版《行知诗歌集》。

小孩进行曲*

贺新安旅行团三周岁并赠全国小朋友

（一）看

我们是一群穷光蛋，
要把眼睛打开来看：
在山上看看，
在水上看看，
在沙漠上看看。
看看中国有多少宝藏？
看看几个人没衣穿？
几个人吃不饱饭？
你不信吧，
三万里路跑回来？
有这一本帐，
越看越要干。

（二）玩

我们是一群穷光蛋，
要把光阴腾出来玩：

---

* 本篇原载1938年12月10日《战时教育》第3卷8期。这是作者1938年10月15日在庆祝新安旅行团三周年纪念会上朗读的一首诗。后由任光谱曲，改名《三万里歌》，为便于歌唱，陶行知对此诗的文字作了一点改动。

打个球儿玩玩，
唱个歌儿玩玩，
做出戏儿玩玩，
要叫没有玩的都来玩。
玩玩免掉老古板；
玩玩消掉闷和烦。
你不信吧，
三万里路跑回来，
个个是好汉，
越玩越要干。

（三）谈

我们是一群穷光蛋，
要把心事拿出来谈：
把国事谈谈，
把世事谈谈，
把小孩的事谈谈。
谈谈怎样可以共患难？
虽然只有一张嘴，
也要吃饭也要谈。
你不信吧，
三万里路跑回来，
老老实实谈，
越谈越想干。

（四）想

我们是一群穷光蛋，

要把脑袋拿出来想：
对中国想想，
对日本想想，
对全世界想想。
想想怎样可以打胜仗？
想想谁是真爱国？
谁是混帐忘八蛋？
你不信吧，
三万里路跑回来，
剖开脑袋看，
越想越要干。

（五）干

我们是一群穷光蛋，
要把双手拿出来干：
在城里干干，
在乡下干干，
在战场上干干。
我们想在炮火里生长，
和衷共济要真干，
只有汉奸才假干。
你不信吧，
三万里路跑回来，
老少一起干，
打倒小东洋。

一群小好汉 *

人从武汉散，
他在武汉干。
一群小好汉，
保卫大武汉。

* 本篇出自《新安旅行团简史》。这是陶行知为庆祝新安旅行团建团三周年，参加“新旅”第二团庆祝大会后，书赠“新旅”小朋友的诗。

鲁迅先生逝世二周年纪念*

百战争真理，
两年死犹生。
名著如秋月，
照人造乾坤。

二十七年十月十五日

* 本篇原载1938年10月19日《新华日报》。

一位伤兵*

我们的真正英雄

害病，挨饿，受伤，
从前方走到后方，
见人布施稀饭，
眼睛忽然发光。
喝啊！
一碗，一碗，又一碗，
四碗，五碗，六七碗，
“你救活了我的老命”，
磕个响头，拿起手杖，
“走还是一条好汉！”

杜庭修先生在汉口告诉我这样的故事，我听了有感。

二十七年十月十九日

* 本篇选自1947年大孚出版公司版《行知诗歌集》。

送贺若*

蚁社[1]最后离开汉口的一只蚂蚁

蚂蚁，蚂蚁！
我知道你：
你会造房屋，
你会造城池，
你会运输，
你会筑堤，
你会联合起来，
打倒公敌。
保卫大武汉，
你也出过力，
大家走了，
你也预备西移。
我是多么高兴啊，
见着最后一只蚂蚁，
让我向你行一个最敬礼！

二十七年十月二十日

* 本篇选自1947年大孚出版公司版《行知诗歌集》。

注释

① 蚁社　是当时汉口的一个抗日进步团体。意为蚂蚁虽小，若像蚂蚁那样不为名不为利，勤奋工作也一样可以对国家对人民作出贡献。贺若是蚁社的一个成员。蚁社于1938年8月和中华民族解放先锋队、青年救国团同时被国民政府强令解散。

戏赠西曼[①]先生 *

一声张老伯，
心里不自由。
如果反革命，
辜负伟人头。

同船某女士敬爱先生呼为老伯伯。先生头颅酷似列宁。

二十七年十月二十三日宜昌

注释

① 西曼　即张西曼。

* 本篇选自1947年大孚出版公司版《行知诗歌集》。

《鲁迅全集》出版祝*

满地荆棘满天云，
前路先生认得清。
点起火把六百万①，
照人创造到天明。

二十七年十月二十四日

注释

① 点起火把六百万　指初版《鲁迅全集》共六百余万字。

* 本篇选自1947年大孚出版公司版《行知诗歌集》。

蜀民歌*

今人传说古人言，
蜀道难于上青天。
事实一一在眼前，
蜀民苦于吃黄连！
种田种上山绝顶，
拉纤拉过险滩边。
食不饱来衣无棉，
为谁辛苦有谁怜？
天经地义纳租税，
少年已纳老年钱。
橘子传种花旗国[①]；
柚子个个香而甜。
煤气化作自流火；
井水犹能熬出盐。
且慢说宝藏千万，
也莫说风景万千。
只问谁别有洞天？
除非是人间除军阀，

* 本篇选自1947年大孚出版公司版《行知诗歌集》。

地上除大烟，
峡外除海盗，
水里除涡漩，
老百姓乃能跳出滚油煎！

二十七年十月二十五日

注释

① 花旗国　美国国旗星条旗，老百姓称花旗。

凭栏处*

蔚蓝天无际，
有白云半片，
分明曾在西陵①见。
瞒着人，
过了巫山峡②，
在白帝城③边，
重来会面。
风又静，滩难上，
有意叫人惜别。

二十七年十月二十五日

注释

① 西陵　指西陵峡，为长江三峡之一，东到宜昌县南津关，西至巴东县官渡口，全长120公里。

② 巫山峡　长江三峡之一，东与西陵峡连接，西起四川省巫山县大宁河口。江边并列“巫山十二峰”，其中神女峰（望霞峰）在朝阳照射下最为美观。

③ 白帝城　在四川省奉节县东白帝山上。因东汉初公孙述在山上筑城，自号为白帝而得名。

* 本篇选自1947年大孚出版公司版《行知诗歌集》。

川行有感*

险滩令人绝，
奇山令人恋，
所以从容过，
领江识路线。

治国与行船，
领袖如领江。
路线有把握，
行人赏风光。

二十七年十月二十五日

* 本篇选自1947年大孚出版公司版《行知诗歌集》。

读放翁[①]诗*

世运[②]兴与衰，
诗人最先觉。
万事既已空，
中原[③]如何药[④]。

诗人所言出自真情，故一代之兴衰，往往于诗中见之，其正确比寒暑表。世人称放翁为爱国诗人，乃举：“死去元知万事空，但悲不见九州同。王师北定中原日，家祭毋忘告乃翁。”为证，但万事空，则九州同空，北定中原亦空，有宋之前途，于此可见矣。

注释

① 放翁　即陆游。

② 世运　指社会兴衰治乱的气运。此处主要指中国的发展前途。

③ 中原　狭义指河南一带，河南在历史上称为中州。广义指黄河中下游或黄河流域。作者在此是泛指全中国。

④ 药　此处作动词讲，治疗的意思。

* 本篇选自1947年大孚出版公司版《行知诗歌集》。

二胖*

参政会[①]第五组的审查会里，有几位会作诗的参政员聚在一块儿，如傅斯年、卢前，刘衡静，几位遇到枯燥报告讨论，便大写其打油诗。傅斯年在诗后签名为老胖，卢前年纪比傅轻却已养了胡子。卢前好饮酒，老是离不开酒壶。一次评论沈钧儒的尚武精神案，傅老胖大发议论说，当今全面抗战应当人人当兵，又指卢前说，照我的方策，像这样年轻的人是必须征他到前线去，断不能给他躲在参政会里饮酒赋诗。我坐在这群诗人旁边眼看诗料丰富，也凑热闹写了一首，散会读起来博得哄堂大笑。

老胖姓傅小胖卢，
小胖有胡老胖无，
一朝老胖挂帅印，
小胖出征带酒壶。

二十七年十一月四日

注释

① 参政会　抗战期间国民政府成立的最高咨询机构。全称是“国民参政会”。参政员是由国民政府“聘请”，各党派都有代表，国民党代表占了绝大多数。为了团结抗日，中国共产党派了代表参加。陶行知、沈钧儒等代表救国会被选为参政员。

*　本篇选自1947年大孚出版公司版《行知诗歌集》。

怀川外战士*

川中山水世无双，
川外展开大战场；
冻无衣兮饿无粮，
几人伤病几人亡？
越行越远越难忘，
民众何日齐武装？
千军万船下长江，
下长江，
肃清海盗造新邦！

二十七年十一月二十七日

* 本篇选自1981年三联书店版《行知诗歌集》。

祝中国回民救国协会广西分会成立*

信徒四千五百万，
同胞不分回和汉。
创造中华大民族，
一心一德打胜仗。

二十七年十一月二十七日

* 本篇选自1947年大孚出版公司版《行知诗歌集》。

文武同化歌*

文人武化，
武人文化，
不文不武的文武化。
文人不再相骂，
武人不再相打！
联合起来，
创造新天下。

二十七年十二月十五日

* 本篇选自1947年大孚出版公司版《行知诗歌集》。作者在广西桂林《生活教育社》成立大会上，见军事委员会政治部第三厅厅长郭沫若身着军装，又见国民党军事委员会副总参谋长、军训部长白崇禧也出席大会，由此想到“文人武化，武人文化”。

南宁镇南[1]沿路*

闻村童唱《锄头歌》

南宁一日到镇南，
六百里荒凉两眼收。
可喜桃李栽培遍，
村童向我唱锄头。

二十七年十二月二十四日

注释

① 镇南　即镇南关，1949年后改睦南关，1965年改为友谊关。在广西壮族自治区凭祥市西南。

* 本篇选自1947年大孚出版公司版《行知诗歌集》。

敬谢镇南关陆委员炳业*

东西有钱无处买，
饮食投宿费寻求。
不堪三斧冻饿病，
今夜难免填泥沟。

料是放翁怜诗友，
故遣贤孙慰客愁。
饭好茶香被窝暖，
货车运我到龙州。

二十七年十二月二十四日

* 本篇选自1947年大孚出版公司版《行知诗歌集》。

新秦桧*

(一)

自从沈阳事变，
秦桧便已出现。
忸忸捏捏，
到如今完全露面，
从今后，
没有人再受他骗。

(二)

他的建议，
只是一张名片，
向着近卫[①]，
学毛遂自荐[②]，
想做买办，
开个日本店。

* 本篇原载1939年1月1日《立报·言林》及1939年2月1日版《反攻》第4卷4期。

（三）

战士们！
驳斥近卫宣言[3]应该念，
念完一百遍。
冲出前线，
把秦桧捉着，
锁上铁链，
跪在百万无名英雄墓前，
再问他对这笔买卖留恋不留恋？

二十七年十二月三十一日

注释

① 近卫　即近卫文麿，1937年任日本首相。

② 毛遂自荐　公元前257年战国时期，秦兵攻赵国。赵国平原君去楚国求援。门下食客毛遂自我推荐随同前去。平原君无法说服楚王，毛遂趋前直陈利害，说服楚王同意两国联合抵御秦国。此后，把自行推荐去做某项工作，称作毛遂自荐。

③ 近卫宣言　即“近卫声明”。日本侵占南京后，近卫文麿政府于1938年1月16日发表声明，要国民党政府接受投降条件，否则日本将要另建“与日本提携之新政府”。同年11月13日、12月22日，日本政府又两次发表声明，对蒋介石和国民政府进行诱降。

香港新年读《申报》并怀念史量才先生*

来港听见第一声，
小孩嘴里《申报》好；
铜板一个报两张，
果然返老还童了。
每逢新年思故人，
贤才弃世恨太早！
长留喉舌在人间，
侵略妖怪该吓倒。

二十八年元旦

* 本篇选自1947年大孚出版公司版《行知诗歌集》。系作者怀念史量才1934年11月13日被国民党军统特务杀害而作。

新年有感*

除夕除了新秦桧，
拜年想拜赵老太〔注一〕。
可喜溢屏成国屏〔注二〕，
掷出金镯杀妖怪。

〔注一〕 赵老太系游击队的母亲赵洪文国，最近去南洋。她老人家是一个大乡俚，为了不愿做亡国奴，抛弃了家庭，牺牲了一切，带领了儿孙三代去打游击，她的儿子赵侗现在东北平津各地，还有大部分的人马正在截击敌人。

〔注二〕 九龙中华儿童书院二年级小学生李溢屏，年龄只有八岁，家中并非富有，他看到国家危难，毅然同父母商量，把他家里的所有，献给国家。第一次在二六年献金运动的时候，把他母亲一生的积蓄——金镯献出，第二次在去年双十节各界征募寒衣运动中，他捐了棉衣五十件，其余每月各种救国捐，该生亦最为努力，溢屏小友爱国热诚，果属可嘉。而这，亦足以证明人心未死，中国不会亡的象征；并且说明次一代国民必能负得起复兴国家民族的重任。该院院长吴涵真君鼓励全体小友起见，特与该生留影，并赠名字曰国屏。

* 本篇原载1939年1月4日香港《申报》。

送姜明*

不要笑阿Q，
不要骂阿Q，
是不是阿Q？
请看活阿Q。

姜明演的阿Q，可算是活阿Q，也可算是一面照阿Q镜。

二十八年一月一日

* 本篇出自《衔备忘》第27本2页。

生活教育小影*

青菜，豆腐、糙米饭，
还要看，要想，要谈，
　要玩，要干：
唤起四万五千万，
瞄准侵略，战，战，战！

二十八年一月二日写

* 本篇出自作者手迹。

战时生活教育 *

跟老百姓去，
领老百姓来，
去的时候像逃走，
来的时候是打回来！

二十八年一月二日

* 本篇出自1939年4月10日《战时教育》第4卷第4期所载《陶行知先生华南归来》一文。

学习岳母*

有子要学岳家子，
有母要学岳家母[①]：
岳母教子有义方，
幼年培养令人慕。
“精忠报国”四个字，
刺在儿子背上叫他壮志不可隳。
母亲手中针，
儿子背上血，
用血写历史，
要把国仇国耻一齐雪。
撼泰山易，
撼岳家军难[②]!
谁识母教最坚决。
可恨秦桧要卖国，
十二道金牌害忠良，
千古奇冤“莫须有”[③]，
活人不及死人香。
于今岳庙千秋立，

* 本篇选自1981年三联书店版《行知诗歌集》。

秦桧夫妻跪坟前。
世界毕竟有公论，
救国何可托空言？
但愿中华男儿千千万，
虽学岳飞不拜金牌诏。
尤愿中华女子万万千，
化作岳母教儿定中原，
驱倭寇，到天边，
创造新中华，
自由平等幸福万万年！

注释

① 岳家母　即岳飞的母亲。教育儿子自幼就要忠君爱国，并在他背上刺下“精忠报国”四字，令他永志不忘。岳飞成为奋勇抗金的民族英雄，流芳千古，与岳母的教导有密切关系。

② 撼泰山易，撼岳家军难！　岳飞治军严谨，爱兵如子，岳家军爱国热情高，屡败金兵，收复河南、河北大片失地。金国屡易战将，都被他打败。金兵听到岳飞之名，望风披靡。金国统帅金兀朮感叹说出此语。

③ “莫须有”　也许有之意。奸臣秦桧诬陷岳飞谋反，将飞与其子云同时害死。元帅韩世忠（岳飞好友）不平，去质问秦桧，有何谋反证据。秦桧无以答对，只好说：“其事体莫须有（也许有吧）。”后来就把无罪受冤，或以不实之词害人均称为“莫须有”。

闲情赋小诗*

姊姊，妹妹！
阿姑，阿嫂！
客人未来，
主人已跑；
不能奉陪，
心头烦恼。
幸有好景，
可以瞧瞧；
如果疲倦，
椅上靠靠。
大橘，小橘，
味道还好；
瘦子吃大；
胖子吃小；
可以解渴，
难以吃饱；
请勿客气，
恕我礼少。

* 本篇原载1939年1月15日《星岛日报》第6版。

橘渣滑脚，
知不乱抛，
如果乱抛，
一定跌跤，
跌倒一跤，
如何得了！
你们迟散，
我回来早，
尚能见面，
可以请教。
我回来迟，
你们散早，
将来再见，
总算不巧。

迎难馆主[1]写

注释

① 迎难馆主　抗日战争时期作者的一个别号。

问？ *

几个孩儿失双亲？
几个袖手表同情？
几人奋起把命拼？
几人凑火劫金银？

二十八年二月一日

* 本篇出自《衙备忘》第27本45页。

戏复友人结婚*

顷接沈钱结婚书，
要求“教勉与鞭策”。
最好开个座谈会，
商量马鞭何处得？

* 本篇出自《衔备忘》第28本11页。

带马桶上任*

贺某女士上任

大姊今上任，
气色不大同。
有点难为情，
带来一马桶。

二十八年三月八日

* 本篇出自《衔备忘》第28本19页。

蜜桃的鞋*

（桂林去年十一月所见）

疑是金刚钻，
饰在脚尖上。
仔细看一下，
原来是鞋儿开天窗，
大拇指儿出风头，
闪出光芒。

二十八年三月八日

* 本篇出自《衔备忘》第28本19页。蜜桃即作者四子陶城的乳名。

送倪尚达弟*

倪尚达，
又秃又麻。
无线电化大中华，
缺不了他！

倪尚达君为东南大学同学，任中央大学无线电教授，中国无线电技术人材多出其门。他对我的培养人材不拘资格，尤表赞同。前两句是他对学生演讲的开场白，后两句是我送他的赞语。这首诗所表示的与育才学校[①]选择学生不重外貌之旨相合。

二十八年三月八日

注释

① 育才学校　陶行知于1939年7月20日在重庆北碚创办。开学几天后，即迁址合川县草街子乡凤凰山古圣寺。第一批学生主要是难童及一些革命人士的子女。教学方针除贯彻"生活即教育"、"社会即学校"、"教学做合一"、"即

*　本篇选自1947年大孚出版公司版《行知诗歌集》。

知即传”等原理外，特别强调因材施教，培养才人幼苗，学生除共学普修课外，还根据各人特长分文学、戏剧、音乐、舞蹈、绘画、社会科学、自然科学等组学习。教师中有许多进步作家、艺术家、专家、社会知名人士。中国共产党给予有力的支持，学校各部门和各专业组负责人，大多是中共党员。1946年，育才学校本部迁往上海，重庆设分校，现名上海行知中学、重庆育才中学。育才学校原址现为合川县草街子育才学校。

儿童节歌*(一)

(一)

站起来，抗日的小孩！
长起来，抗日的小孩！
联起来，抗日的小孩！
我们要帮助大人，
把东洋的妖怪赶开！
赶出关外，
赶出海外，
叫他们知道我们的厉害，
我们是抗日的小孩。

(二)

站起来，中国的小孩！
长起来，中国的小孩！
联起来，中国的小孩！
我们要帮助大人，
把中华民族兴起来！

* 本篇选自1947年大孚出版公司版《行知诗歌集》。作者将此诗交贺绿汀谱曲时，文字有修改。第一节第6、7行改为“赶出东四省”，“赶出黄海外”。

人人有饭吃，
还有文化奶，
叫他们知道我们的厉害，
我们是中国的小孩。

（三）

站起来，世界的小孩！
长起来，世界的小孩！
联起来，世界的小孩！
我们要帮助大人，
把反侵略阵线展开！
培养新人类，
创造新世界，
叫他们知道我们的厉害，
我们是世界的小孩！

二十八年三月二十四日

儿童节歌*（二）

（一）

变啊，变啊！变，变，变！
变成一群小蚊子，
飞到老百姓的耳朵边，
闹得大家不能再睡觉。
东洋强盗到了眼面前。
把他们赶出去，
夺回我们的田园，
插上国旗，
照耀着白日青天。

（二）

变啊，变啊！变，变，变！
变成一群小灯笼，
照到老百姓的脚跟前，
好教大家不再摸黑路，
抗战到底，

* 本篇出自《衢备忘》第28本43~44页。

才算是正确的路线。
别功亏一篑，
十字路口莫流连，
更要提防汉奸欺骗。

（三）

变啊，变啊！变，变，变！
变成一群小媒人，
化除各党派的老成见，
好教同胞不再猜疑，
敌人阴谋要的是离间。
大家都是兄弟，
萁豆不再自相煎，
精诚团结，
保证了中华万万年。

二十八年三月二十四日

儿童节歌*（三）

（一）

小孩们！
拿出我们的力量，
纪念四四，
四四，四四，
别说我们年纪小，
也能作些事。

（二）

小孩们！
拿出我们的力量，
养几支〔只〕老母鸡，
养鸡，养鸡，
生下好鸡蛋，
献给战士吃。

* 本篇选自1947年大孚出版公司版《行知诗歌集》。

（三）

小孩们！
拿出我们的力量，
种几颗小黄豆，
黄豆，黄豆，
战士有了黄豆吃，
打仗不会瘦。

（四）

小孩们！
拿出我们的力量，
省几个小铜板，
铜板，铜板，
少吃几块糖，
为了买子弹。

（五）

小孩们！
拿出我们的力量，
捉几个小汉奸，
汉奸，汉奸，
汉奸肃清了，
快活似神仙。

（六）

小孩们！
拿出我们的力量，
教几个大文盲，
文盲，文盲，
眼睛打开了，
前途发亮光。

（七）

小孩们！
拿出我们的力量，
劝几个好壮丁，
壮丁，壮丁，
好男愿当兵，
中国一定行。

（八）

小孩们！
拿出我们的力量，
化几个小仇恨，
仇恨，仇恨
斩草除了根，
巩固大国本。

（九）

小孩们！
拿出我们的力量，
普及三民主义，
主义，主义，
全民有共信，
抗战必胜利。

二十八年三月二十五日

一夫一妻*

一夫一妻，
家庭合理，
没有妒嫉，
欢欢喜喜。
嫁给人家做妾，
好比活埋地狱里。
如果甘心情愿，
便算自己无耻。
倘是父母强迫，
就该反抗到底！

* 本篇选自1947年大孚出版公司版《行知诗歌集》。

写两种妇女*

祝中华妇女职业改进社[①]社所开幕

走出闺房，
跑出厨房，
不为人做嫁衣裳，
喊几句口号收场。

建设流亡之家乡，
创立大众之食堂，
做寒衣送上战场，
造成中华民族之荣光。

二十八年十月二十日

注释

① 中华妇女职业改进社　是抗日战争时期的一个妇女抗日团体。

* 本篇出自《衙备忘》第30本12~13页。

祝沈衡山先生寿庆*

江南正气出寿星，
相伯[1]衡山[2]张一麐；
自从相伯上天去，
二老长留人间日月明。

老人乐与少年游，
老人没有少年愁；
今日相忘老与少，
共为民族人类争自由。

注释

① 相伯　即马相伯。
② 衡山　即沈钧儒。

*　本篇选自1947年大孚出版公司版《行知诗歌集》。

武训兴学节[①] 卖画买寒衣[②]*

被窝短了，
棉袄小了，
什么缘故？
人长大了。
要想穿暖，
吃不饱了！
要想吃饱，
穿不暖了！
为今之计，
画要卖了，
字要卖了。
卖字卖画，
换点温饱。
吃紧紧吃，
穿要穿好。
群居终日，
不思创造，
画学不好，

* 本篇选自1947年大孚出版公司版《行知诗歌集》。

字学不好，
愧对战士在战壕。
发奋忘食，
御寒赛跑，
甘心情愿，
半温半饱。

注释

① 武训兴学节　为纪念武训行乞兴学的精神，作者曾代表生活教育社和育才学校于1943年11月26日向政府建议，定12月5日为兴学节。1946年4月6日陶行知写信给陶晓光，称：“今天是集体武训节”。

② 卖画买寒衣　国民党中反动势力对育才学校的抗日进步倾向极为不满，多方施加压力，经济上多方限制，使育才经常处于困难境地，冬天到了，同学们需棉衣过冬，经费无着。为此，陶行知除动员师生用开荒生产、义演等办法来解决外，也用卖字画来解决。

《新华日报》二周纪念*

炮里闻呱呱，
今年两岁了。
生来为真理，
岗位在报晓。
笔杆如枪杆，
挥墨亦挥汗。
粉碎敌人谋，
一字一炸弹。
指点光明路，
同向光明去。
协力是慈航①，
重洋可以渡。

注释

① 慈航　佛教名词。佛以大慈大悲超度众生脱出苦海，有“苦海无边，回头是岸”之说。脱离苦海，须有舟航，故有慈航之说。作者此处用来比喻在中国共产党领导下的《新华日报》，对全国人民团结抗战，争取胜利的指导作用。

* 本篇原载1940年1月11日《新华日报》，系作者手迹。《新华日报》是中国共产党在抗日战争时期和解放战争初期在国民党统治地区办的报纸。1938年1月11日创刊于汉口。同年10月25日迁到重庆。1947年2月28日被国民政府封闭。作者常为该报撰写文章。

敬题恒智[1]弟赠画*

天上双星，
地上知音，
凭灵感画出真情。
你的心，
我们的心。
四万万人的心，
合成一颗心。
充塞浩然正气，
为着真理联盟，
要收复大好山河，
要争取世界和平。
画画赋诗共言志，
一轮明月，
三峡清风，
都作证明。

二十九年三月十日

注释

① 恒智　即吴恒智，吴树琴之弟，擅长绘画。

* 本篇选自1947年大孚出版公司版《行知诗歌集》。

贺孙锡洪先生与袁女士结婚*

爱通过阻力给我们热，
爱通过真理给我们光明，
爱与真理通过信仰，
　　给我们力量。
但愿热溶化人间隔阂；
光明吞掉社会黑暗；
力量拿出来参加于
自由平等的祖国和
幸福进步的世界之创造。

录新婚诗答谢

海峰兄
淑仙姊　远祝并请教正

行知
树琴　拜题

* 本篇根据作者手迹排印。

儿童节歌*

从七七到四四，
今年第三次。
小孩要做小战士，
帮助大人拿枪上前刺。
刺得日本强盗不敢再放肆。

从七七到四四，
今年第三次。
小孩也能做大事，
帮助男女老少都认字。
发挥民族精神，
光辉照万世。

* 本篇选自1947年大孚出版公司版《行知诗歌集》。

贺李瑞门先生与雷夫人六旬双庆*

南海诞生人中龙，
腾云驾雾罗基东。
幼年聪慧秉慈训，
乘风破浪志气宏。
古有陶朱①难兼美，
赚钱不作富家翁。
以物与人己愈有；
黄金散去功德崇。
身修而后齐家族②，
祠中辉煌显祖宗。
自卫何如卫乡好！
横塘盗贼去无踪。
重洋万里兴教育，
桃李欣欣正向荣。
十世反清救民族，
致公③开路作先锋。
清孽未尽日寇至，
唤醒团结撞洪钟。

* 本篇选自1947年大孚出版公司版《行知诗歌集》。

毁家纾难救祖国，
现身说法万人从。
信使往来抗侵略，
联合世界整阵容。
仁者不忧老亦壮，
要看五洲庆大同④。
六旬双庆应献颂，
从心所欲不计工。
福气浩荡如南海，
寿比罗山顶上峰。
孝子贤孙满膝下，
子孙代代胜乃公。

二十九年四月

注释

① 陶朱　即范蠡。经商致富，改名陶朱公。后人都把善经商者称为“陶朱公”。

② 身修而后齐家族　这是《礼记·大学》所提倡的“修身、齐家、治国、平天下”道德规范的简化。

③ 致公　即美洲洪门致公堂，是侨居美洲华侨团结主持公道的组织。曾支持孙中山进行革命活动。1925年10月，在美洲致公总堂召开的旧金山洪门团体恳亲大会上，决定成立致公党。1931年召开第二次代表大会，在香港设立总部，决议反对蒋介石独裁。抗战时期，发动华侨募捐，支持抗战。解放战争期间，反对蒋介石发动内战，支持解放战争。中华人民共和国成立后，积极参加祖国社会主义建设，为促进祖国统一，发挥了重要作用。

④ 大同　儒家的理想社会是世界大同。见《礼记·礼运》篇。

结婚歌*

（调寄村魂歌）

男先生，
女先生，
结了婚，
打日本。
怎样打日本？
团结去斗争！
结婚革了命，
不再为自身；
为民族，
求生存，
联合起来誓不分。

* 本篇原载1940年4月25日《战时教育》第5卷第11期。是陶行知与吴树琴结婚时所唱的歌。

当兵与献金*

有力要当兵，
有钱要献金。
当兵打日本，
献金慰劳战士之双亲。
双亲无冻饿，
战士一身轻。
成仁以取义[1]
拼命保卫国族老母亲。

注释

① 成仁以取义　出自《论语·卫灵公》“志士仁人无求生以害仁，有杀身以成仁。”即为了实现正义的事业而献出生命。

* 本篇选自1947年大孚出版公司版《行知诗歌集》。

随地吐痰 *

生痨病[1]，
真难过，
痨病虫儿小又多，
一根针杪上，
能站五百个。
干了飞进肺里去，
肺里处处都戳破。
今天一命呜呼！
都是随地吐痰的罪过。

注 释

① 痨病　过去对肺结核病的通称。

* 本篇选自1947年大孚出版公司版《行知诗歌集》。

炸弹*

沉默，沉默，
沉默是你的性格。
你平生只说一句话，
从不顾粉身碎骨，
在惊天动地的爆炸中，
诞生了幸福的新国。

* 本篇选自1947年大孚出版公司版《行知诗歌集》。

海德公园[注一]*

四次我曾到伦敦，[注二]
一个印象很深刻。
天下公园为乐游，
唯有海德最奇特。
午后每逢星期六，
议论纷纷如鼎沸。
讲员自带讲台来，
也有临时搭台临时拆。
有的崇拜史大林，
有的拥护希特勒，
有的宣扬天主教义，
有的盛赞穆罕默德。
有的主张援助西班牙，

* 本篇原载1941年6月1日《战时教育》第6卷第4、5期合刊。1946年1月25日北平版《民主》星期刊第11期重新发表此诗时，作者曾有一段追忆："1月8日民主建国会招待政治协商会议代表席上，章伯钧先生提到中国需要海德公园里的言论自由，引起我记起五年前，我曾根据记忆写过一首海德公园颂。回家找出来一看，意义还是全新的。只是中国未来之海德，怕不能允许希特勒主义死水复扬。除了这一点外，让我们来欢迎海德公园游华。让我们再三呼海德公园万岁！"重新发时作了如下修改：改题为《英国式之言论自由海德公园颂》；删去第十一行末字"义"；把第十二行诗中第三字"盛"改为"颂"；倒数第八行中的"加拿大"改为"魁北克"；倒数第二行末字"家"改为"海德"。

有的痛骂日本不够格。
有的不说公道话，
只有喽啰代他把掌拍。
有的说话合民心，
听众人山人海万千百。
您若觉得不中听，
诸子百家随您去选择。
台上台下可辩驳，
只有拳头动不得。
有时飞来一鸡蛋，
满面糊涂鸡蛋白。
揩揩脸孔讲下去，
自由女神岂能退位因威吓？
警察于今也巡逻，
防止听众当中出暴客。
言论自由不干涉，
让人指名首相骂老贼。
雾重不见夕阳斜，
国旗飘扬：红，黄，蓝，白，黑。
绅士已经发牢骚，
咖啡一杯靠在沙发喝。
我见加罗五百饥民队，〔注三〕
回家面包牛奶仍旷没。
海德多么深？
海德多么大？
深浅大小如何测？
可爱的海德啊！
我怕大战一来你会枯干失颜色。
加拿大在西，

爱尔兰在北，
香港、印度、新加坡：
殖民地里看不见小海德。
可爱的海德啊！
你的命运我晓得：
盎格鲁撒克逊[1]的家，
没有护照到中国。

三十年四月二日回忆

〔注一〕 Hyde Park

〔注二〕 二十五年八月七日，到伦敦赴世界新教育同志会[2]。二十五年十月十八日到伦敦商量援华。

二十七年二月九日到伦敦赴反侵略会[3]，并到爱尔兰考察。

二十七年六月二十一日，回国过伦敦。

〔注三〕 Ga Prow饥民于二十五年十一月一日长征到伦敦。

注释

① 盎格鲁撒克逊　因古代日耳曼人中有盎格鲁、撒克逊、朱特等部落，其中一些人5至6世纪移居大不列颠岛，约7至10世纪盎格鲁和撒克逊结合成盎格鲁撒克逊人，又合并其他民族，逐渐形成近代英吉利民族。

② 世界新教育同志会　为世界性教育学术团体。成立于1915年。1936年7月31日到8月14日在英国伦敦召开的第七届世界新教育年会，有五十多个国家参加。中国参加的有陶行知、张彭春（南开大学）。崔载阳（中山大学）因故未到会。

③ 反侵略会　指在伦敦召开的世界反侵略大会。

贺吴晓邦、盛婕先生结婚*

美与真舞，
步乐入爱。
生儿曰善，
代胜一代。

三十年四月十四日

* 本篇选自1947年大孚出版公司版《行知诗歌集》。

贺潘家寅、吴珊先生结婚*

万里凤凰有约，
百年福禄无疆。
相敬相爱相勉，
丰功伟业辉煌。

三十年四月十八日

* 本篇选自1947年大孚出版公司版《行知诗歌集》。

谈天会[①]一周年*

谈天不忘探天；
探天不忘制天；
制天不忘创天。
谈天，探天，制天，
都是为着创造新天地。

注释

① 谈天会　育才学校自然科学组发起组织的学术组织，通过学习天文知识建立辩证唯物主义的宇宙观。全校各组都有师生参加，共约八十余人。

*　本篇出自1941年4月25日郭以实的日记。

郭嫂邱夫人五旬大庆祝词*

川中山水世无双，
郭家有嫂代爹娘，
无娘才知有嫂好，
水长山高莫能忘。
有守先生有大志，
求师问道渡重洋。
于今先生执木铎[①]，
循循善诱启聋盲。
嫂身从此化千万，
苦儿个个有嫂乐且康。
禾苗渴望遍润雨，
愿嫂落下甘露润十方。
洒遍田庄，
润遍牛羊，
苦儿冻有衣穿饿有粮。
行人久待普照灯，
愿嫂动员火把照十方。
千道光芒，

* 本篇选自1947年大孚出版公司版《行知诗歌集》。

万道光芒，
苦儿揭去重雾见太阳。
那时家嫂成国嫂，
栽培到处是忠良。
最后胜利齐争取，
海盗空手回扶桑。
愿嫂再添寿五旬，
眼见中华图自强，
化新民兮造新邦，
自由平等兮万寿无疆。

1941年4月26日发出

注释

① 执木铎　铎是有木舌的铃，古代乐器。古代传布行政命令时都要摇动木铎。后来常把推行教育的人叫执木铎。

贺静仁[①]先生七旬大寿*

萤火将随倭寇去，
摄提夜半放光明。
人天此日皆欢喜，
万户千家祝寿星。

仁者不忧亦有忧，
席不暇暖夜无眠，
为谁消得人憔悴？
苍生遥指待补天[②]。

慧眼灼见千年事，
忠贞谋国仗老成。
一时毁誉安足论，
终是联苏[③]第一人。

最后关头入虎穴，
俗眼谓与虎谋皮。
不忍生灵遭涂炭，

* 本篇选自1947年大孚出版公司版《行知诗歌集》。

晏子衣冠墨翟披④。

记得海上偶兴学，
推爱捐表换书来。
布施化缘⑤无二意，
愿将松柏到处栽。

松柏成林亦不易，
几处濯濯变牛山？
百年树人十年木，
护林更比造林难。

武学苌公⑥不惜命，
文学先生不要钱，
国族转危为安日，
百姓讴歌太平年。

浩然正气弥六合⑦，
和风时雨苏八方⑧。
心中自有山水乐，
水长山高寿无疆。

三十年九月九日

注释

① 静仁　即许世英。
② 补天　即古代传说的女娲补天。
③ 联苏　联合苏联。

④ 晏子衣冠墨翟披　指后人依托并采用晏婴言行而著的《晏子春秋》，这书是否晏子所著，后人多认为可疑。唐朝柳宗元根据此书有许多墨家思想，认为是墨子的门徒著的。

⑤ 布施化缘　宗教名词。僧、尼、道士向人请求资助，叫做化缘。人们给他们以钱、财、物，叫做布施。

⑥ 荩公　即张自忠将军。

⑦ 六合　泛指天下。指天、地和东、西、南、北四方。

⑧ 八方　指四方（东、西、南、北）四隅（东南、东北、西南、西北）。泛指周围。

荷叶舞歌*

（一）

天上团团月，
地上团团叶。
生就玉精神，
好像仙姊妹。
看不清，
是明月美，
还是荷叶美？
是明月美，
还是荷叶美？
（后句重）

（二）

活泼小弟弟！
美丽小妹妹！

* 本篇原载1942年3月10日《战时教育》第6卷第10、11、12期合刊。1941年皖南事变后，国民党加紧了对大后方进步势力的迫害，育才学校也进入了最困难的时期，师生们每天只能喝稀饭，吃蚕豆。陶行知为了活跃学校生活，鼓励师生同困难作斗争，写了《荷叶舞歌》，鼓励大家都要像荷叶一样“出污泥而不染”。此诗写好后，由音乐组同学分段谱成曲，戏剧组编成舞蹈，中秋节晚上，在学校露天舞台演出，收到很好的效果。

我和人跳舞，
这是第一回。
看不清，
是明月美，
还是少年美？
是明月美，
还是少年美？
（后句重）

（三）

前日清风来，
为莲花作媒。
我们竟狂舞，
好险蹩了腿。
刚相见，
人似清风，
心儿清似雪。
人似清风，
心儿清似雪。
（后句重）

（四）

半天落好雨，
田里长黄金。
喜煞众姊妹，
唱歌又弹琴。
一声声，

化作珍珠，
滚向叶中心。
化作珍珠，
滚向叶中心。
（后句重）

（五）

若问我来历，
敦颐[①]最先言。
但开君子花，
留芳千万年。
仍旧是，
出身污泥，
污泥不能染，
出身污泥，
污泥不能染。
（后句重）

（六）

若问我前程，
义山[②]笔传神。
笑语止凶暴，
潇湘贤主人[③]。
同记取，
留得残荷，
可以听雨声。
留得残荷，

可以听雨声。
（后句重）

（七）

舞罢力不支，
葬我周子池[4]。
甘心情愿事，
魂魄入污泥。
待来年，
翠盖复展，
玉立报相知。
翠盖复展，
玉立报相知。
（后句重）

（八）

凤凰引创造，
河山招胜利。
胜利同回家，
欢乐宁有极？
莫负情，
暗自东去，
留我独在西。
暗自东去，
留我独在西。
（后句重）

（九）

跳舞为跳舞，
时代已不许。
一切为创造，
创造为除苦。
若同意，
明年今夜，
再邀荷叶舞。
明年今夜，
再邀荷叶舞。
（后句重）

三十年九月二十六日为夏历中秋育才同学荷叶舞作歌

注释

① 敦颐　即周敦颐。

② 义山　即李商隐。

③ 潇湘贤主人　曹雪芹著《红楼梦》中女主人公之一林黛玉，居住在大观园“潇湘馆”。书中有：贾宝玉要叫人拔去残荷，林黛玉引了李义山的诗句“留得枯荷听雨声”。宝玉赞道：“果然好句，以后咱们就别叫人拔去了。”这就是此诗“笑语止凶杀”之由来。

④ 周子池　周敦颐被称为周子。陶行知将育才学校门边的荷花池命名周子池，有怀念周敦颐，勉励育才学生之意。

谷子在仓里叫*

（一）

谷子在仓里叫，
日寇在战场上笑。
我们要给兵士吃下去，
化为战斗的血，
把国耻来昭雪。
为什么把我们关在这里，
给老鼠偷窃？

（二）

谷子在仓里叫，
汉奸在沙发上笑。
我们要给老百姓吃下去，

* 本篇出自作者手迹。1942年3月10日《战时教育》第6卷10、11、12期合刊发表时，前面有一段文字："年来与米赛跑（编者按：指千辛万苦筹集到的办学经费，也难赶上米价的飞涨），常常为着200人大家庭的米粮焦虑。一晚做梦谷子在仓里喊叫，又做梦写了一首谷子的长诗，醒来只记得'谷子在仓里叫'一句，其余都完全没有留下一点影子。第二天我就拿这句话做题目写成三首小诗。埋伏在潜意识中的情感告诉我，这诗远不如梦里的诗。因为我在梦里是一面写一面朗诵。朗诵复朗诵，竟大受感动而惊醒。醒时写的这诗尚无此力量。但梦中诗既不可回忆，姑且就把醒时诗献出来吧。最少这里面有一句是千真万确从梦里来的——谷子在仓里叫。"育才学校音乐组学生陈贻鑫曾为之谱曲。

化为做工的力，
为同胞谋福利。
为什么把我们关在这里，
给奸商居奇？

（三）

谷子在仓里叫，
苦孩在肚子里叫。
我们要给难童吃下去，
长得又壮又高，
化为智慧的笑。
为什么把我们关在这里，
耽误了年少？

三十年十月二十日

送洋水浒[①]给焕章先生[*]

将军老益壮，
还学外国语，
戴上万哩镜，
认识更清楚。
我与米赛跑，
久亦忘其苦。
去来旧书摊，
偶得洋水浒，
持此以相赠，
念兹如汤煮。
自古农人心，
好比如汤煮。

写于1941年10月17日

注释

① 洋水浒　即外文水浒。

* 本篇出自《衙备忘》第38本3页。

焕章先生六旬大寿*

劳谦君子万民服，
易教渊源不我欺。
数十年来如一日，
此理惟在行中知。

大人不失赤子心，
小孩拥护上将军。
黄鹤楼[①]前莲花落，
泪眼满座见光明。

原从百姓队伍来，
于今还是为百姓。
我欲上一新封号，
百姓将军可中听。

文武从来好相轻，
裴剑[②]颜书[③]共知音。

* 本篇原载1941年11月14日《新华日报》。

但看风驰电掣处，
黑龙江上水将清。

疑是诗人大众化，
分明大众成诗人，
寿星欣逢大时代，
桂冠④战袍加一身。

小学曾生大国病，
平等流落入平行。
慧眼见人所不见，
一经指点渡迷津。

大旱将成雨先到，
风凉提笔意绵绵。
开门忽见稻花发，
喜得丰收又一年。

自从回炮震天地，
祖国如今顶天立。
愿留和气在人间，
地久天长庆寿世。

黄山陶行知敬祝

注释

① 黄鹤楼　在湖北省武汉市蛇山黄鹤矶头。相传费祎登仙，常乘黄鹤于此休息。楼最早在三国吴黄武二年（公元223年）创建，后各代屡毁屡修，修长江

大桥时拆毁，现已修复。

② 裴剑　即斐旻的剑舞。唐文宗曾以李白的诗、裴旻的剑舞，张旭的草书为“三绝”。

③ 颜书　唐代大书法家颜真卿的书法。独创一派，通称“颜体”。

④ 桂冠　希腊人古时曾用月桂树叶编成冠冕，赠给有名的英雄和诗人，以示崇敬。冯玉祥喜爱作诗，既为武将又是诗人。所以陶行知说他“桂冠战袍加一身”。

送沫若*

——沫若创作25周年及五旬大寿纪念

(一)

东海为墨池，
峨眉为巨笔，
写就奇文章，
浩气吞暴日。

(二)

本来不相识，
一见成同道。
愿跟小孩学，
字典都无老。

(三)

甲骨会说话，
见证鼎与钟。
寿星今考古，

* 本篇出自《衙备忘》第38本15~16页。

五经亦还童。

（四）

文化是文器，
做诗如做工；
一切为创造，
创造向大同。

1941年11月16日

戏为四季豆辩护*

读了冯公四季豆，
恐怕豆儿受冤枉。
请出老农做见证，
仔细查访如查案。
公说“此物大缺点，
要借人力才向上”。
事实它能屈能伸，
可算平民英雄汉。
看它有时倒了霉，
爬在地上也生产。
一朝达了凌云志，
结子何啻千千万。
这凭园丁负责任，
贵贱与它不相干。
尽其在我为民生，
它自己从无奢望。

读公“四季豆”后段，知其如此，特不识以为然否。

* 本篇出自作者手迹。

附　冯玉祥原诗

四季豆

四季豆，
高一丈。
结豆角，
满荡荡。
叶绿圆，
角发光。
夏天青菜谱，
大众皆仰仗。
一部未零择，
为入咸菜缸。
不咸不够吃，
学校只这样。
富贵人家子，
这是不会想。
此物大缺点，
要借人力才向上。
无独立人格，
吾人观之不免心伤。

麦之女神[1]*

悼沈骊英女士

麦之女神，
你在恒河沙数的小麦里，
提拔出暴风雨打不倒的麦英雄。
让他们普遍地繁殖——
多多的生，
少少的病，
快快的熟起来！
给小孩吃，
给青年吃，
给农人吃，
给工人吃，
给战士吃，
给革命志士吃，
给科学发明家吃。
大家受着这小麦的养育，
都成为暴风雨打不倒的壮士。
人说你已经去了，
我们招你回来，

* 本篇选自1947年大孚出版公司版《行知诗歌集》。

不！你并没有去，
你在每一粒暴风雨打不倒的麦子里活着！
你在每一位打不倒的壮士心里活着！
凡吃过“九品”面包大饼，〔注〕
而要在暴风雨前低头，
是不可能的了。
吃了你的小麦，
只合死在战场上，
再不然死在农田里，
再不然死在工厂里，
再不然踏着你的脚步，
鞠躬尽瘁实验室。
吃了你的小麦，
就得为民族自由战，
为人类幸福战，
为追求真理而战，而死，死而复活。
麦之女神啊！
因为有了你，
我们是近一步走向了服务之神；
因为有了你，
我们是近一步走向了自由之神；
因为有了你，
我们是近一步走向了科学之神。
一年一度愿你乘长风踏麦浪来鼓励我们，
前进复前进！
直到民族得到了自由，
人类得到了幸福，
真理普照着大地。

〔注〕　“九品”为沈女士发明的九种麦种的总称。

三十年十二月十八日写

注释

① 麦之女神　指沈骊英，中国20世纪40年代农学家。她曾培育成功“中农28号”小麦，在四川各地试验，获得每亩增产41斤的优异成绩，成为当时全世界1700多个品种的佼佼者。因为她在小麦品种方面的巨大成就，陶行知称她为麦之女神。

挽骊英女士*

“妇女回到厨房去！
妇女藏入闺房住！”
希特勒胡言乱语，
侮辱妇女诚难恕。
天公偏偏生骊英，
贤母良妻勇有余。
有人或借问：
余勇在何处？
治科学；
教儿女；
办公务；
发明“九品”小麦，
活人无数，
开拓光明路。
路上将无饿死鬼，
路旁长栽平等树。
与居里夫人并肩，
流芳万世宁无数。

* 本篇原载1941年12月21日《新华日报》追悼骊英女士专刊，以吴树琴名发表。1947年大孚出版公司《行知诗歌集》收入此诗时写有编者注，现附诗后。

编者注

此为陶先生代夫人吴树琴女士挽沈骊英女士的诗。骊英女士有日记："我以助夫之事业成功为第一，教养子女成人为第二，自己事业之成功为第三。"沈女士继父志研究农业科学，育成"中农二十八号"，为当时世界小麦一千七百余品种之良种。在四川各地试验，不仅每亩产量增加四十一斤，且茎坚韧，抗巨风抗锈病，后又与其夫继续试验研究多年，运用杂交改良国产小麦品种，育成九种优良品种。

《新华日报》四周纪念*

以火点火火愈明，
以知与人己愈知。
思想贯通生力量，
惊破卍字①太阳旗②。

读者陶行知敬祝

注释

① 卍字　黑色的卍字是以希特勒为首的德国纳粹党的标志。

② 太阳旗　日本的国旗。

* 本篇原载1942年1月11日《新华日报》。

挽维键[①]先生 *

风雨鸡鸣[②]报晓筹，
多年战友遽殊途。
生平待展光明愿，
留与同胞歼国仇。

注释

① 维键　即董维键。

② 风雨鸡鸣　出自《诗经·郑风·风雨》“风雨如晦，鸡鸣不已。”通常比喻动乱年代，艰难岁月。

*　本篇原载1942年5月14日《新华日报》。

平老静*

平老静，
家住在保定。
人格最高尚，
一品老百姓。
过的诗生活，
引我发诗兴。
可歌而可泣，
大家仔细听：
夫妻开设肉包铺，
保定人人都相信。
但觉本钱不够大，
有个朋友表同情。
借了一双镯子去押当，
包金镯子里面却是银。
除夕拿钱赎回来，
用手试试轻重，觉得是赤金。
报告掌柜要调换，
掌柜漫骂坚不准，

* 本篇选自1947年大孚出版公司版《行知诗歌集》。

只好拿了金镯回家去。
老婆亦是有良心：
“这镯不是原来物，
不义之财不可领。”
可喜大年三十晚，
夫妻出门要把老板寻，
找着衡裕老板把镯换，
不要赤金要包金。
老板细查是弄错，
要拿珍宝谢老静；
老静一样都不要，
撒手跑回像拼命。
到家已是三更天，
衔着冷包当点心。
新年新岁来贵客，
马儿轿儿惊四邻；
衡裕老板来拜年，
有口皆碑敬老静。
百般礼物都不要，
老板无法报人情。
只说肉包铺面不够大，
当铺空地在门庭，
如果不嫌太鄙陋，
愿意献给平老静。
老静不得已，
勉强而答应，
搬来仍旧卖肉包，
自然扩大生意经，
保定包铺几十个，

惟独老静肉包最出名。
老静包里无人肉，
老静包里无蚯蚓，
老静并不登广告，
人人心里自相信。
顾客不但吃肉包，
久仰大名要看平老静，
朝看老静夕可死，
进香不分路远近。
当时顾客挤破门，
内有乡下一小兵，
每月关下一次饷，
必得进城来分银，
分好银子来吃包，
四个肉包好开心，
肉包吃进肚子里，
变成文武双全冯将军[①]。
老静有位小徒弟，
学得一身好本领，
刀枪剑戟般般会，
都由老静指点费殷勤。
他的名字叫做马老殿，
本领越大越不行，
树木几下就推倒，
忍受弱小来欺凌，
大勇若怯大智愚，
皆因名师好教训。
一代一代又一代，
徒子徒孙都长进，

芦沟桥上日寇来，
万众一心保卫大保定。
今日华北游击队，
哪个不是吃了老静的肉包显神灵？
今天是诗人令节，
让我们向诗人致敬：
佛尔加[②]河畔的高尔基，
汨罗河[③]边的屈灵均[④]，
还有陶潜[⑤]，李白，杜工部[⑥]，
勒门托夫[⑦]，普式庚[⑧]，
他们死是死得磊落，
他们活是活得光明。
如果这样是诗人，
老静亦是诗人宜留名。
诗神同上凤凰山[⑨]，
捧着桂冠表欢迎。
我们也点榴火小灯笼，
迎接老静进入心中心。
我们心里有老静，
才能攀上诗山之绝顶，
接近高尔基，
追踪屈灵均，
创造诗世界，
水晶一样清。

〔注〕 三十一年六月十六日夜，听冯焕章先生说平老静的生平，于诗人节及高尔基六周年祭写此，助同学同志记其事而学其人。

注释

① 冯将军　即冯玉祥。

② 佛尔加河　通译伏尔加河。是苏联内河航运主干道，欧洲第一大河。

③ 汨罗河　即汨罗江，在湖南省东北部。我国伟大诗人屈原因忧愤国事投入此江而死。百姓为纪念他，每年在他的忌辰（农历五月初五日）包粽子投入汨罗江喂鱼，以求他免被鱼群吞食。

④ 屈灵均　即屈原。

⑤ 陶潜　即陶渊明。

⑧ 杜工部　即杜甫。

⑦ 勒门托夫　通译莱蒙托夫，俄国著名诗人。

⑧ 普式庚　通译普希金，俄国著名诗人。

⑨ 凤凰山　在四川合川县嘉陵江畔草街子乡，凤凰山上的古圣寺是育才学校校址。

育才三周年祭同志文[1]*

维中华民国三十一年七月二十日，即育才学校创校三周年纪念日，校长陶行知率领全校师生工友致祭于同志之灵前曰：

鸣呼同志，
你去太早！
一年一度，
思你到晓。
共命小船，
你曾撑篙。
急水滩头，
屡触暗礁。
塞住漏洞，
不惜至宝。
万众一心，
度过滔滔。
要想吃饱，
案立不了。
要想立案，
饭吃不饱。
米珠薪桂[1]，

* 本篇选自1947年大孚出版公司版《行知诗歌集》，为怀念因公遇难的“会计英雄”雷醴泉等而作。

饭也难讨。
社会忠厚，
自有公道。
实践剧学[2]，
在渝演表。
小小巴哈，
自创美调。
榴火[3]灯笼，
准备普照。
画人画物，
惟妙惟肖。
征服自然，
规矩生巧。
改造社会，
自己学好。
普通新组[4]，
进步不小。
幼年研究[5]，
喜有报告。
自闻老静，
人格跳高[6]。
美中不足，
错误多少！
猴王复活，
桃园偷桃。
偶有疏忽，
幼苗枯槁。
生产园地，
竟侵茅草。

用手之时，
未尽用脑。
看戏归来，
乱七八糟。
筹备纪念，
忙于大考。
忘立大志，
不免争吵。
斩草除根，
正磨快刀。
绝大决心，
誓从今朝。
世界大盗，
尚未打倒。
精诚团结，
尤须记牢。
呜呼同志，
冥冥引导。
不急不息，
向前创造！

三十一年七月二十日写

注释

① 米珠薪桂　出自《国策·楚策三》“楚国之食贵于玉，薪贵于桂。”后人用以形容物价飞涨，生活艰难。

② 实践剧学　育才戏剧组经常在重庆等地演出，他们一面工作，一面学习，在实践中学习锻炼提高。所以陶行知称为实践剧学。

③ 榴火　指育才学校爱好诗歌的人组织的“榴火社”“浪花社”并编辑专门刊登诗歌的《榴火》壁报。榴火指石榴花盛开如火。

④ 普通新组　育才学校在各学生专业组之外，对还没有确定专长的学生则设立普通组进行考察。

⑤ 幼年研究　为培养才华初露的学生尽快提高，陶行知提出建立“育才幼年研究生制”。学校选拔了幼年研究生27人，每人有一专业中心课题进行研究，由各专业教师指导。后来幼年研究生共写出论文报告十几篇，剧本4个，歌曲27支，制造各种仪器30件。

⑥ 自闻老静，人格跳高　育才学生听了陶行知讲平老静的事迹和诗歌后，精神思想面貌有明显提高。

八位顾问[①] *

我有八位好朋友，
肯把万事指导我。
你若想问真名姓，
名字不同都姓何：
何事，何故，何人，何如，
　　何时，何地，何去，
好像弟弟与哥哥；
还有一个西洋派，
姓名颠倒叫几何[②]。
若向八贤常请教，
虽是笨人不会错。

注释

① 八位顾问　作者在1942年10月4日讲《育才十字诀》时曾对“八位顾问”解释说：英国诗人吉伯林有一首小诗题为《六个裁缝，即（一）什么事，（二）

* 本篇出自作者手迹。系1942年7月20日为勉励育才学生努力学习而作。陶行知提倡科学的态度和方法，反对“笼统”、“也许”、“好像”、“大概”、“差不多”等等不负责、不认真、不科学的态度和方法。此诗后由陈贻鑫谱曲，歌题改为《八位好朋友》。

什么人，（三）什么缘故，（四）什么方法，（五）什么时间，（六）什么地方。我们为着要改造一般书生的笼统的静止的头脑，加了两位，（七）什么数目，（八）什么动向。这八贤是我们治学治事不用报酬的常年顾问。此诗为了简便易记，把每位顾问简化成两个字。

② 几何　此处是指数量多少，不是数学里的几何学。作者诗中说它是个“西洋派”带有幽默性，八位顾问都姓“何”，七位把姓放在前，唯有第八位把姓摆在后面，好像西洋人姓名排列法。

“九一八”之夜*

快半夜了，
安分的人都睡了。
小孩们睡不着，
妈妈唱着催眠曲。
孩子们睡了，
妈妈也睡了，
为什么不睡呢？
明天还不是和今天一样。
富贵人家是把黑夜当白天，
夜里是他们的世界。
有的哗啦哗啦，啧啧喳喳，嘻嘻哈哈，
别有一种战斗精神打破深夜的寂寞。
有的吸吸呼呼，吞云吐雾，
鸦片有枪阶级先睡倒不论胜负。
有的抱着跳跳，跳着抱抱，
有缘千里相会，
　　无缘对面不同道。
有的正在看霸王别姬[1]看得起劲，

* 本篇选自1947年大孚出版公司版《行知诗歌集》。

哪知道自己交了霸王运，
　　弄假成真会败兴！
今夜，是他们的世界，
　　他们说今夜过的不错，
　　　明夜当更不坏。
这些人自命为夜之主宰，
　实在是夜之奴才。
醒着的睡，是醒得更难醒吧！
但是这夜的世界是有人
　和他们平分。
衣衫单薄者之喊冷声，
肚子不饱者之喊饿声，
身子有病者之呻吟声，
多愁者之叹息声。
白天无人理会，
他们是在向着夜神诉苦吧！
今夜未到，昨夜是这样诉苦。
今夜过了，明夜还不是这样诉苦吗？
昨夜没有理会，明夜就有人理会吗？
只有长白山上来的寒风，
黑龙江中翻的白浪，
或者知道有什么不幸的事而不肯睡。
人则睡固是睡，醒也是睡。
睡了几年还没有醒，
即是醒了，也是醒了一会儿又睡了。
睡不着，是受着催眠术而不得不睡下。
但是今夜不同，有人要独占这夜之世界。
叫大家一起醒过来。
起初是席席搜搜的一群人，

像小偷样偷偷摸摸的蛇行而进。
越过铁路轰的一声，睡的惊醒，
醒的张着耳朵听：
打雷吗？不像！
看哪！北大营起了火，
火光冲上半天。
日本鬼子开炮了！
进城了！
杀人了！
星光让位给火光，
杀声代替了狂欢，
大炮轰醒了睡国，
六路动员是敌人的有计划的安排。
小偷变强盗，强盗变大盗，要盗取一个
　四万万五千万人之政权。
这野心打破了九一八之夜之沉寂，
睡国变醒国，醒国变强国，
要拿出四万万五千万个拳头，
把大盗打出中国，打出世界。
九一八之夜，用了鲜红的血
　孕育着这坚决的意志。
大炮把我们轰醒了。
睡的醒了，
醒的不肯再睡了，
催眠术是失掉了效用。
分明是清醒了，
使尽了力气爬不起来，
自己的手压在胸前。
压下来的是不抵抗之神的巨手。

但是既然醒了，
就得起来，
要起来就得推开压在我们胸前的巨手。
大盗的大炮，
卫士之不抵抗主义，
全民族清醒而起来自卫的意志，
这斗争占领了九一八之夜，
发动了大时代之巨轮，
自由，平等，幸福！
黄帝的子孙，
向前创造啊！

注释

① 霸王别姬　秦末西楚霸王项羽被刘邦汉军战败，最后被围在垓下，陷于四面楚歌之中哀叹大势已去，对爱妾虞姬引吭高歌："力拔山兮气盖世，时不利兮骓不逝。骓不逝兮可奈何，虞兮虞兮奈若何？"虞姬起舞，以歌和之："汉兵已略地，四方楚歌声。大王意气尽，贱妾何聊生？"歌毕自刎而死。不久，霸王兵败，逃到乌江边上。乡民劝他回去再整旗鼓。他哀叹"有何面目再见江东父老？"遂自杀。作者在这里把霸王比作国民党当政者在抗战的紧急关头在大后方享乐，还要反共，企图消灭八路军新四军。这样的人迟早也会落个同霸王一样的命运。

赠樊立之先生*（一）

大好战场一洪炉，
锻炼国格与人格。
从头再造旧山河，
电为脉络钢为骨。

立之兄创五金机器厂，从事于抗建要图，并本已立立人，已达达人之旨散资兴学，造产造才，并筹兼顾，高瞻远瞩，至堪钦佩，写此志庆。

* 本篇选自1947年大孚出版公司版《行知诗歌集》。

赠樊立之先生*（二）

己欲立而立人，
己欲达而达人[1]。
学得这个真孔子，
物质动员到精神。

注释

① 己欲立而立人，己欲达而达人　语出《论语·雍也》，是孔子论仁道的话。仁就是自己要自立，也要使别人能自立；自己要实现良好的愿望，也要使别人能实现良好的愿望。这是博施于人的仁爱思想。

*　本篇选自1947年大孚出版公司版《行知诗歌集》。

赠华晋吉*

穆圣[1]逸事万古传，
面包半片换水仙。
可喜新都逢旧雨，
书生本色似当年。

晋吉兄前办民众教育馆，今制民众面粉，兼顾老百姓之面包与水仙花，独能实事求是，不求近利，犹以书生本色自负，诚可贵也。

注释

① 穆圣　即穆罕默德。

* 本篇选自1947年大孚出版公司版《行知诗歌集》。

育才合唱团*

真理之神啊！
你躲在哪里？
我们正在歌唱，
你出来吧！
出来听我们唱吧！
你躲得久了，
出来呼吸一点新鲜空气，
听几首自由之歌吧！
只要你出来给我们见一见，
我们会唱一首更好听的歌欢迎你。
并不是甜言蜜语对你哄骗，
是我们一见了你，
喉咙觉得爽快自然唱得更好。
你躲得太久了，
怎末还不出现？
我们知道了，
你像一只小老虎，
要跑到老虎洞里才能见到你。

* 本篇选自1947年大孚出版公司版《行知诗歌集》。

那末我们歌颂勇士，
我们歌颂仁爱聪明的勇士，
迎接你来，
长留在人间！
天天为你歌唱。
我们是真理的歌者！
二百人唱，
四万万人和；
四万万人唱；
二十万万人和。
唱得日本天皇，希特勒，
　墨索里尼变成哑巴！
唱得成千成万的人从日本军阀，
　纳粹，法西斯的队伍里如同
　潮水样退下来。
唱得中华民族团结成一个巨人，
唱得联合国团结成一条战线。
我们是真理的歌者！
二百人唱，
四万万人和，
四万万人唱，
二十万万人和。
要唱出新中国，
唱出新世界！

三十一年九月二十三日

向斯城[1]战士致敬*

斯城勇士世无双，
百万强敌惨无光。
莫谓得失平常事，
一隅系天下兴亡。

注释

① 斯城　即斯大林格勒，原名察里津，1961年改为伏尔加格勒。第二次世界大战中，德军集中强大兵力进攻斯大林格勒，企图切断伏尔加河，控制高加索，然后北攻莫斯科。苏联军民艰苦奋战，终将德军全部消灭。这场决定性大会战扭转了苏德战场的形势，迫使德军停止了战略进攻，也是第二次世界大战的转折点。

* 本篇原载1942年11月7日《新华日报》。

苏联十月革命二十五周年纪念献词*

二十五年前的今天，
你从万道光芒的火山里爆炸出来！
如今长成一个铜身钢骨，
　电为筋脉的巨人，
站在高加索[①]的最高峰，
吸取伏尔加的洪流，
扑灭法西斯恶魔的凶焰。
是的，从真理的火山里爆炸
　出来的英雄，
必能扑灭这撒旦[②]的火山的凶焰！
自从你出世，
套在奴隶颈上的锁链解开了，
投在社会主义的洪炉里，
炼成一颗颗亮晶晶的珍珠，
编造好一副光辉无比的领圈，
献给了自由之神。

当初火外的人，

* 本篇原载1942年11月7日《新华日报》。

只看见熊熊的火，
看不见雍雍的你，
有些害怕大火烧到自己身上来，
就在你的周围，造成了一层层的
　铜墙铁壁，
密不通风的把你封锁在里面。
这铜墙铁壁经过二十多年的锻炼，
是化成了一道道的民主的堡垒，
这是人类的奇迹。

还要架起火来烧呵！
把一道道的各自为战的堡垒熔掉，
化成民主国家共同的长城。
还要把那铜墙铁壁炼出钢来，
造成民主的脊梁。
在抗战五年多的中华民族看来，
这钢铸的脊梁和共同的战线，
是民主国胜利之必要条件。
这样，每一个城都可以变为
　斯大林格勒一样的撼不动；
纳粹法西斯控制下之维斯斐乌斯火山[③]
将如富士山[④]一样的不能再冒烟。
我们乃能在三十个同盟国
　共同胜利的欢呼中，
永远的庆祝
…………
苏联友邦万岁！
全世界民主和平万岁！

注释

① 高加索　苏联境内黑海和亚速海之间有一个两面是海的广阔地区，有44万平方公里，以高加索山脉分内外高加索，外高加索又叫南高加索，有阿美尼亚、格鲁吉亚、阿塞拜疆三个加盟共和国。北高加索是苏联俄罗斯加盟共和国的一部分。

② 撒旦　犹太教、基督教圣经中魔鬼的别名。有“仇敌”或“需要防范”之意。

③ 维斯斐乌斯火山　通译为维苏威火山。在意大利南部那不勒斯东南10公里处，是一座活火山，海拔1280米。公元79年一次大爆发，把附近的庞贝等三座城市全部掩埋毁灭。以后仍不断爆发。

④ 富士山　日本第一高峰，日本人民称为“圣山”，是世界著名火山之一。已很久不再喷发。在本州岛中南部，海拔3776米。一般也常把它看作日本的代表、象征。

纪念牛顿与伽利略*

中国要牛顿，
也要伽利略。
他们已经死，
不能再复活。
除非赶上去，
跟着他们学。
学牛顿深思，
学加翁实做。

播下科学种，
结成智慧果，
吃了变牛顿，
又变伽利略。
从此两大贤，
化身千万个，
光明普照处，
精神永远活。

作于牛顿三百周诞辰之前夜（1942年12月24日）

* 本篇选自1947年大孚出版公司版《行知诗歌集》。这是作者在育才学校纪念牛顿诞生300周年及伽利略逝世300周年大会上朗诵的诗。号召学生学习牛顿、伽利略，争取为人类作出贡献。

追念伽利略与牛顿*

伽利略死了十个月，
牛顿就出世。
说句俗人的话，
牛顿好像是伽利略转世。
故三百年的诞辰，
便是三百年祭。
离开形象来说，
精神好似二位一体。

作于三十一年十二月二十四日

* 本篇选自1947年大孚出版公司版《行知诗歌集》。

育才戏剧组[1]共勉[*]

团结旧干部，
创作新剧本。
认真过生活，
登台如有神。
得道来多助[2]，
有志事竟成。
陪都[3]万人望，
育才再进城。

三十一年十二月二十四日

注 释

① 育才戏剧组　育才学校专业组之一。著名艺术家章泯曾当过该组主任。该组在重庆经常演出抗日戏剧，对唤起民众抗日救国起了相当作用。

② 得道来多助　出自《孟子·公孙丑下》“得道者多助，失道者寡助。”即站在正义方面得民心者，能得到多方面的帮助。

③ 陪都　重庆当时被定为国民政府的陪都。

* 本篇选自1947年大孚出版公司版《行知诗歌集》。

《新华日报》五周年纪念*

报告正确消息，
粉碎歪曲理论。
写得大众能懂，
充当万有课本。
自己每天必读，
随时还教别人。
这是抗建武器，
共灭纳粹①瘟神。

报章最大责任在说老百姓心头想要说的话语，写老百姓眼睛看得懂的文章，便利读者，即知即传，帮助国家动员最大多数人的最大力量，来打倒日本帝国主义，并和世界民主国共同扑灭法西斯强盗。今承《新华日报》五周年纪念，献此祝词。藉寄切望于各报及读者。

* 本篇原载1943年1月11日《新华日报》。作者原手稿中，将第一句“报告正确消息”改为“暴露社会真相”。诗后文中少“便利读者，即知即传”，“和世界民主国共同”等字样。

注释

① 纳粹　即纳粹党，德国的法西斯主义政党，全名“德国国家社会主义工人党”，简称为“国社党”。宣扬大日耳曼主义和反犹太人运动，积极反苏反共，残酷镇压国内人民；对外进行侵略，是第二次世界大战的罪魁。

上车不厌挤*

焕公[1]有前知，
送我哔叽呢，
新服未制成，
先失旧大衣。
今生第一次，
上车不厌挤。
大衣一去不归来，
暂得温暖心欢喜。

三十二年三月九日

注释

① 焕公　即冯玉祥。

* 本篇选自1981年三联书店版《行知诗歌集》。

张故上将自忠殉国三周纪念祭歌*

（一）招魂

巍巍上将，
正气之英。
一年一度，
招公之灵。
公之所悦，
三杯水清。
魂兮归来，
永住我心。

（二）感功

纪公之功，
保障喜峰。
血战临沂，
出没犹龙。
台儿庄前，
溃敌西东。
襄樊震敌，

* 本篇出自作者手迹。

再现关公①。

（三）明德

颂公之德，
精忠报国。
甘苦与共，
拼先士卒。
纪律严明，
以身作则。
取义成仁，
提高国格。

（四）慰神

小我肯死，
国族乃生。
收复国土，
胜利是争。
鸭绿江②外，
期慰公魂。
自由幸福，
中华长存。

注释

① 关公　即关羽。

② 鸭绿江　为我国东北辽宁、吉林省与朝鲜交界的一条江，发源于长白山摩天岭。抗日战争时期，把日本赶出鸭绿江外，就意味着收复全部失地。

贺陈真如[1]先生、夫人举子*

两位大孩子，
生位小孩子。
能生小孩子，
便是大孩子。
虽近花甲子，
仍是大孩子。
唯独是孩子，
才能生孩子。
生了小孩子，
送人红鸡子。
见了红鸡子，
也变大孩子。
吃了红鸡子，
也生小孩子。
人人生孩子，
多谢大孩子。
如何感谢他，
快送红鸡子。

* 本篇选自1947年大孚出版公司版《行知诗歌集》。

吃了红鸡子，
再生小孩子。
孩子生孩子，
打倒小鬼子。
小鬼逃走了，
快乐过日子。
大家都快乐。
欢呼大孩子。

注释

① 陈真如　即陈铭枢。

敬赠仁庵[1]市长 *

战都[2]两遇成知己，
一本武训结良缘。
蟠桃十万凭君摘，
文化为公寿大千。

注释

① 仁庵　即刘仁庵，时任四川自贡市市长，曾以款捐助育才学校。
② 战都　战时首都之意。抗战时期，国民政府迁都重庆，一般称陪都。

* 本篇出自作者手迹。

厕所文学*

爱人自爱，
大便盖盖。
如不盖盖，
大便炒菜；
吃下肚里，
细菌作怪；
碰得不巧，
棺材盖盖。

三十二年夏

* 本篇选自1947年大孚出版公司版《行知诗歌集》。

百侯中学复校十周年祝词*

有源头之活水兮，逝如梅河。
从廓岭以凌云兮，无或蹉跎。
南风之熏兮，吾道有邻。
虽灾难之重重兮，如琢如磨。
生辰美且吉兮，十月十。
百年大计兮，树人多。
无所往而施教兮，德泽广被。
与民同寿兮，万世同歌。
手脑双挥兮，敲未知之门。
岁寒然后知松柏之后凋兮，求仁得仁。
竖起几根穷骨头兮，顶天立地。
崇拜自己之集体创造兮，虽败终成。
千教万教兮，教人求真。
千学万学兮，学做真人。
天下为公兮，教育无私。
杨氏不为我兮，记取百侯之精神。

* 本篇出自作者手迹。

〔注一〕 百侯中学在广东大埔。

〔注二〕 梅河廓岭系百侯中学所在地之胜境。

〔注三〕 百侯为生活教育之友，潘一尘先生长校时有小先生千余人。

〔注四〕 杨朱为我拔一毛而利天下不为。该校杨德昭先生反其道而行，有教无类[①]。

卅二年九月二十五日

注释

① 有教无类　孔子的教育主张，意谓不分贵贱、贤愚、贫富，人人都可作为教育对象。

百侯中学校歌*

源头活水，
逝如梅河。
廓岭凌云，
无或蹉跎，
生辰美吉，
树人益多。
千灾万难，
如琢如磨。
金刚坚利，
克服凶倭[①]。
与国同寿，
与民同歌。

手脑双敲，
未知之门。
努力创造，
始败终成。
千教万教，
教人求真。
千学万学，
学做真人。
岁寒松柏，
求仁得仁。
文化为公，
百侯精神。

注释

① 凶倭　明代称抢掠我国东南沿海的日本海盗为倭寇、倭奴。此处指凶残的日本侵略者。

* 本篇据手稿排印。

大娘歌*

曾大娘，
刘大娘，
不是一家一乡之大娘，
而是中华民族之大娘。
要知大娘变国娘，
静心听我说端详。
说端详，
先说广西曾大娘：
广西山水甲天下，
大娘有个好儿郎。
天性算他最孝顺，
壕沟里面念亲娘。
想娘想成想家病，
念头一转回故乡。
大娘见了儿子到，
又是欢喜又心伤！
欢喜的是儿子久别忽重逢，
伤心的是儿子变成逃兵样。

* 本篇选自1947年大孚出版公司版《行知诗歌集》。

大娘不许儿子住：
“赶快回去打东洋！
等到河山齐光复，
我们母子才团圆。”
吩咐儿子喝碗粥，
荷包装了三日粮，
老母亲送儿子去，
母子步行返战场。
将官细听大娘话，
儿子免罪回营房。
移孝作忠心须决，
誓取旗上红太阳！
母贤儿忠国之宝，
三军齐呼曾大娘。

刘大娘，
曾大娘，
不是一家一乡之大娘，
而是中华民族之大娘。
要知大娘变国娘，
静心听我说端详。
说端详，
再说四川刘大娘：
大娘儿子叫刘楷，
大娘住在歇马场。
刘楷投效志愿军，
事先没有禀告娘。
一日大娘到黄桷，
看见军队游行忙。

队中有人似相识，
细看居然是儿郎。
打听才知北碚事，
招集壮丁打扶桑[①]。
儿子已把身许国，
为母心中喜洋洋。
东街买得大红布，
西街买得火炮放，
老娘为儿亲挂彩，
火炮响彻嘉陵江[②]。
挂彩放炮为什么？
恭喜吾儿打胜仗。
三峡五百老太太，
好比人间活罗汉。
苦口婆心劝出征，
大娘立了好榜样。
华蓥[③]壮士奋臂起，
土匪婆要跟着干。
好男如今爱当兵，
贤母争学刘大娘。

刘大娘，
曾大娘，
不是一家一乡之大娘。
等到全国老亲娘，
个个变成二大娘。
轴心强盗都心慌，
自由平等得保障。
中华民族万万岁，

民主世界寿无疆。

注释

① 扶桑　我国对日本的旧称。

② 嘉陵江　在四川省东部，是长江上游支流，源出陕西省凤县东北嘉陵谷，横截华蓥山，形成著名的嘉陵江小三峡（沥鼻、温塘、观音），到重庆市流入长江，长1119公里。

③ 华蓥　即四川东部和重庆西北部华蓥山，一称西山，长300余公里，海拔700~900米。

给一位朋友的信*

××吾友：

光明，

磊落，

在人中做一个人，不能做低于人的“可怜虫”，

在朋友中够得上朋友。

一言一动都是拿自己来塑像——塑一个像样的像。

把金刚化成烂铁的企图是徒劳。

你的错误的脚迹是当作祭品献与火神了。

向上的意志会引导你转向正确的大道前进。

刚写到这里，忽然看见一只蟋蟀跳上我的热水瓶，我说，让我来解放它吧，话未说完，只听得啪的一声，它已经跳入大自然去，何尝等待别人来解放啊！

陶行知

卅二年十月廿四日

* 本篇出自作者手迹。

追思张仲仁[①]先生[*]

大人不失赤子心，
七十犹倡文字新。
参政惟知伸正义，
遗憾未成老子军[②]。

卅二年十一月写

注释

① 张仲仁　即张一麐。

② 遗憾未成老子军　抗战开始后，张一麐曾发起组织老子军，未成。

* 本篇出自作者手迹。

怀念沈信卿先生 *

黑夜东方见火星，
龙门执铎作新民。
最是民权难培养，
呱呱一代尚若婴。
电击奸雄一声雷，
君子有为有不为。
漫说馆中人已老，
浑身正气当国徽。

*　本篇选自1947年大孚出版公司版《行知诗歌集》。

丹娘与丽莎*

口里丹娘[①]，
心里丹娘，
行动更须学丹娘。

“为自己民族而死
是最幸运的。”
“同志们！
不要悲哀，
史大林会到这儿来的。”

看完苏联丹娘，
送给中国丹娘，
送给全世界的丹娘。
看完死去的丹娘，
送给现在的丹娘，
送给将来的丹娘。

阎志兰，

---

* 本篇出自作者手迹。陶行知看了《丹娘》之后深受感动而写下的未完草稿。

唐桂林，
李林，
赵毓政，
黄君珏[2]，
是中国的丹娘。

为丹娘报仇！

苏联之花
是民主政治所灌溉，
民主经济所滋养，
觉悟，
创造。

中国李陀夫安在？

史大林在他自己的职位上”，
史大林在哪里；
我不是孤单的一户。
我们有两万万人，
你们不能尽都绞死……
胜利总是我们的！
他们要代我对你们报仇。

分别了，同志们，
要奋斗，
不要害怕！
史大林同着我们！
史大林要来的。

桦树下，
吹来的雪掩盖了坟丘。

丹娘名若霞，
……

注释

① 丹娘　即卓娅。苏联反法西斯卫国战争中的女英雄。

② 阎志兰、唐桂林、李林、赵毓政、黄君珏都是在抗日战争中牺牲的女英雄。

贺董必武六十寿辰*

团结标志一老翁，
明年一岁老还童。
诲人不倦学不厌，
春风时雨天下公。
　必武参政花甲初度大庆

陶行知拜祝

* 本篇原载1944年1月5日《新华日报》祝贺董必武六十寿辰专刊。

今征三十士*

荒地五百亩，
英雄好战场：
今征三十士[①]，
有力共开荒。
种杂粮，
养猪羊；
年成坏，
救饥肠；
年成好，
幸福无量。
小凤凰[②]，
羽翼强，
飞去光铁坡，
创造新家乡。

三十三年三月二日

* 本篇选自方与严编著《教育创造风》，1951年教育书店出版。

注释

① 今征三十士　1943年冬，周恩来派徐冰送给育才学校一套延安南泥湾大生产的照片，并送一件延安织的毛线衣给陶行知。陶受到启发和鼓舞，1944年3月在一次朝会上用此诗来动员育才学校师生员工去北温泉南面的光铁坡开荒生产自救。当场响应者超过诗题《今征三十士》一倍以上，只好劝说体弱、有病和有演出任务的留下来。

② 小凤凰　育才学校位于重庆北碚凤凰山上古圣寺内，因此作者将开荒队员比喻为从凤凰山上飞去的一群小凤凰。

长青不老歌*

博爱存心，
和光映面，
不惑不忧，
不惧不恋。

偶萌烦恼，
念梅百遍，
不急不息，
法天行健。①

学而不厌，
诲人不倦，②
服务最乐，
手不释卷。

思想青春，

* 本篇出自作者赠范尧峰的手书。1942年11月30日作者给吴树琴的信中谈到他在同年11月28日写了一首《长青不老歌》诗。其内容与此手书有以下变化：无第二节内容；第三节第三行“服务最乐”为“服务第一”；第四节末行“立在前线”为“站在前线”。

何可不变，
愿师少年，
立在前线。

尧峰老弟
陶衙

卅三年四月廿日

注释

① 法天行健　出自《周易·乾》：“象曰：天行健，君子以自强不息。”法，效法。

② 学而不厌，诲人不倦　孔子著《论语·述而》：“子曰：‘默而识之，学而不厌，诲人不倦，何有于我哉？’”

贺重庆青年会李家沱会所落成*

世界已起变化，
火把要换人拿。
不叫地上太平，〔注〕
青年领导老大。

〔小注〕　基督[1]语：“我来不是叫地上太平，要叫地上动刀兵”。

注释

① 基督　希腊文的音译，原意为“受膏者古犹太人封立君王时，把油膏涂在受封人的头上，以示上帝的派遣。犹太亡国后，把期望中未来复国的救世主称为基督。基督教传说耶稣是上帝的儿子，是人类的救世主，故称耶稣为基督。

*　本篇出自作者手迹。

沈奎灼先生纪念歌*

天生善人，
冬日之光。
旱路耐远，
溪水流长。
入耶出佛[①]，
循儿主张。
人间天上，
福寿难量。
年才志学，
因贫而商。
虽列为商，
异于寻常。
负责到底，
工作之岗。
相待以恕，
和气致祥。
三龙四凤[②]，
集于一堂。
追取自由，
翻山破浪。
避如蛇蝎，
奴化洋场。
节约抗日，
我武维扬。
人人可学，
日用精良。
承志有人，
力图自强。
服务最乐，
人我俱忘。
龙子凤雏，
既慧且康。
代胜一代，
五世其昌。
含笑而去，
义无悲伤。

---

* 本篇选自1947年大孚出版公司版《行知诗歌集》。

抚之翼之，
身教有方。
潜移默化，
人格金刚。
民主齐家，
可以兴邦。
远嘱胜利，
魂归故乡。
蜀山巍巍，
东海洋洋。
老老幼幼，
德泽无疆。

注释

① 入耶出佛　原来信佛教，又改信耶稣教。

② 三龙四凤　指沈奎灼有三子四女。

月亮歌*

月亮大如斗，
赶快向西走。
越走越见亮，
越亮越想走。

三十三年八月

* 本篇选自1947年大孚出版公司版《行知诗歌集》。

太太做佣人*

太太做佣人，
佣人做太太。
彼此轮流做，
我看很不坏。

先生说话太奇怪，
怎对佣人呼太太？
倘使太太不高兴，
打破饭碗把你怪。

三十三年八月

* 本篇出自作者手迹。此诗和下一首《谢冷饭》都是陶行知和夫人吴树琴在抗战时期艰苦生活的写实。

谢冷饭 *

午睡醒来肚皮空，
一盅冷饭几口吞！
饱时不识推食意，
饥时更感夫人恩。

冷饭一碗，醒来几口即尽，方知韩信不忘一饭之恩[①]。写此留谢树琴。

三十三年八月二十八日

注释

① 韩信不忘一饭之恩　西汉大将韩信，幼年贫穷，一日饥饿晕倒，一老妇送他一碗饭吃，并激励他自食其力。后来韩信投军，屡建功勋，被封为楚王，回到家乡要以千金报答这位老妇人。

*　本篇选自1947年大孚出版公司版《行知诗歌集》。

刘筠铭先生七秩荣庆献诗*

刘筠铭老先生素业医，教子有方，其世兄仁庵先生长自贡，予以百万曰，但为清官，予一生看病皆为汝。今年七旬，循仁庵请以十万元助育才，特献诗为寿。

闻道良医能医国，
医国犹如烹小鲜：
只须武官不惜命，
而且文官不爱钱。
自贡①于今出清官，
争说家风已养廉。
满朝有父如国老②，
家家得过太平年。

注释

① 自贡　市名。位于四川省南部，沱江岸边。盛产井盐，有盐都之称。
② 国老　对热心爱国爱民的老人的尊称。

*　本篇出自作者手迹。

随便的人啊*

砚台笔墨，
要用没得。
诗兴文思，
失在顷刻。
浪子回家，
不再出国。
若无护照[1]，
顺带即贼。

三十三年九月十一日

注释

① 护照　一国政府发给本国公民出国旅行或在外居留的证件，证明其国籍和身份。

* 本篇出自作者手迹。

韬奋先生千古*

安息吧，朋友！
你是安息得太早啊！
你的朋友伤心，
你的敌人得意。
但是啊！
你的笔早就变成了民主的火把，
先把你自己烧成灰，
同时燃烧着千千万万爱好自由之心；
乘风汇成大火海，
掀起万丈火浪，
吞没东方法西斯。
照着整个民族，
团结再团结，
团结成一个巨人。
向着民主的生路百折不回的迈进。
你从灰里复活了，不，你并没有死。
你在千万颗爱好自由的心里活着。

* 本篇出自作者手迹。

要创造民主的新中国，
要创造民主的新世界。

晓庄生活教育社
战时教育社同人拜轮

邹韬奋先生挽歌* （一）

（一）

黑雾笼罩了人间，
寒风呼呼地令人发抖。
那和暴风雨苦斗的大树：
　　枝儿折了！
　　叶儿落了！
但是他播下了千千万万的种子，
静默的埋在地的深处！
当春天再来到：
它们会发芽，
它们会抽条，
它们会长大，会长大，会长大！
长成参天的森林，
结出民主之果；
长成参天的森林，
开放自由之花。

* 本篇选自1947年大孚出版公司版《行知诗歌集》。

（二）

黑暗占据了宇宙，
虎狼凶凶的阻人去路。
那照耀着大众长征的火炬：
　　烧成灰了！
　　火花熄了！
但是点燃着的，
　　一个个的火把，
耐心而又耐心的燃着！
当大风再来到：
它们会燎原！
它们会怒吼！
它们会狂烧，会狂烧，会狂烧！
烧起熊熊火海，
铸成民主中国；
烧起熊熊火海，
创造自由世界。

邹韬奋先生挽歌* （二）

永别了！
　　伟大的战士，
　　敬爱的朋友。
　　你去得太早一点，
　　中国还没有自由。
你生平，是：
　　主张坚决，
　　态度和平；
　　律己治事主认真，
　　研究学术贵虚心。
你所写，是：
　　挥洒热血，
　　倾献精诚；
　　为民族解放而战，
　　非解放大众不成！
你的笔，是：
　　自由的火把，
　　民主的炸弹；

* 本篇选自1947年大孚出版公司版《行知诗歌集》。

　　不惜牺牲自己，
　　照着众人作战！
你的死：
　　朋友们伤心，
　　敌人们欢喜，
　　如果火把不全熄，
　　伤心欢喜都不必。
你看啊！
　　自由之火把，
　　自然火点火；
　　爱好自由千万心，
　　颗颗依序点燃着。
你看啊！
　　自由之火把，
　　逆风成火海；
　　掀起火浪千万丈，
　　浪到无人能徘徊。
你看啊！
　　自由之火把，
　　一熄十百亮：
　　照着中华大民族，
　　民主团结打胜仗。
你看啊！
　　自由之火把，
　　百熄千万亮：
　　凶暴纳粹法西斯，
　　东方西方快灭亡。
你看啊！
　　自由之火把，

千熄亿兆亮：
铸成民主新中国，
自由幸福应无量。
安息吧！
敬爱的朋友，
英勇的战士。
死而不亡者寿，
不失其所者久。

三十三年九月十八日

武训先生画赞*

朝朝暮暮，
快快乐乐。
一生一世，
到处奔波。
为了苦孩，
甘为骆驼。
于人有益，
牛马也做。
你无靠背，
朋友无多。
未受教育，
博士盖过。
当你跪下，
谁奈你何。
不置家产，
不娶老婆。

* 本篇选自1947年大孚出版公司版《行知诗歌集》。后由杜鸣心谱曲，歌题改为《武训歌》。

为着一件大事来，
兴学兴学兴学。

沈叔羊[①]先生画武训先生像嘱为之题

三十三年九月二十五日

注释

① 沈叔羊　沈钧儒先生的长子。

民主到哪里去*（一）

——写在中国儿童协会成立前夕

民主到哪里去？
到儿童队里去！
把学校大门打开：
让有钱的小孩进来，
也让无钱的小孩进来。
让男孩子进来，
　　也让女孩子进来。
让合法的小孩进来，
　　也让私生的小孩进来。
让雪白的小孩进来，
　　也让漆黑的小孩进来。
让爸爸妈妈的宝宝进来，
　　也让无父无母的孤儿进来。
让平平安安的小孩进来，
　　也让千灾万难的难童进来。

民主到哪里去？
到儿童队里去！

* 本篇原载1944年12月19日《新华日报》。

解放儿童的头脑，
使他们可以想。
解放儿童的嘴巴，
使他们可以谈。
解放儿童的双手，
　　使他们可以玩、可以干。
解放儿童的时间，
　　使他们的生命不会被稻草塞满。
解放儿童的空间，
　　使他们的歌声可以在宇宙中飘荡。
给儿童六大幸福！
给儿童六大解放！

民主到哪里去*（二）

民主到哪里去？
到前线去！
到士兵肚里去，
使他们吃得饱，吃得好。
到士兵的身上去，
使他们穿得暖，
穿得合时。
到士兵心里去，
使他们得到安慰，
使他们知道他们的父母平安，
他们的妻子安全，
他们的儿女有好的教养，
他们的田地有人代为耕种，
使他们无后顾之忧。
到士兵心里去，
使他们知道病了有药医，
伤了有人救，
复员了有工作做，

* 本篇选自1947年大孚出版公司版《行知诗歌集》。

战死了与国长存。
到士兵的心里去，
使他们知道中华民国是他们
　　自己的国家。
他们是为自己作战，
是为自己的子孙不做亡国奴而作战，
是为保护整个中华民族万万年的前途
　　而作战。
民主到哪里去？
到前线去，
把最后的胜利
　　拿在四万万五千万人的手里。

三十三年十月八日

民主到哪里去*

——向全国农人贺新年

民主到哪里去?
到农村去!
耕者各有地,
大家齐出力。
熟地都种好,
余力开荒地。
出产渐渐多,
丰衣又足食。
衣食用不完,
可以再买地,
土地买足了,
耕者有其地。
种地有余力:
办学校,
教子弟,
求新知,
兴公益,
尤其重要,
管政治。

* 本篇载1946年1月1日《新华日报》。

地主卖地兴工厂，
免税工厂更有利；
少爷不做二流子[①]，
放弃遗产知大义。
农人个个成英雄，
英雄都向吴满有[②]看齐。
地主比赛卖土地，
卖地光荣真无比。
工厂也是合作新组织：
利依股数算，
权按人头计。
工厂办起来，
地主多成总经理。
土地革命不流血，
民主统治到经济。
劳资合作免磨擦，
共同创造新天地。

此诗成于三十三年十月，当时登不出来。近新华社[③]记者索新年诗，特抄录以充篇幅。此系西北一隅农村之写真，希望内战立刻停止，民主联合政府早日实现，使全国三万万六千万农人皆能享此幸福。

注释

① 二流子　不务正业、不爱劳动的人。

② 吴满有　抗日战争时期陕甘宁边区大生产运动中的农民劳动英雄。

③ 新华社　新华通讯社的简称。前身是“红色中华通讯社”。1931年11月7日诞生于江西瑞金，1937年改现名。现为中华人民共和国国家通讯社。

代一位壮丁写信*

你住在哪儿？

　我住在楼上！

有楼板睡不错吧？

　官长怕我们逃走，只好守在楼下。

我们有什么可以帮你的忙？

　托你写一封信给我的老伴。

好，你说我写：

　几亩田被镇长拿去了，不要得罪他。

你太好讲话了。

　不是，同他计较全家都活不成。

还有呢？

　只好顺着他，也还能分点谷吃。

嗳！你被拉来当兵，情愿吗？

　　仗总是要我们去打呀。

你真是好汉！

你真是好汉！

　　像你们做先生的怎能吃这样的苦?!

三十三年十月八日

---

* 本篇选自1947年大孚出版公司版《行知诗歌集》。

歌唱现代*

我们不歌唱远古，
我们不歌唱未来，
我们只歌唱现代！
　　歌唱从古以来之现代，
　　歌唱未来所从来之现代。
　　歌唱现代的战斗，
　　歌唱现代的创造，
　　创造到无穷的将来！

三十三年十月十日

* 本篇选自1947年大孚出版公司版《行知诗歌集》。

民主*

有人说人民不会民主，
不可给他民主。
也有人说人民不会自由，
不可给他自由。
等于说张三不会游水，
不可让他下水。
也等于说李四不会骑马，
不可让他上马。

三十三年十月十日

* 本篇选自1947年大孚出版公司版《行知诗歌集》。

政治的盘尼西林*

盘尼西林[1]是华莱士送来的好礼物，
它是药学上最新的发明，
可以神速的治好无可救药的病。
我们感觉这礼物只是太少一点，
难以普遍的作人民救星；
但是中国更须要政治上的盘尼西林，
救治百孔千疮的政治病。
若想肃清一切政治的病菌，
怕只有民主的实行。
假药不可医病；
提防伪民主，
假造的政治的盘尼西林。

三十三年十月十日

注释

① 盘尼西林　即青霉素。

* 本篇选自1947年大孚出版公司版《行知诗歌集》。

民主第一 *

民主第一！
民主至上！
民主万能！
民主是应该无所不在。

老百姓要做：
　自己的主人，
　国家的主人，
　世界的主人。

三十三年十月十日

* 本篇选自1947年大孚出版公司版《行知诗歌集》。

献诗谢刘夫人[①]赠地*

你所赐给我们的，
是一块干净土——
我们共同祖先的遗产。
我们不学女娲炼石去补天，
在这块神圣的土地上，
我们要建起胜利的保障；
造成民主的摇篮，
开辟自由的苗圃，
播种幸福的种子；
再，我们要建立大众的宫殿。
直到胜利取得，
民主长成，
自由开花，
幸福结果，
大众出头，
您的高贵的名字，
将与胜利、民主、自由、

* 本篇选自1981年三联书店版《行知诗歌集》。

幸福、大众结成一体。
和中华民族共荣到万万年。

三十三年十月二十四日

注释

① 刘夫人　即饶国模。

送江淑芳[①]赴滇[②]*

小小的凤凰，
这一次你是真的飞去了。
地上厌倦的人，
总想上天巡礼，
翅膀长成了是有福，
能飞就飞吧！
我愿意每一只凤凰都有这样的机会，
向着太阳飞，
一次比一次飞得高飞得远。
能飞就飞去吧！
飞上地面，
飞上山顶，
飞过云端，
海阔天空，
飘飘欲仙。
仙界只合仙人居，
终会觉得寂寥，
思念故枝，

* 本篇选自1947年大孚出版公司版《行知诗歌集》。

思念伴侣，
思念旧巢。
想飞就飞下吧！
海下是青山，
青山是人间。
当你回到人间的时候，
别忘记找着滇池[③]，
在那自由之清泉里洗净你的羽毛，
也别忘再衔一口给我们喝，
我们在雾里思念这宝贵的
礼物——自由之清泉。

三十三年十月二十四日

注释

① 江淑芳　育才戏剧组学生。

② 滇　云南省简称。

③ 滇池　又名昆明湖、昆明池，古称滇南泽，在昆明市西南，面积297平方公里。池周多名山胜景，被称为云贵高原上的一颗明珠。

民族的妈妈 *

（一）

快乐的心随着歌声飘荡，
民族的妈妈神采飞扬。
我们的歌声唤醒了先生，
也唤醒了遍地的老少爹娘。
这歌声给我们最大的力量，
领导着我们拿出主张。
谁永远能跟着它一路前进，
小宝宝一定幸福无疆。

（二）

快乐的心随着歌声飘荡，
民族的妈妈神采飞扬。
我们的歌声唤醒了厂主，
也唤醒了遍地的大小老幼。
这歌声给我们最大的力量，
领导着我们拿出心肠。

---

* 本篇选自1947年大孚出版公司版《行知诗歌集》。是作者根据当时流行我国的苏联歌曲《快乐的心》曲调写的四段歌词。

谁永远能跟着它一路前进，
小徒弟一定幸福无疆。

（三）

快乐的心随着歌声飘荡，
民族的妈妈神采飞扬。
我们的歌声唤醒了社会，
也唤醒了遍地的大小战场。
这歌声给我们最大的力量，
领导着我们拿出钱粮。
谁永远能跟着它一路前进，
小难童一定幸福无疆。

（四）

快乐的心随着歌声飘荡，
民族的妈妈神采飞扬。
我们的歌声唤醒了民主，
也唤醒了全国的大小政党。
这歌声给我们最大的力量，
领导着我们拿出良方。
谁永远能跟着它一路前进，
新中国一定幸福无疆。

墨西哥的农人*

我希望不大哟！
种一粒种子种一首歌。
我的田地不够大哟！
种得了种子种不了歌。

* 本篇选自1947年大孚出版公司版《行知诗歌集》。

赠翦伯赞先生骆驼牌香烟一支*

美国友人Outerbough先生来访，递一支香烟给我吃。我想从美国来的香烟总不会太坏，联想到翦老终年买不起好烟抽，而社会却希望他要写出好文章，意思想把这支烟留下来寄给老朋友尝新，因此我虽素不抽烟，却回他一声："请您把它放在桌上吧！"俟Outerbough先生告别，我从桌上拿起一看，不是别的，乃是鼎鼎大名的骆驼Camel，便附诗一首，封在信封里寄给翦老，聊尽眷念之意。

抽一支骆驼烟，
变一个活神仙。
写一部新历史：
流传到万万年。

* 本篇出自作者手迹。

送美国香烟与翦伯赞*

这礼物来自罗斯福之国，
里面包着万应圣药。
借您的智慧之火点着，
让它puff[①]出政治的盘尼西林。

这礼物来自罗斯福之国，
里面包着四次胜利[②]。
借您的智慧之火点着，
让他puff出胜利来。

这礼物来自罗斯福之国，
里面包着四大自由[③]。
借您的智慧之火点着，
让它puff出自由来。

三十三年十一月二十四日

* 本篇选自1947年大孚出版公司版《行知诗歌集》。

注释

① puff　喷发的意思。

② 四次胜利　指第二次世界大战以来，盟国军队取得的四次大胜利：苏联红军斯大林格勒的胜利；盟军在北非战场的胜利；诺曼底登陆成功；美国海军在中途岛海战的胜利。

⑧ 四大自由　指言论、出版、集会、结社的自由，亦即民主自由。

迎接民主年*

一百声礼炮，
欢迎新年来到。
什么新年值得放礼炮？
不消说，
民主新年最崇高。
民主好像圣诞老[1]：
带来糖果给宝宝；
带来棉衣给苦恼；
带来合法存在给党派；
带来无畏精神给战壕；
带来精诚团结给民族；
带来四大自由给同胞。
宝宝在乐园里笑；
苦人在茅棚里笑；
党派在会议席上笑；
战士在壕沟里笑；
整个民族个个同胞都欢笑。
在家里欢笑！

---

* 本篇原载1945年1月1日《新华日报》。

在田里欢笑，
在工厂里欢笑，
在店铺里欢笑，
在学校里欢笑，
在每一个角落里欢笑。
笑到汉口，
笑到南京，
笑到北平，
笑到东四省，
还是笑不了。
笑出大韩民国，
再放一百声礼炮；
笑出日本民国，
再放一百声礼炮。
这一切不成空头支票，
只有民主才能办得到。
于今美国已上吕宋[2]岸，
美国快到台湾岛，
大西洋炸沉铁壁子，
英国海军也到东方了。
中国海岸占不稳，
敌寇必向华西跑。
如果大家团结牢，
整个民族动员了，
活的长城总反攻，
敌寇必被夹扁了。
河水爱向低处流，
冷气偏向松处跑。
如果政治不民主，

活的长城筑不牢。
一朝力量抵不住，
生路只有向西找：
到大戈壁去吃沙，
或到雷马屏峨去吃草。
民族问题有依靠，
必须民主来号召。
如果边民认不清，
倒把自己夹扁了。
您看民主不起早，
怎能活得了？
以前种种，
让它一笔勾销。
以后种种，
必须大家学好。
听啊！一百声礼炮，
声声唤醒同胞不要再睡觉，
起来！要起得早，
要起得早，
跟太阳赛跑。
拿出每一个人的血汗，
培植民主的幼苗，
把四万万七千万团结成一个巨人，
打倒日本强盗，
再把自由神送上扶桑三岛。

三十三年十二月二十五日早五时

注释

① 圣诞老　即西方童话中的圣诞老人。传说每年圣诞节（12月25日），圣诞老人为儿童送来各种各样的玩具。

② 吕宋　即今菲律宾群岛。我国明清时曾把它称为吕宋岛。

"一·二八"*

一·二八，
举起第一次拳头，
昭雪三八载冤仇[1]，
争取万万年自由。

第一次上海打仗，
表现了人民的力量，
展开了中国的希望，
证明了要救中国，
只有抵抗。
对日本人抵抗！
对法西斯抵抗！
对一切帝国主义抵抗！

上海之战，
证明了联合的力量，
军民联合有力量，
党派联合有力量，

* 本篇选自1947年大孚出版公司版《行知诗歌集》。

政权联合更有力量！
我们要彻底的停止内战，
释放政治犯，
把枷镣锁铐一齐解放，
创造新中国新家乡。
十九路军是民军，
保卫国家保人民！
如果中国要军队，
应该恢复十九路军。

注释

① 昭雪三八载冤仇　1894年在中日甲午战争中，中国清廷政府被迫签订了丧权辱国的马关条约。38年后，上海广大军民于1932年1月28日奋起进行了抗击日本侵略者的淞沪抗战。

朱大嫂送鸡蛋*

母鸡下鸡蛋哪，
咯达咯达叫，
朱大嫂收鸡蛋进了窑依呀嘿。
这里的鸡蛋都拿出来依呀嘿。
十个鸡蛋刚刚好，
手拿着鸡蛋照了照，
扭扭捏捏扭扭捏照了照依呀嘿。

出了村子口呀，
过了大石桥，
走了三里地，
到了大风庄依呀嘿。
把鸡蛋给小先生呀依呀嘿。
再问声小先生教人辛苦了。
小先生听了大声笑，
嘻嘻哈哈嘻嘻哈朱大嫂真正好。

* 本篇选自1947年大孚出版公司版《行知诗歌集》。是陶行知在崔牛原作的歌谱中填的词，育才戏剧组的师生将它编为表演唱，在校内及社会上演出，深受欢迎。

小先生拿鸡蛋呀，
唱着歌儿笑，
谢谢你好意的朱大嫂依呀嘿。
咱们小先生要教人呀依呀嘿。
不教人对不起朱大嫂。
只要你教得好，
圆圆鸡蛋，
圆圆鸡蛋管吃饱依呀嘿。

科学与民主结婚歌*

男先生，
女先生，
结了婚，
做新人。
什么是新人？
有了精神，
同造民主人，
同造科学人。
民主人，
科学人，
一对夫妻一个人。
一对夫妻一个人。

* 本篇选自1947年大孚出版公司版《行知诗歌集》，是作者为育才学校自然科学组教师刘博禹和蒋静结婚作的贺词。用赵元任为《村魂歌》的曲谱。

任刘二区长[①]就职纪念*

民之所好好之；
民之所恶恶之。[②]
管众人之事者，
拜众人为老师。

注释

① 任刘二区长　当时重庆北碚区的正副区长。

② 民之所好好之；民之所恶恶之。出自《礼记·大学》：“《诗》云：‘乐只君子，民之父母。’民之所好，好之；民之所恶，恶之；此之谓民之父母。”

* 本篇选自1947年大孚出版公司版《行知诗歌集》。

打胜仗的秘诀*

没有做，
莫说做不通！
做得不够，
莫说做不通！
做了九十九次都失败了，
第一百次会成功。

临江楼的胜仗，是依照这四句话的真理打出来的。

* 本篇选自1947年大孚出版公司版《行知诗歌集》。

送王士毅[①]出征[*]

预言其一年内必归而民主亦必抬头

将军百战胜，
壮士一年归。
归来见古国，
民主正巍巍。

三十四年

注释

① 王士毅　育才学校学生。王行前讲话，曾引用《木兰辞》中两句诗："将军百战死，壮士十年归"，以表决心。陶行知据此而发。

* 本篇选自1947年大孚出版公司版《行知诗歌集》。

贺空了入洞房纪念祝词*

空不空，
了不了，
何处去，
不知晓。
什么时，
半夜了。
什么事，
找大嫂。
什么人，
看中了。
舍不得，
来回绕。
亲个嘴，
快活了。
人听见，
不得了。
逃回来，
天明了。
失了眠，
疲倦了。
开常会，
迟到了。
被警告，
糟糕了。
快行礼，
正式了。
十个月，
添宝宝。
红鸡蛋，
管吃饱。
宝宝大，
空了老。
空不空，
了不了，
献祝词，
李与桃。
大家唱，
哈哈笑。

---

* 本篇写于1945年2月21日子时，以陶行知和李公朴二人之名同贺。见1989年4月9日《解放日报》载陈松茂文《萨空了新婚时的祝词》。

为成沅、一聪结婚志喜题词*

天也欢喜，
地也欢喜，
人也欢喜，
欢喜他和你。
如鸟比翼，
如枝连理[①]。
共造新家庭，
相敬相爱相扶持。
在学习上同心，
在工作上协力。
把这力光大，
化为民主团结抗战力，
打退敌人造新邦，
欢乐更无比，
再进一步创造新人类。
多福多寿多儿子，
儿子又生孙，
孙又生儿子，
子子孙孙生到无穷期，

* 本篇是1945年3月24日汤成沅、陈一聪在重庆结婚时，作者亲笔题赠的贺词。以陶行知、吴树琴二人之名拜贺。

一半儿像他，
一半儿像你。

注释

① 如鸟比翼，如枝连理　源出唐代大诗人白居易《长恨歌》：“在天愿作比翼鸟，在地愿为连理枝。”比喻夫妻和男女恋人之间相爱的深情。

假使我重新做一个小孩*

假使我重新做一个小孩，
我要实行三到：
　　眼到，心到，手到。
我要问，虚心的问；问清楚：
　　问古，问今，问未来；
　　问天，问人，问万物。
我要孝顺父母，
　　为父母做事。
我要每天背一段好文章。
我要每天背一段外国文。
我要帮助老百姓。
我要注重身体，康健第一。
　　我决不为争取第一而伤身体。
我要立志做小事，
　　立志做大事。
我要学人的长处，
　　不学人的坏处，
　　要拜七十二行做先生。

* 本篇出自《衔备忘》第49册17~18页。

我要养成好习惯，

  特别是好学的习惯。

我要多玩玩。

我要亲近万物，大自然，大社会，

  运用公园，山林……

三十四年四月二十二日

李德全先生五旬大庆*

八月八，
日子好，
五十年前李家院，
生了一个小宝宝。
她是苦孩之宝；
她是妇女之宝；
她是劳苦大众之宝；
要叫人人日子过得好。
日子过得好，
因为八月八，日子好。

八月八，
日子好，
五十年后新中国，
眼看人人成国宝。
苦孩成了国宝，
妇女成了国宝，
劳苦大众成了国宝，

---

* 本篇选自1947年大孚出版公司版《行知诗歌集》。

的确人人日子过得好。
日子过得好，
因为八月八，日子好。

八月八，
顶呱呱：
天国里面小孩大，
苦孩有了好妈妈。

八月八，
顶呱呱：
领导妇女争民主，
火把半归妇女拿。

八月八，
顶呱呱：
男子都是妇女养，
不许兄弟再相杀。

代“利他会”[①]拟贺词

附信一件

清扬[②]、存初[③]、孟君[④]三先生：

承嘱草拟冯夫人五旬大寿献诗，现已完成，托史军[⑤]小朋友送上，尚希哂收。

今天为冯夫人诞辰五旬纪念，陪都妇女包办庆祝，似有专政嫌疑。男子们偶语，颇有怨言，尤其是邓初老[⑥]，对妇女专政，想要造反。但秀才造反，三年不成，你们不必惊慌。我本想亲来祝寿，回想是一个男子，觉得不请而来，怕遭白眼，即使承你们另眼看待，亦是孤零零一个子，颇觉寂寞，不得已请代表来恭贺。继思男同学做代表亦不合式，还是托女同学来代表献诗。请你们指教。

并祝

寿星长青不老！

三十四年八月八日

注释

① 利他会　抗战时冯玉祥所倡导的民间组织，又叫“利他社”。

② 清扬　即张申府夫人刘清扬。

③ 存初　即史良。

④ 孟君　即王昆仑夫人曹孟君。

⑤ 史军　当时育才学校的女学生。

⑥ 邓初老　即邓初民。

胜利进行曲 *

调——“义勇军进行曲”

起来！
不愿做奴隶的人们！
把我们的歌颂，
献给我们新的胜利。
中华民族，
到了大胜利的时候，
每个人从心里发出最大的欢声！
起来！
起来！
起来！
我们万众一心，
迎接人民的胜利，
前进！
迎接人民的胜利，
前进！
前进！
前进！
进！

* 本篇原载1945年8月22日《新华日报》。

民主进行曲 *

调——“义勇军进行曲”

起来!
不愿做奴隶的人们!
拿我们的生命,
争取我们新的自由。
民主团结,
到了最需要的时候,
每个人民迫着发出最大的吼声!
起来!
起来!
起来!
我们万众一心,
要做中国的主人。
前进!
要做中国的主人,
前进!
前进!
前进!
进!

* 本篇原载1945年8月22日《新华日报》。

感谢—证明—报恩*

陶行知讲演 荣誉军人记

今日荣军互助社[①]成立，我能得到机会，参加典礼，至为荣幸。我来到这里，有三个意思要说：一个意思是感谢。由于战士及老百姓之牺牲，我不做亡国奴了，我的子子孙孙不致做亡国奴了，这种天高地厚海样深的功德，我要向大家致谢致敬。第二是证明。我所遇到的伤兵的人格都是高尚的，都成了我的好友，都是我的老师。我只说一位荣军的故事，大家就知道在荣军中是存在着许许多多的宝贵的无名人才。我的朋友刘志翔[②]排长，一次从达县[③]起身回北温泉[④]，正是天寒地冻的时候，在码头上看见一个赤裸裸的小孩向着一个石灰窑跑，一到窑口便靠近窑壁站着，把背脊贴上壁又向前离开。这一贴一离的行动，真使他怀疑。就走去问明白，才知道小孩是在窑壁靠火，但是烫得很，所以作出一贴一离的行动。他把小孩的背脊仔细一看，只见小孩的背上是烙了许多烫坏的火印，并且起了很多泡。他就把小孩带到船上，叫小孩钻进他自己的被窝取暖，然后到街上为小孩买了一套衬衣棉衣穿上，一直把小孩带到北温泉，又为小孩找着一位义父，衣食教育无虑，他才放手。我看见那小孩时，已是一个活泼健康的小孩了。这不是值得我们学习的榜样吗？第三是报恩。我一生办的是教育。我愿意在教育岗位上服务。如果大家要办荣军教育，我一定愿意帮忙。我们生活教育社[⑤]的社员，散

* 本篇选自1947年大孚出版公司版《行知诗歌集》。

布全国，无论什么地方荣军都可以找他们帮忙。写信，教字，办读书处，及其他关于生活教育的事，他们都会，只要给我知道，都可以介绍。为荣军服务是我们最快乐的事，因为这样，我们是可以得到机会，报答万分之一的恩典。

打了胜仗还不够，我们还要和平建国。政治不民主是得不到和平，建国就难以成功。所以民主是中国的救命仙丹。因此中国每一个人都要学习民主，为实现民主而努力。昨晚匆忙写了一首祝词，现在宣读出来为贵社祝贺。

祝　词

荣誉英雄，精神可佩。
万年古国，靠你保卫。
废而不残，问心惭愧；
残而不废，人中最贵。
双目失明，子弹穿肺，
或失手臂，或失大腿。
三餐不饱，三冬无被。
苗条淑兵，形容憔悴。
爱妻被拐，拐子无罪。
彼若有女，赠你玫瑰。
父母冻饿，何况弟妹。
儿女入学，无钱交费。
但愿做工，流汗受累。
彼此爱护，互助有社。
学习骆驼，隆起脊背。
自食其力，道理很对。

唤醒国民，不可再睡。
保障和平，无可推诿。
奋斗到顶，不许倒退。
争取民主，如鱼需水。
各得其所，才有人味。
天下为公，人民万岁。

三十四年九月四日

注释

① 荣军互助社　抗日战争胜利后，国民党军队里一些曾与日军作过战的军人所组织的一个互助团体。

② 刘志翔　抗日荣誉军人。

③ 达县　四川省东北部的一个县。

④ 北温泉　四川省著名的休养、游览胜地。位于重庆市北碚附近，嘉陵江温塘峡两岸。

⑤ 生活教育社　陶行知创办的以教育作为争取民族解放、大众解放、人类解放的重要武器的教育社团。它以南京晓庄学校的开学日——1927年3月15日作为生活教育运动开始的纪念日，1938年12月15日在桂林公开宣布成立。到1939年秋，该社已在四川、浙江、安徽、山西、贵州、甘肃、上海、福州、西北、鄂西、襄樊、辰谿等13个省、市和地区成立了分社，全国解放后停止活动。1988年，四川生活教育社宣告恢复。

贺国际难童学校[1]成立*

过了一天又一天。
心中好比滚油煎！
难童学校从怀孕，
八个半月见青天。
人间最贵是生命，
别人生命不值钱。
第二生命是学问，
别人学问轻如棉。
一误再误到现在，
细想都因人心偏。
但是人有金刚志，
百折不回利而坚。
如今胜利宜属谁？
儿童幸福应在先。
幸福要靠自己造。
手脑双挥万万年。

三十四年九月九日

* 本篇选自1947年大孚出版公司版《行知诗歌集》。

注释

① 国际难童学校　也称培才学校，1945年初筹备，1945年9月成立，有学生100余人，是陶行知与倪斐君、冯亦代共同创办，由美国援华会资助。入学难童享受免费，并供给书籍文具和午餐。胡晓风、徐进等在该校任教。

人和大厦落成纪念*

人人要饭吃，
建国和为贵。
大众苦无家，
广厦庇万类[1]。

注释

① 广厦庇万类　唐代诗人杜甫作《茅屋为秋风所破歌》，有“安得广厦千万间，大庇天下寒士俱欢颜，风雨不动安如山”等句。

*　本篇选自1947年大孚出版公司版《行知诗歌集》。

四万万五千万人的公司 四万万五千万人做老板*

（一）

什么是民主？
让我想一想。
中国好比是一个大公司，
老百姓都是老板。
大人是大老板。
小孩是小老板。
妇女是女老板。
老板要有老板样，
重大方针自己管。
大权若非老板拿，
老板反被伙计管。
大家的事大家干，
少数伙计休包办！
公款涓滴要归公，
伙计不许入私囊。
好的规矩立起来，
坏的组织要解散。
好的伙计请进来，

* 本篇原载1945年10月6日《民主星期刊》（重庆）第2期。

坏的伙计叫滚蛋。
伙计舞弊要处罚，
伙计有功要奖赏。
三顾茅庐[1]访伙计，
伙计尽成诸葛亮。
还须好学求进步，
福禄寿喜乐无疆。

（二）

民主是什么？
让我仔细想。
中国好比是个大公司，
文武百官是伙计。
大官是大伙计。
小官是小伙计。
女官是女伙计。
伙计第一要忠实，
店务要给老板知。
老板有嘴要讲话，
不让讲话是不义。
伙计第二要和气，
钩心斗角没出息。
四分五裂会倒霉！
公司不能做生意。
伙计第三要努力，
吊儿郎当没药医。
懒惰不能有出品，
吃光用光等倒闭。

于公司不利，
于老板不利，
于伙计不利。
要想事事如意，
人人如意，
伙计要忠实，
伙计要和气，
伙计要努力。
还要四万万五千万老板，
坐上第一把交椅。

这次下乡参加中秋夜庆祝胜利会，次日林羲先生给了我一些关于农村服务的感动人的消息。有一位老太太问“民主是不是老百姓做老板?”这老板二字便感动了我写这首诗，并成了它的主要内容。

三十四年十月六日

注释

①三顾茅庐　三国时，刘备曾三次去邓县隆中（今湖北襄阳），请诸葛亮出来辅佐自己打天下。诸葛亮见他诚恳求贤，便出山辅佐刘备，为蜀汉建国作出重大贡献，后人以此表示求贤若渴，礼贤下士之意。

胜利带来了一切*

(一)

胜利带来了一切，
把战争所分散的带回来：
把战士带回来；
把伤兵带回来；
把颠连困苦流离失所的人带回来。
带回到他们眷恋的故乡来，
带回到他们亲爱的怀抱里来。
快乐快乐快乐的醒过来，
原来是一个梦，
做梦回到家里来！

(二)

胜利带来了一切：
把官运带到汉奸的头上来；
把霉运带到工厂的门前来；
把金银财宝带到会飞的人的手里来；

* 本篇原载1945年10月24日《新华日报》。

把三光自由带到敌伪的掌握里来;
把内战的隐忧带到每一个老百姓的心里来;
把意想不到的一切,
带到意想不到的人那里来。

(三)

胜利带来了一切,
没有把和平带回来,
没有把民主带回来,
没有把胜利的果子带回来,
让我们大家去追回来!
追回到人民的怀抱里来!

(四)

胜利带来了一切,
有些是带不回来:
死掉的丈夫带不回来;
死掉的妻子带不回来;
死掉的父母带不回来;
死掉的儿女带不回来;
死掉的兄弟姊妹带不回来;
死掉的好朋友带不回来。
永远带不回来!

(五)

胜利带来了一切,

把这些带不回来的警告带回来！
带回给大家；
带回给后一代；
带回给万万代。
提防独裁者侵略者，
使他们不能再回来。
不能把战争带回来，
永远不能把战争带回来！

三十四年十月八日

民之所好三首 *

（一）

民之所好好之。
民之所恶恶之。
教人民进步者，
拜人民为老师。
Love what the people love.
Hate what the people hate.
Teachers of the people,
Take lessons at the people's gate.

（二）

民之所好好之。
民之所恶恶之。
为人民服务者，
亲民庶几无疵。
Love what the people love.
Hate what the people hate.

* 本篇原载1945年11月15日北平版《民主星期刊》5期。每首诗后的英文，是该首诗的英译文。为作者自译。

He who serves the people,
Becomes the people's mate。

(三)

民之所好好之。
民之所恶恶之。
为人民奋斗者，
血写人民史诗。
Love what the people love.
Hate what the people hate.
Defenders of the people,
With blood write the people's Iliad.

三十四年十月二十七日

黄次咸先生服务青年三十年祝歌*

（一）

“话要软说，
事要硬办。”
百折不回，
屡败屡战。
救苦又救难，
何止千千万。
积三十年之功德，
在人间创造乐园。

（二）

“打不还手，
骂不还口。”
普天之下，
都是朋友。
求真而爱众，
跟随基督走。

* 本篇选自1947年大孚出版公司版《行知诗歌集》。

积三十年之修养，
与天地一样长久。

〔注〕 有引号者为黄先生自勉之语。

再祝黄次咸先生*

（一）

路有冻饿，
大官不管。
您有热情，
人得温暖。

（二）

事要硬办，
话要软说。
贯彻始终，
路线正确。

（三）

打不还手，
骂不还口。
忍辱负重，
有为有守。

（四）

一粥一饭，
来处不易。
自勉勉人，
爱惜物力。

* 本篇选自1947年大孚出版公司版《行知诗歌集》。

（五）

发奋忘食，
公而忘私。
善与人交，
久而敬之。

（六）

日复一日，
惨淡经营。
广厦十百，
荫被穷民。

（七）

不怕强权，
不欺弱小。
抱着真理，
行于中道。

（八）

以火点火，
以爱爱人。
服膺基督，
诚心事神。

原子炸弹 *

原子炸弹，
摔在地上，
黑烟五千丈，
粉身碎骨肉为酱！
不能分辨恶与善，
法西斯固然投降；
无辜人民都火葬！
怎么办？

原子炸弹，
人类至上！
谁想独占，
便种下第三次大战！
一切文化被摧残，
整个人类会灭亡！
同盟共管是唯一的保障。
把破坏本领，
化为创造力量。
丰衣足食，
人人幸福无疆。

* 本篇原载1945年10月13日《民主星期刊》第3期。

一分钟歌谣演讲补*

在上海时，曾用四个题目四十八个字作了一分钟歌谣式之民众教育演讲。演词如下：（一）“做工”：不做工，要吃饭；什么人？王八旦。（二）“读书”：要吃饭，不读书；什么人？老母猪。（三）“教人”：读了书，不教人；什么人？木头人。（四）“反帝”：教死书，不反帝；什么人？狗放屁。今日是民主第一，没有民主，整个民族都活不了，而有些人是连民主二字都不敢喊，故拟再加一首：

（五）民主

死教书，
不民主，
什么人？
小老鼠。

三十四年

* 本篇选自1947年大孚出版公司版《行知诗歌集》。

我们是武训的队伍*

（武训舞之收场插曲）

我们是武训的队伍，
我们是创造的好汉，
我们是中国的小先生，
提着文化为公的花篮，
要献给四万万五千万。
只要是为苦孩子造福，
我们讨饭也干！

我们是武训的队伍，
我们是创造的好汉。
我们是中国的小先生，
提着文化为公的花篮，
要献给四万万五千万。
只要是为老百姓造福，
我们吃草也干！

* 本篇原载1945年12月8日《民主星期刊》第八期，作者12月1日写于病榻。

停止内战*

天也浩叹，
地也浩叹，
人也浩叹：
叹息大好山河
又成了内战战场。
哥哥放了一枪，
弟弟回敬一弹，
记得么？中华民族
是咱们共同的亲娘。

不记得！
于是日寇暂缓投降，
让汉奸趾高气扬：
再度三光[①]解放区，
无辜人民又遭殃。

忍心吧！
八年战士难还乡；
难民还乡又逃难，

* 本篇原载1945年11月2日《新华日报》。

劳苦功高的老百姓，
冻死饿死在路旁。
内战啊！
你会糟踏农庄，
破坏工厂，
倒闭商店，
使家家倾家荡产。
为什么有内战？
大家想一想。
主权属于人民全体，
而留恋于独占。
天下为公啊还政于民：
看上去还有十万八千个车站。

中国是个大公司，
四万万五千万人民是老板。
伙计已经动了手，
老板应该有主张：
立刻停止放枪；
双方各回原防；
听候主人查明；
万事和平商量；
谁再放第一枪；
便是内战罪犯。
还要实行民主，
团结才有保障。

号称头等国，
荣列五大强②。

原是血换来，
人命三千万。
悬崖要勒马，
努力要向上。
如果不自爱，
国格[3]一落千万丈；
国际体面不好看；
国土变为殖民地；
外国会来做老板。
到那时：
国民党，
共产党，
各派各党，
无派无党，
大家一齐完。
如果不愿完，
一个口号大家喊：
一件大事大家干：
立刻停止内战！
立刻停止内战！
立刻停止内战！

注释

① 三光　抗日战争中，日寇为摧毁中国共产党领导的敌后根据地，消灭抗日力量，对根据地“扫荡”，实行残酷的烧光、杀光、抢光的“三光”政策。

② 五大强　第二次世界大战结束时，美、苏、英、法、中国称五强，亦即联合国安全理事会的五个常任理事国。

③ 国格　国家的尊严。

立刻停止内战*

三江在哭。
五嶽在叹。
堂堂大中华，
如今闹内战。
什么是内战？
同胞自打仗。
哥哥放一枪，
弟弟回一弹；
忘了中华民族，
是大家的亲身娘。

凯旋战士想还乡。
千万难民再逃难。
劳苦人吃不饱饭。
怎忍有内战？
内战如蔓延，
难免要破坏农场，
粉碎工厂，

* 本篇原载1945年11月3日《民主星期刊》6期。

倒闭商店，
家家倾家荡产。

中国是个大公司；
四万万五千万人民是老板。
伙计既已动了武，
老板应该有主张：
“立刻停止放枪，
双方各回原防；
听候主人查明；
万事和平商量；
谁再放第一枪，
便是内战罪犯。”

号称头等国，
荣列五大强。
原是血换来，
人命三千万。
悬崖要勒马。
努力要向上。
如果不自爱，
国格一落千万丈；
国际体面不好看；
国土变为殖民地；
外国会来做老板。
到那时，
国民党，
共产党，
各派各党，

无派无党，
大家一齐完。
如果不做亡国奴，
一个口号万众喊：
立刻停止内战！
立刻停止内战！
立刻停止内战！

庆祝陈嘉庚先生安全回到新加坡歌*

（一）

南风在欢呼，
太阳在微笑，
海浪在奏乐，
人民在舞蹈：
欢迎老朋友安全来到，
依旧是脊梁竖起，
不屈不挠！

（二）

南风在欢呼，
太阳在微笑，
海浪在奏乐，
人民在舞蹈：
欢迎老先生安全来到，
得英才而教育之，
泽被幼苗！

---

* 本篇原载1945年11月24日《民主星期刊》第9期。

（三）

南风在欢呼，
太阳在微笑，
海浪在奏乐，
人民在舞蹈：
欢迎老战士安全来到，
救中国惟有民主，
靠你领导！

（四）

南风在欢呼，
太阳在微笑，
海浪在奏乐，
人民在舞蹈：
欢迎老福星安全来到，
第一要停止内战，
做和事老！

（五）

南风在欢呼，
太阳在微笑，
海浪在奏乐，
人民在舞蹈：
欢迎老禄星安全来到，
振兴中国新工业，
全民温饱！

（六）

南风在欢呼，
太阳在微笑，
海浪在奏乐，
人民在舞蹈；
欢迎老寿星安全来到，
长寿赛过马相老①，
月圆花好！

三十四年十一月二十四日

注释

① 马相老　即马相伯。

莫吞原子弹 *

北宁路酝酿大战[①]，
只因东北有宝藏。
不错，它有土地三兆方里[②]。
它有人民二千七百万。
它有大豆令人长得胖。
它有铁路如网，
输来输去新思想，
运去运来马牛羊，
便利七十二行农工商。
它有伟大的森林，
可以造纸又造房；
还有煤铁用不完，
轻重工业可以开工厂。
得着它，可以富强，
失掉它，便会灭亡。

于是我也想独占，
你也想独占，

* 本篇原载1945年12月1日《民主星期刊》第10期。

彼此不肯让，
双方都弄僵。
想想仔细……
仔细想想，
大树虽有两棵，
树倒猢狲会散[③]。
一定要硬干，
好比吞下原子弹。
到那时，
懊悔已晚，
早晚见阎王。
不但把自己炸毁，
还会炸出世界第三次大战。
大好河山，
变成大战场，
谁要做帮手，
也会弄得头焦额烂，
炸成肉酱。
原是一家兄弟，
何事不可商量？
不但是满洲，
东南西北和中央，
都属于整个中华民族，
不属于任何一派一党。
要做到各得其所，
民有民治民享。
齐心协力，
开发富源。
天下为公，

幸福无疆。
先要不打仗，
人民不遭殃；
还行真民主，
大家有希望：
国民党有希望；
共产党有希望；
各派各党，无派无党，
四万万五千万老百姓都有希望。

三十四年十二月一日

注释

① 北宁路酝酿大战　解放前由北平（北京）到沈阳的铁路称为北宁路。当时国民党正向这一带调动军队，准备向解放区进攻。

② 三兆方里　兆，过去一作百万数，一作万万数。此处指东北三省面积300万平方华里。

③ 树倒猢狲散　比喻权贵一倒，依附他干坏事的一伙人，也随即散伙。

昆明因反内战被杀[①]于再先生及潘琰、荀极中、李鲁连同学千古*

（一）

流血！
流胜利血！
流内战血！
流反内战血！
学生在流血！
先生在流血！
人民在流血！
流吧！
流成血的鸿沟，
满鸿沟是血，
使内战魔渡不过去，
叫中国不致毁灭。
死吧！
死尸像天梯样，
一层层的堆列，
让自由神快快走下来，
叫中国不会分裂。

*　原载1945年12月8日《民主星期刊》第11期。

（二）

我要问一问李宗璜[②]、关麟征[③]，
请你凭良心讲一讲。
如果杀的是你自己的儿女，
你该怎样想？
如果杀的是你自己的弟妹，
你该怎样想？
你可以说：
“闹民主的都是‘共产党’，
反内战的都是‘共产党’，
儿女弟妹都变了‘共产党’，
我不是杀儿女，不是杀弟妹，
我杀的是‘共产党’！”
你如果把好事都记上共产账，
我有什么可讲？
我只问：
你的太太怎样想？
你的母亲怎样想？
你自己梦里怎样想？
你老了孤单一个又要怎样？
回过头来想一想？

（三）

是谁杀中国人？
是中国自己的“好汉”。
是哪儿来的枪？
是从友邦来的枪。

是哪儿来的子弹？
是从同盟国来的子弹。
让我们的同胞知道，
一齐起来制止这悲惨的内战。
让我们的朋友知道，
一齐起来停止支持这悲惨的内战。

三十四年十二月七日

注释

①昆明因反内战被杀　1945年底以蒋介石为首的国民政府撕毁《双十协定》，公开发动内战，向解放区进攻。11月25日，昆明市大中学校学生6000余人在西南联合大学举行反内战时事晚会。云南省国民党和省政府派军队包围了会场，禁止师生通行。26日起全市各校师生联合罢课抗议。12月1日，云南省军警特务到各校行凶，杀害了南菁中学教员于再、西南联合大学学生潘琰、李鲁连和荀极中，打伤十余人，制造了“一二·一”惨案。

②李宗璜　当时云南省民政厅厅长和代省主席兼国民党云南省党部主委。

③关麟征　当时云南省警备总司令。

中国救国会祭昆明反内战被害师生哀词*

我们的同志！
十天前还是活着的同志！
今天你们的父母心中梦中还是活着的同志！
你们死得不瞑目罢？
八年抗战没被敌人杀死，
现在杀你们的是号称中国的同胞，
摧毁你们生命的是友邦来的子弹。
也是最大的光荣吧！
因为千千万万的老百姓就是这样死去啊！
你们能陪着老百姓这样死，
能陪着中华民族真正的主人这样死，
不是无上的光荣吗？
我们很委屈诸位烈士，
还是在这样一个小屋子里追悼你们，
恐怕比你们在里面讨论反内战
　　而壮烈牺牲的屋子还小。
你们知道民国成立了三十四年

* 本篇原载1945年12月15日《民主星期刊》第12期。作者曾代表中国人民救国会，在1945年12月9日重庆市召开的追悼昆明反内战被害烈士大会上宣读。

人民还没有自由，
今天是连追悼的自由还没有！
有的是法西斯军人在墙外放枪的自由！
有的是反人民屠户屠杀老百姓的自由！
有的是反民主将领发动打内战的自由！
这自由必须停止！
你们流的鲜血是敲了这种自由
的第一声丧钟。
跟着你们的血迹起来的
四万万五千万人的吼声，
是消灭反人民反民主之内战罪犯
和法西斯残余的原子弹。
已经是十年了吧，
自从救国会[①]主张停止内战团结抗日；
现在还要停止内战，
而且要实现民主。
我们不再忍耐，
我们用救国会的纯洁的名义
向你们致崇高的敬意与哀悼。
你们留下来的担子，
我们要和各党各派，无党无派，
四万万五千万同胞，共同挑起来。
安息吧：烈士！
等到内战停止，民主实现，独立自由
平等幸福进步的新中国创造成功，
我们再来向你们报告报告啊。
那时候的会场，不再是像这样小的小屋，
而是青天为顶，大地为底，二十八宿
为围墙之人民的宫殿。

那时候到会的人，也不是几百几千，
　　而是四万万五千万的老百姓。
那时候开会的时间也不是两点钟，三点钟，
　　而是向你们追思到万万年，
与中华民族同寿。

注释

①救国会　1936年5月底在上海成立时，全称是全国各界救国联合会。抗日战争中，曾以团体盟员参加中国民主同盟。抗日战争胜利后，改名中国人民救国会。沈钧儒、陶行知、邹韬奋、胡愈之等是该会的主要负责人。1949年中华人民共和国成立后，该会鉴于原定救国任务已经完成，自行宣告结束，会员皆以个人身份作为中国民主同盟的盟员。

寿冯焕章先生 *

您从老百姓那儿来，
现在还是一品老百姓。
您做过大官，
做官不忘老百姓。
您带过大兵，
带兵不忘老百姓。
说话是为老百姓，
写诗是为老百姓，
做事是为老百姓，
奋斗是为老百姓。
您看重的是平老静，
崇拜的是山东武训，
平凡而伟大的老百姓。
您所拥护的农工商兵，
是打退敌人的老百姓，
给我们饭吃的老百姓，
给我们衣服穿的老百姓，
给我们房子住的老百姓，

* 本篇选自1947年大孚出版公司版《行知诗歌集》。

胜得头等国格的老百姓，
建设独立自由幸福的新中国的老百姓。
您欢喜故事中的“高举烛”，
要把光明照着老百姓，
在暴风雨的黑夜里，
稳扎稳打到天明。
您欢喜给人一个意想不到的快乐；
身上冷的人，您送他衣着；
肚子饿的人，您送他馍馍；
无家可归的人，您给他房屋；
害病的人，您送他药；
嘴里渴的人，您给他水喝；
追求真理的人，您给他求学；
上了枷镣的人，您给他开锁。
中国充满了法西斯细菌，
老百姓渴望肃清！
内战危机一天重一天，
老百姓渴望安宁。
民主难以抬头，
老百姓活不了命。
给老百姓一个意想不到的大快乐，
我们愿意做一个小小兵。
还愿您活到一百岁，
亲眼看见天下太平！

三十四年十二月八日

赠勉功[①]先生

亚公[②]交友友必益，
我未亲炙心相识。
和平最急，
民主第一，
人民未抬头，
我不息！

林庚白先生四周年祭，亚子先生约集在渝诸友追思之。勉功先生与会，特写此共勉。

三十四年十二月二十日

注释

① 勉功　即曹美成。
② 亚公　即柳亚子。

赠华珍[1]先生

千教万教，
教人求真；
千学万学，
学做真人。

三十四年十二月二十日

注释

① 华珍　即曹美成夫人桂华珍。

政治协商会议[①]之路[*]

全国起死回生的一线希望！
协商，平心静气的一起协商，
的确胜于打仗。
不是讨价还价，
不是彼此分赃，
不是演说比赛，
该是大家虚心商量，
找出一条大道康庄。
叫整个民族各得其所，
中华民国为人民共有共管共享，
包含着各派各党无派无党。
如果您感到不公道的偏枯，
记着您的党。
如果党起了独占的野心，
忘了您的党。
和平最急，
民主第一，
人民至上。

* 本篇原载1945年12月22日《民主星期刊》第13期。

记着，
全世界有四十万万只耳朵[②]，
对着您们听。
全国有九万万只眼睛[③]，
对着您们看。
这一回别再叫国人失望：
一言一行要为别人着想；
产生一个民主的联合政府；
首先停止内战！
首先停止内战！
首先停止内战！

三十四年十二月二十二日

注释

① 政治协商会议　指国民党统治时期的中国政治协商会议。简称“旧政协”。

② 四十万万只耳朵　1945年全世界人口约二十亿。

③ 九万万只眼睛　1945年全国人口约四万万五千万。

抗战时代之乡下先生*

《自由导报》记者诸友要我写一篇关于教育与民主的文章，直到交卷的期限，还没有空闲动笔。忽然想到民国三十年双十节写过一首《乡下先生之缩影》，后来感想加深，展开为4首，始终没有机会与世人见面。现在敌人早已投降，乡下先生景况未有改良，尚待争得民主，才有好日子过，故特捡出，以就正于读者诸友。

人人呼我老夫子，
生活不如老妈子。
同是为人带小孩，
穿不暖来冻不死。

人人呼我老夫子，
生活不如小贩子。
我卖知识他卖糖，
吃不饱来饿不死。

穿不暖，吃不饱，
孤村古庙一个子。
哪能顾得爹和娘，
哪能养得妻与子。

* 本篇原载1945年12月23日《自由导报》革新6号。

饿不死，冻不死，
愿与敌人拼命死。
更饿更冻在前线，
相比起来惭愧死。

惭愧死，惭愧死，
宁与敌人拼命死。
更饿更冻在前线，
敌人未遇身先死。

种子*

雾笼罩在我们的心上，
寒风飒飒的令人发抖。
那对着秋风苦雨的
　大母树枝儿被刮落了。
但是那播下千千万万的种子，
静默的埋在地里。
只要春再来到，
他们会发芽，
他们会抽枝再长，
他们会再长长成参天大树，
开出自由之花，
结出民主之果。
黑暗占据了宇宙，
雨雪纷纷的造成泥泞。
那照着大众走路的火把，
烧成灰了，火花熄了，
但是那熄了点着的一个一个的火把，
忍耐的等着火势旺盛，

* 本篇选自1981年江苏人民出版社版《陶行知文集》。

只要逆风再来，
他们会蔓延，
他们会狂烧，
他们会怒吼，
照亮整个世界，
照亮人类的未来！

新年的希望*

（一）和平年

新年又来到，
新年又来到。
壕沟里想团圆的战士，
抛开大炮放鞭炮。
内战该不打了，
中国人该不再杀中国人了。
两党党军该交出来了，
该交给中华民国的主人了，
该交给两党和主人共信的“秀才团”了。
秀才管了兵，
有理该说得清了。
巴拉梯〔注一〕该代替布勒梯。〔注二〕

---

* 本篇原载1945年12月29日版《民主星期刊》第14期。1945年8月，日本投降后，蒋介石即企图发动内战，由于自己准备不足，特别是广大人民的反对，被迫在10月10日签订了《政府与中共代表会谈纪要》（即《双十协定》）。但墨迹未干，蒋即密令他的军队，对共产党领导的人民军队进攻。于是，在国民党统治区，反内战、要求和平和民主的运动风起云涌。12月27日，中国共产党向国民党提出无条件停止内战的建议。在这天结束的苏、美、英三国外长莫斯科会议发表的公报，也要求中国停止内战，建立一个统一、民主的新中国。这样，蒋才再度被迫同意就中国共产党27日的建议举行谈判，并宣布在1946年1月10日召开政治协商会议。陶行知这首诗就是在这种情况下写的。

新年到，
大家舞蹈，
大家笑，
欢迎和平年来到。

〔注一〕 为英文选举票之译音。
〔注二〕 为英文子弹之译音。

（二）民主年

新年又来到，
新年又来到。
法西斯残余快要逃，
老百姓也来放鞭炮。
中华民国的主人该要抬头了。
四大自由该来重庆了，
重庆毛豆大的自由该出境了①。
新年到，
大家舞蹈，
大家笑，
欢迎民主年来到。

（三）联合政府②年

新年又来到，
新年又来到。
一党专政快取消，
各党各派也来放鞭炮。
中央政府该有联合政权了。

省市县政府该有联合政权了。
乡镇村政府该有联合政权了。
由下而上的各级政府，
都该联合政权来为老百姓造福了。
新年到，
大家舞蹈，
大家笑，
欢迎联合政府年来到。

三十五年元旦

注释

① 毛豆大的自由该出境了　毛豆就是黄豆，因豆荚外面有毛得名。用“毛豆大”形容自由，是对国民党独裁专制的讽刺。

② 联合政府　毛泽东在1945年4月召开的中国共产党第七次全国代表大会上作了题为《论联合政府》的报告，提出成立联合政府，废止国民党一党专政，制止内战，实行民主的主张。很快就成了全国人民奋斗的目标。

向民主小姐求爱*

民主小姐，
是一位健康朴素美丽的姑娘。
住的是平房，
前门有虎，
后门有狼。
接二连三的，
有人来拜访。

　　美丽的姑娘，我爱你。
　　你能爱我吗？美丽的姑娘。
你是怎样的爱我呢？请你讲。
　　我呀，一天想你想到晚，
　　一晚想到大天亮。
　　但是你前门有虎，
　　后门有狼，
　　我没有法子接近你，
　　可爱的姑娘。
　　我只有想你，想你，

* 本篇载1946年1月5日《民主星期刊》第15期。

想成相思病了，还在想。
谢谢你！
空想的朋友呀，
你只好在单思病中去求得安慰吧。
我不能奉陪你啦。

美丽的姑娘，我爱你，
你能爱我吗？美丽的姑娘！
你是怎样的爱我呢？请你讲。
我呀，一天祈祷到晚，
一晚祈祷到天亮。
但是你前门有虎，
后门有狼，
我没有法子接近你，
可爱的姑娘。
我只望上帝派爱神，
爱箭一射射进你的心中央。
谢谢你！
靠天的朋友呀，
你只好在等待中求得安慰吧。
爱人不会从大上落下来的啊！

美丽的姑娘，我爱你。
你能爱我吗？美丽的姑娘！
你是怎么样的爱我呢？请你讲。
我呀，一天谈你谈到晚，
一晚喊你到天亮。
但是你前门有虎，
后门有狼，

我没有法子接近你，
可爱的姑娘。
我只好逢人便谈，
也许谈出个主张。

谢谢你！
清谈的朋友呀，
你只好在清谈里去求得安慰吧！
爱人是谈不到手的啦！

美丽的姑娘，我爱你。
你能爱我吗？美丽的姑娘！
你是怎么样的爱我呢？请你讲。
我要追求你！
接近你！
把你化为我！
把我化为你！
把你我化成为一体！
我前门有虎。
打倒前门的老虎！
我后门有狼。
打倒后门的豺狼！
你想和我接近，
路上会遭遇八十一个灾难。
我愿意蹈汤赴火，
拿生命来换取爱的奖赏。
你来吧！勇敢的人交了好运。
不怕失掉生命的人是会得到生命——
会得到比生命更宝贵的生命。

你属于我。
我也属于你，一言为定。
我们拥抱。
我们相爱。
我们舞蹈。
不让人破坏。
愿你和我联合起来！
征服西方法西斯蒂。
也征服东方的法西斯蒂之祸害。
愿你和我联合起来，
愿你统治一切，
也统治你的爱。
统治新中国！
也统治全世界！

附记：

（一）此诗初稿成于三十三年十月，在民主同盟开会时，曾朗诵一次，后应章伯钧先生之命送登《中华论坛》[1]，不但登不出来，并且被没收了。现就原稿稍加修正，得以更完整之姿态与国人相见，实不胜欣悦。倘活泼青年，编舞制曲，演奏起来，则不但可为新年与民同乐之一助，亦足以唤醒空想清谈等待者之迷梦而导入民主斗争之正轨。

（二）诗句编排较高者为民主小姐所说的话，编排较低者为各种求爱者所说的话。

三十五年一月五日

注释

①《中华论坛》 章伯钧当时主办的一个政论性刊物。原题《向民主求爱》，1946年1月18日国民党的新闻检查机关以“触犯禁载标准第二项应予免登”为由，将该稿扣留。

贺《新华日报》八周岁*

新华日报，
八岁了。
大家来恭贺，
大家欢笑。
你是人民的报，
向人民报告，
代人民呼号。
你喊抵抗日本，
日本被打倒。
你喊停止内战，
内战昨天停止了。
你喊政治要民主，
民主会来到。
你喊联合政府，
联合政府也会来到。
如果不来到，
不算新华报。

* 本篇出自《衙备忘》第52本5~6页，写于1946年1月11日。

新闻大学*

（社会大学五院之一）

贺《新华日报》八周岁

新闻大学大吗？
他却小得很奇怪。
先生学生都不在，
只是讲义满街卖。

新闻大学小吗？
他却大得把人都吓坏。
影响传遍国内外，
简直大如大世界。

三家村，
五里店，
在后方，
在前线，
学而不厌，
诲人不倦。
一日不见教人恋。

* 本篇载1946年1月12日《新华日报》。

但愿老百姓，
与他常见面。

皮鞋穿破穿布鞋；
布鞋穿破穿草鞋；
草鞋穿破穿肉鞋；
采访的朋友辛苦了，
要表述大众的欢乐悲哀。

几位编辑，
几支笔，
在纸上漆、漆、漆，
到深夜，
不能休息。
编辑的先生辛苦了，
挤出文化牛奶给大众吃。

机器冬冬冬，
耳朵翁翁翁，
脑壳轰轰轰，
排印的工人辛苦了，
为的是文化为公。

访的是大众的心事。
写的是大众的诗文。
说的是大众的话语。
介绍的是大众的学问。
讨论指导的
是大众的生活工作斗争。

功课好几门，
门门有进程。
破蒙读报头[1]，
由浅而入深。
少则两三人，
多则几百人。
每天两小时，
共同求学问。
报纸当教材，
座谈好讨论。
新闻有真假，
是非必须分。
专读一家报，
难免要孤陋寡闻。
彼此比一比，
真假是非可以分。
前后比一比，
事态发展认得真。

小疑必问，
大事必问，
老百姓虽是老粗，
成了第一流学生。
不要文凭，
不要学分。
立大志，做大事，
只为民主拼命争。

官报，党报，

商报，一切报，
每一个报都成了人民的报。
跟人民学习，
向人民报告。

为人民服务，
代人民呼号，
教人民进步，
这就成了人民大学校。
在明“民”德，在止于人民之幸福，
是我们的大学之道。
民德最崇高：
觉悟，联合，解放，创造——
把自己的命运重新创造，
把中国重新创造，
把世界重新创造，
照着老百姓的公意创造。

三十五年一月十一日

注释

①破蒙读报头　过去儿童开始读书，称破蒙、启蒙或发蒙，此处是说有些儿童和成人都把《新华日报》的报头，当作启蒙的课本。

敬赠政治协商会议代表*

民之所好好之。
民之所恶恶之。
为人民代表者，
不许天下为私。

三十五年一月十一日

* 本篇选自1947年大孚出版公司版《行知诗歌集》。

把自由还给我们*

（一）

不自由，
毋宁死。
把自由还给我们！
我们要捣碎一切枷镣锁铐。
我们要撕去加在我们头上的裹头布。
我们要有做人的自由：
做自己的主人，
做中国的主人，
做世界的主人。

（二）

不自由，
毋宁死。
把自由要回来！
我们要捣碎一切枷镣锁铐。
我们要撕去加在我们头上的裹头布。

* 本篇原载1946年1月19日《民主星期刊》第17期。

我们要有创造的自由：
创造新的自己，
创造新的中国，
创造新的世界。

为老百姓而画*

一个朝会[1]上的讲词

为老百姓而画，
到老百姓的队伍里去画。
跟老百姓学画，
教老百姓画画。
画老百姓：
画老百姓的爸爸，
画老百姓的妈妈，
画老百姓的小娃娃，
画出老百姓的好恶悲欢，作息奋斗，
画出老百姓之平凡而伟大。
把画送进每一个贫苦的人家，
使乡村美化，
使都市美化，
使中国美化，
使全世界美化。
给老百姓安慰，
将老百姓的智慧启发，
刺激每一个老百姓的创造力，

* 本篇原载1946年1月《民主教育》第3期。

创造出老百姓所愿意有的天下。
希望有一天老百姓都喜欢挂我们的画，
尤其是喜欢挂他们自己画的画。

注释

①朝会　育才学校师生每日清晨举行的集会，由师生轮流主持发言，以发扬民主精神。又叫“文化早餐”。

以为歌*

你以为，
我以为，
你我之间出了鬼。
有鬼掣我的肘，
有鬼拉你的腿。
你我正要渡河，
桥梁被鬼炸毁，
扑龙通儿一齐掉下水：
笑煞“以为鬼”。

战前党派间之猜疑实为团结之阻碍。记得我于二十五年十一月十九日在美国有感而写过一首“以为歌”，希望彼此化除我见，促进团结。现在找出旧稿一看，觉得于目前政治协商会议多少有点用处，特发表出来，作为各党代表省察之一助。

* 本篇原载1946年1月26日《民主星期刊》第18期。

“一·二八”十四周年纪念*

（一）

一·二八，日子好！
中华民族是好老。
万众一心雪国耻，
破天荒，拳头举起了。

（二）

一·二八，日子好！
十九路军是好老。
大炮瞄准向外放，
一炮一炮又一炮。

（三）

一·二八，日子好！
十九路军是好老。
打倒少将打中将，
战绩照耀曹家桥。

* 本篇原载1946年1月28日《新华日报》。

（四）

一·二八，日子好！
十九路军是好老。
打倒中将打大将，
七次冲锋八字桥。

（五）

一·二八，日子好！
中国工人是好老。
坚守闸门死不退，
傅维玉和孙小宝。

（六）

一·二八，日子好！
中国农人是好老。
知道战士要吃饱，
代为煮饭蒸年糕。

（七）

一·二八，日子好！
中国商人是好老。
存心不贩东洋货，
罢市急煞东洋老。

（八）

一·二八，日子好！
中国学生是好老。
活龙活虎义勇军，
丢掉书本把国保。

（九）

一·二八，日子好！
中国妇女是好老。
看护宣传又慰劳，
娘子军儿守战壕。

（十）

一·二八，日子好！
中国裁缝是好老。
名字叫做谢志成，
做成军衣不要钞。

（十一）

一·二八，日子好！
中国车夫是好老。
恭喜胡家出人才，
不是胡适是阿毛。

（胡阿毛殉国之时，胡适先生尚有再等五十年之论。）

（十二）

一·二八，日子好！
中国侨胞是好老。
一万一万又一万，
捐尽黄金捐珠宝。

（十三）

一·二八，日子好！
中国小孩是好老。
唤起民众齐救国，
小先生应运出世了。

（十四）

一·二八，日子好！
中国人人是好老。
如果没有金牌诏[①]，
中国能胜东洋佬。

（十五）

一·二八，日子好！
韩国人也是好老。
奉吉炸弹大如雷，
白川大将呜呼了。

（十六）

一·二八，日子好！
美国人也是好老。
萧德为我争自由，
万世流芳不朽了。

（十七）

一·二八，日子好！
中国三天亡不了。
细数已是十四年，
还是东洋被打倒。

（十八）

一·二八，日子好！
法西斯蒂未尽倒。
民主阵线要联牢，
新中国和新世界，
要带大家来创造。

注释

① 金牌诏　最紧急的非执行不可的命令的代称。南宋名将岳飞北上抗击金国入侵，正当节节胜利之时，高宗皇帝、宰相秦桧向他下了十二道金牌诏，要他南退。此诗第十四节就是借用这个故事来说明：十九路军在淞沪战争中，由于得到全国人民的支援，本已节节胜利，如果蒋介石不下令撤退，中国军队是能取得胜利的。

社会大学[1]颂*

青天是我们的圆顶。
大地是我们的地板。
太阳月亮是我们的读书灯。
二十八宿是我们的围墙。
人民创造大社会。
社会变成大学堂。
大学之道，在明民德，在亲民，
在止于人民之幸福：
是我们创学之新主张。
什么是民德?
要目有四项：
觉悟，联合，解放，
还有创造——要捣碎痛苦的地狱，
创造人间的天堂。
教人民做主人，
不让公仆造反。
为老百姓服务，
不靠高调唱得响。

* 本篇原载1946年2月《民主生活》第2期。

农场、工场、会场、商场、广场、
　　战场、娱乐场，
都是我们数不尽的课堂。
我们要各尽所能，各学所需，
　　各教所知，各得其所。
我们要自由，自动，自强。
我们要民有，民治，民享。
自己来发起。
自己来筹款。
自己选董事。
自己举校长。
请真理做老师。
学生有三百六十行。
只要虚心学，
而且不间断；
乡人不出村，
能知万里远。
个个考博士；
行行出状元。
农人可以中状元，
工人可以中状元，
老妈子可以中状元，
失学的青年可以中状元，
荣誉军人可以中状元。
先办夜大学。
夜间失学无人管。
职业青年千千万，
格物致知②久已旷。
万仞宫墙飞不进，

教育制度缺一环。
要想深造丢饭碗。
丢掉饭碗家人靠谁养？
只有白天做工夜求学，
肚皮头脑都饱满。
次办函授大学，
文化交流信来往。
再办新闻大学，
运用报纸助座谈。
再办电播大学，
广播教育范围广。
太太和老妈，
在家里也能听讲。
电影教育更深刻：
谷子变成秧，
秧又变谷子，
可以见生长。
原料出矿山，
走进机器房。
几个弯一转，
飞机出工厂。
最后办旅行大学，
走遍南北西东和中央，
还要渡海飘洋。
跟老百姓学习，
陪着老百姓向前向上长。
我们要有演讲调查队，
还要歌舞话剧团：
献演《唧格办》，

《朱大嫂送鸡蛋》，
《王大妈补缸》，
还带去民族舞，
来自新疆、蒙古和西藏。
还要带电影，
到处要放映：
鸡蛋怎样变小鸡？
大羊怎样生小羊？
五谷怎样生长？
棉花怎样改良？
汽车怎样制造？
钢铁怎样出产？
还要放映《生路》《一曲难忘》，
　《在敌人后方》[3]。
我们要走遍天涯地角。
让老老少少男男女女都来看，
都来谈，
都来玩，
都来想，
都来干，
把中国造成一个好模样，
叫整个民族安居乐业，
万寿无疆。
这就是我们的社会大学堂，
只怕课堂少，
不怕学生旺。
来一个，收一个。
来两个，收一双。
来一千，收一千。

来一万，收一万。
全中国四万万五千万，
全世界二十万万二千万，
如果愿意这样干，
都欢迎加入这个大学堂。
国民党，
共产党，
中国民主同盟，
各派各党，
无派无党，
大家一起来，
创办这个社会大学堂，
人民大学堂，
民主世界大学堂！

注释

① 社会大学　这是在中国共产党领导支持下创办的一所新型大学。于1946年1月15日在重庆市管家巷28号院内举行开学典礼，周恩来亲临祝贺。冯玉祥、张澜、沈钧儒、饶国模、任宗德、史良、周宗琼、陶行知、李公朴等为校董，冯玉祥为董事长。陶行知任校长，李公朴任副校长兼教务长。李去昆明后，由方与严继任教务长。该校师生一面学习，一面积极投入革命斗争实践。1947年3月2日被国民党当局查封。

② 格物致知　中国古代认识论的命题，简称为格致。清代末年统称声光化电等科学为格致。格物，指接触事物，致知是获得知识的方法。此处指以研究事物的原理而获得知识。

③ 《生路》《一曲难忘》《在敌人后方》均为当时的进步影片。

颂利他工学团[1] *

你看大地生万物，
给我们吃，给我们穿。
不高兴的时候，蹬它几脚，
它肚量大，心地宽，一手也不还。
你在它身上撒尿拉屎，
它听你欺侮一点也不管。
等到你一命呜呼，它不念旧恶，
欢迎你的几片薄皮棺。
让我们学习大地的伟大，
跳出自己的小圈，
来为大众服务，
与老百姓息息相关，
共甘苦，同悲欢。
乐莫乐于日日新，
苦莫苦于得不到温暖。
唯！今天大年三十晚，
有件喜事，让我说端详。
冯公焕章，

* 本篇原载1946年2月16日《民主星期刊》第21期。

热血满腔。
本来是大将，
于今当团长。
深信兴学能兴国，
创办利他工学团。
人民幸福与痛苦，
构成创学新主张。
民主当然居第一，
人民团结学做大老板，
科学学术宜独立，
迎头赶上原子弹。
手脑双挥学做工，
做工才是铁饭碗。
工以养生，学以明生，团以保生：
大家要学会这三样。
改良旧的三百六十行，
创造新的三千六百行。
学问不但要提高，
文化牛奶，还需大家有得尝。
让利他工学团，
钻进大街，
钻进小巷，
钻进店铺，
钻进工厂。
它也要下乡：
钻进农场，
钻进林场，
钻进矿场。
如果找不到空房，

尽可用广场，
还可用捆绑，
也可用茅房。
先生顶重要，
必需有专长，
而且还要能动手，
不但靠着嘴巴响。
社会培养专门家，
化费金钱千千万，
应该乐捐真知识，
教导人民都向上。
学而不厌才能教，
先拜人民做模范。
功课要适合需要，
编排决不能呆板。
求学有时像作战，
阵地游击两不忘。
非常时候要应变，
经常要按部就班。
有了校长先生和功课，
人民求学不困难。
只须肯出几十元，
便可入场来听讲。
听得高兴要试验，
再化几十块大洋。
学做肥皂，
学做衣裳，
学打算盘，
学记账；

学装电灯，
学造楼房，
学修汽车，
学医轻伤；
学放电影，
学奏乐合唱，
学演话剧，
学写文章；
学开会议，
学民主座谈。
由浅入深，
既博又专
学动植物怎样生长，
学农工矿怎样生产，
学数理化怎样发明，
学人体生理怎样营养，
学天地日月怎样运行，
学哲学文艺政治经济社会怎样发达。
真理会追求，
公事也会办。
三百六十行，
三千六百行，
想学哪一行，
就学那一行。
努力努力再努力，
便成了那一行的内行；
而且最重要的是四万万五千万，
做中华民国的主人也成了内行，
公仆不敢再造反。

但愿化身千万亿，
一树梅花一团长[②]！
利他工学团，
传遍四方，
利他人才都兴旺。
大家都要多谢利他团长，
创办这破天荒的
利他工学团。
让我来恭贺：
利他工学团万寿无疆，
人民大众万寿无疆，
中华民族万寿无疆。

三十五年二月一日

注释

① 利他工学团　冯玉祥按照陶行知创造的“工以养生，学以明生，团以保生”的工学团理论和实践，办起一个专做有利他人的事的“利他工学团”，并自任团长。

② 但愿化身千万亿，一树梅花一团长　此处是仿南宋大诗人陆游《梅花绝句》“何日可化身千亿，一树梅花一放翁。”意思是希望利他工学团能变成千万个，每个工学团里都有一个像冯玉祥这样的团长。

大闹沧白堂[①]有感[*]

石头奈何

主人要谈话，
公仆摔石头；
纵被石打死，
死也争自由。

三十五年二月二日

注释

① 大闹沧白堂　旧政协会议期间，陶行知与李公朴等组织“民主协进会”，在重庆沧白堂举办民主讲座。请政协代表作报告。国民党特务经常来捣乱，并公然摔石头，打伤讲演者及听众。

*　本篇选自1947年大孚出版公司版《行知诗歌集》。

自由警报*

闻星期日九时警报有感

主人尚未作主，
公仆何日为公？
报与钟儿〔注〕知道，
古庙仍须敲钟。

〔注〕　钟儿为《古庙敲钟录》①中之敲钟童子。

注释

①《古庙敲钟录》　这是作者于1932年写的一部教育小说，形象生动地描写教育与社会如何打成一片，阐明“生活教育”理论。钟儿每天敲钟很负责，全村的人都按他的钟声作息。

*　本篇原载1946年2月9日《民主星期刊》第20期。

变化*

衣服越穿越宽，
饭菜越吃越少。
汽车越坐越大，
学校越办越小。

*　本篇出自孙铭勋《从行知诗歌看教育》一文，见《孙铭勋教育文选》。

寿张伯苓先生七秩大庆*

"有中国必有南开",
两园桃李一手栽。〔注〕
从心所欲不逾矩①,
凯歌重上八里台②。

〔注〕 国共两党中皆有先生高足。

注释

① 从心所欲不逾矩 出自《论语·为政》,孔子说:"吾十有五而志于学,三十而立,四十而不惑,五十而知天命,六十而耳顺,七十而从心所欲,不逾矩。"因张伯苓已满七十岁,故用此句。

② 八里台 南开大学所在地。

* 本篇出自作者手迹。

题在渝亲友合照*

万里长江水，
何处觅归舟？
他乡同作客，
一心念溪头。

三十五年三月三十一日

* 本篇选自1947年大孚出版公司版《行知诗歌集》。

题《育才通讯》[①] *

这是一张大嘴，
要报告一个学校的消息，
给读的人一点安慰，
一点知识，
一点力量，
一点刺戟。
帮助大家完成一件大事：
天下为公，
人民第一。

三十五年四月一日

注释

① 《育才通讯》 重庆育才学校办的一种综合性刊物。

* 本篇为1946年5月5日《育才通讯》第一期封面题词。

《午报》出版祝*

出版日当午，
报道民间苦，
天下来为公，
主人应作主。

三十五年四月一日

* 本篇选自1947年大孚出版公司版《行知诗歌集》。

儿童节儿歌*

（一）

四月四，
四月四，
小孩要立志：
小时做小事，
大时做大事。

（二）

四月四，
四月四，
小孩要立志，
肯用手做事，
肯用心做事。

（三）

四月四，
四月四，
小孩要立志：
手到心到做小事，
心到手到做大事。

三十五年四月四日

* 本篇选自1947年大孚出版公司版《行知诗歌集》。

儿童节大人歌*

（一）

四月四，
四月四，
大人要立志：
教小孩认字，
为小孩做事。

（二）

四月四，
四月四，
大人要立志；
变成小孩子，
一次又一次。

（三）

四月四，
四月四，
大人要立志：
肯跟小孩学，
方算大本事。

三十五年四月四日

* 本篇选自1947年大孚出版公司版《行知诗歌集》。

饯行歌*

——送别党化教育[1]

（一）

你驾临之前，
说是道尊师严：
学问有自由，
谈心又谈天。
走路不必向后看，
幸福无边。

（二）

你光临之后，
遍地明争暗斗：
特务当先生，
同学成冤仇。
统制思想如裹脚，
三寸“金头[2]”。

* 本篇是作者1946年4月4日在育才办事处举行的儿童节庆祝会上朗诵的诗。载1946年4月《民主教育》第6期。

（三）

你告别之前，
真是不堪设想：
先生误人子弟，
学生不敬师长。
训政③越训越糊涂，
教育破产。

（四）

你去了之后，
教育还给人民：
嘴上撤除封条，
下掉有色眼镜。
裹头布撕得粉碎，
气象清新。

注释

① 党化教育　即国民党为巩固专制独裁统治，在各大学、中学进行的反共、反民主，推行其一党专政的教育。

② 三寸“金头”　“由三寸金莲”而来，指国民党统治学生的思想，把他们的头脑禁锢得像从前给妇女裹脚一样，裹成三寸金头。

③ 训政　孙中山1924年1月23日写的《国民政府建国大纲》中将“国家”建设之程序分为三期，一曰军政时期，二曰训政时期，三曰宪政时期。蒋介石歪曲孙中山的主张，把训政时期无限延长，以达到个人独裁和一党专政的目的。

贺《消息半周刊》[①] *

说是人民第一，
弄得没有饭吃。
指望内战快停，
愿您传此消息。

我从首都经过，
自由尚无一滴。
前天到了上海，
喜见民主消息。

注释

① 《消息半周刊》 1946年在上海出版的进步刊物。

* 本篇原载1946年《消息半周刊》第8期。

敬挽“四八”殉难烈士[①] *

我久已想到西北去看看，
这次可能做你们的同伴。
若是一起飞上黑茶山，
那一定是陪着你们火丧。
因为急事须来上海，
五百多个人要吃饭，
于是天南地北各分飞，
灾难没有能够赶上。
大大小小十七位朋友如今归天，
这天大的损失是永远无法补偿！
我们今天在你们面前下了绝大的决心，
要挑起你们遗下来的重担。
首先要致力和平团结，
无条件的赶快停止内战。
同时要争取四大自由，
使大家可以安居乐业有饭吃有书读有话谈。
要把中华民国造成一个最伟大的公司，
四万万五千万人联合起来做老板。

* 本篇选自1947年大孚出版公司版《行知诗歌集》。

还要实现天下为公，
全人类有祸同担有福同享！
还要迎头赶上学科学，
遍地都有气象台预测气象，
使以后的飞机不再迷方向，
也不会被气流压迫下降！
每一门学问都研究彻底，
每一件事都做得恰当。
一切学问要因材施教②，
人才幼苗应该从小培养。
等到幼苗长成千万棵大树，
新中国才有够用的栋梁。
你们的精神会引导我们向前，
鼓励我们向上，
创造民主的大社会，
还把科学普遍送下乡。
朋友们安息吧！待我们任务完成，
再向你们问安。

卅五年四月

注释

①“四八”殉难烈士　1946年春，时在重庆与国民党谈判的中国共产党代表王若飞、秦邦宪（博古）回延安向党中央汇报请示，同行的还有皖南事变被捕后释放不久的新四军军长叶挺，他的夫人李秀文、女儿叶扬眉，中共中央职工委员会书记邓发，进步教育家黄齐生和他的侄孙黄晓庄及八路军军官等。4月8日飞机在山西兴县黑茶山失事，机上人员17名全部遇难，其中有4名美国驾驶员。

②因材施教　出自宋朝程颐、朱熹等人说的“孔子教人，各因其材。”作为一条重要的教育原则，根据教育对象的不同，采取不同的教学内容与方法。

“四八”殉难烈士诔词*

这是惊天动地的原子弹，
报导十七位民主英雄之新丧！
号召我们要负起你们遗下来的重担，
再接再厉的挺起我们的胸膛，
向反民主的营垒作战。
冷酷的气流逼迫着飞机下降，
演成了破天荒的大灾难，
象征那阴森的浓雾压迫民主变样，
造成遍中国的生民涂炭。
如果四项诺言①兑了现，
你们用不着三番五次的往返商量，
也用不着慰问较场口战士之伤②，
更用不着急急忙忙的飞向太阳。
因为中国政治不民主，
你们才像千千万万老百姓一样的死得冤枉！
让我们收起无限悲伤，
化作万钧力量，
连根拔掉人间冤枉！

---

* 本篇选自1947年大孚出版公司版《行知诗歌集》。

建立起真正的民主大中华，
祝福你们与民同在，万寿无疆。

四八死难十七位中美民主战士千古

代中国人民救国会全体撰挽

注释

① 四项诺言　指1946年1月10日，蒋介石在政治协商会议开幕会上首先致开会词时，许下保证人民自由、承认党派合法地位、实行普选、释放政治犯等诺言。

② 较场口战士之伤　1946年2月10日，重庆数万人在较场口召开祝贺政协通过了一些有利于人民的决议的大会，国民党派出军警特务，大打出手，制造了“较场口事件”。郭沫若、李公朴、施复亮等及群众60多人被打伤。

哭晓庄*

劳山的光荣的儿子，
你没有想到你会死。
你的爷爷也没有想到，
他会带你一同去死。
死者不可复生，
但是你的音乐不会死，
我将培养一百位人民的音乐幼苗，
努力一辈子，
补偿这不可补偿的牺牲；
一直到我死，
人民音乐不会死，
他也永远不会死，
晓庄小朋友！

记者按 黄晓庄是黄齐生老先生的爱孙，生于南京老山（后改名劳山）之小庄（后以晓庄学校改名晓庄）。有音乐天才，出口成歌。在育才学校音乐组肄业一学期中，作曲四十八支。他所作曲抱定一个宗旨，要为人民而唱，唱出人民的心里的呼声，还要达到人民自己欢喜唱。这次飞延时，与其祖父同遭惨祸。

* 本篇原载1946年《消息半周刊》第11期。

儿童四大自由*

如果我是一个小孩：
我不要恐怖；
我不要饿肚；
我要玩得高兴；
我要有机会长进。

三十五年四月十一日

* 本篇选自1947年大孚出版公司版《行知诗歌集》。

自我再教育 *

我们须要再教育，
民主作风贵无比；
快拜人民为老师，
教育小孩教自己。

* 本篇原载1946年4月25日《时事新报·教师生活》。

跟人民和小孩学习 *

学而不厌，
诲人不倦；
天天进行再教育，
还须站在最前线。

跟人民学，
跟小孩学；
虚心建立新教育，
还须过民主生活。

* 本篇原载1946年5月16日《时事新报·教师生活》。

敬挽杨潮[1]*

你的死，
是千千万万老百姓不测的死！
你的仇，
是千千万万老百姓要报的仇！
你的命运，
是千千万万老百姓要改造的命运！
先生安息，复活，
复活在千千万万老百姓的心里，
使每颗老百姓的心都活跃起来，
停止内战争取民主奋斗到底！
这是你所欢喜，
欢喜你永远和老百姓在一起，
永远和老百姓在一起就是你自己。
生也和老百姓在一起，
死也和老百姓在一起，
老百姓永远死不完，
民贼空欢喜。

三十五年五月十九日

* 本篇选自1947年大孚出版公司版《行知诗歌集》。

注释

①杨潮　笔名羊枣。做过多年报纸编辑，因反对蒋介石的消极抗日、积极反共政策，1945年7月23日被国民党反动派逮捕，1946年1月12日被杀害。

挽杨潮 *

你的生，
是黑夜一盏巨灯！
照着战士前进，
为自由而斗争。
你的死，
是平地一阵雷雨！
告诉世界知道，
中国尚未民主。

代生活教育社同人撰挽

三十五年五月十九日

* 本篇选自1947年大孚出版公司版《行知诗歌集》。

读好报*

（一）

什么是好报？
说话公道。
新闻可靠。
拥护老百姓做主人，
不为达官贵人跑龙套。

（二）

什么是好报？
比一比，
就知道。
买报看报要自由，
鼻子不让别人牵着跑。

* 本篇出自作者手迹。

活路*

人人都说做活路，
便是走上生路。

我要问：
什么缘故，
织布的没有布补裤？
什么缘故，
种粮的要饿肚？
什么缘故，
木匠瓦匠没有房子住？
什么缘故，
妈妈和小学教师的孩子，
没有人照顾？
什么缘故，
战士不得复员？
千万难民无归路？

---

* 本篇原载1946年5月25日《活路》第1期。发表时注明“代发刊词”。《活路》系大众文化社编辑、发行的，用四川方言对农民进行宣传的通俗刊物。

活路是要做，
做活路的人要觉悟！
要联合互助；
要争取解放；
要创造出自己的生路！
生路是民主和平，
保卫和平民主是迫切的活路！

四月十一日

欢迎毕来思女士*

我们顶高兴欢迎一位贵客，
来自华盛顿林肯罗斯福之国；
她是中国被遗忘的人民小孩的好朋友，
做的工作是伟大的了不得。
她号召美国千千万万的老百姓，
她号召美国千千万万的小朋友；
跳出自己和本国的小圈子，
要向人类和中国伸出一双“给的手”。

冬天的太阳给人温暖，
汪洋的大海给人好雨；
地球给人吃给人穿给人住，
最伟大的学习是学习“给出去”。
你千万不必害怕，
她不给你惨酷的战争；

---

* 本篇原载1946年6月16日《教师生活》第5期。这是作者在1946年6月2日为欢迎美国民间援华会总干事毕来思女士举行的大会上朗诵的诗。1945年9月陶行知曾给美国援华会去电报，要求拨款100万美元资助他进行旨在提高全民族文化水平的民主教育实验。毕来思来信请陶将有关生活教育社的组织情况及他的宏伟教育计划准备好，她随即来华考察。后因陶行知去世，国民党发动全面内战，此事也就被搁置。

她所号召的不是飞机大炮，
她要“给出去”的是帮助人进步生存。

我们要向她学习。
学习跳出自己的小心灵；
把自己所有的一切，
金钱，知识，生命；
献给苦难的小孩，
献给苦难的老百姓；
献给苦难的人类，
献给民主与和平；
为整个世界创造一个新命运。

题钟进士像*

钟馗①捉小鬼，
我要放小鬼。
小鬼有活路，
大鬼会倒霉。

三十五年端午

注释

① 钟馗　相传唐玄宗生病时梦见一大鬼吃一小鬼，大鬼自称叫钟馗，生前考武举未中，死后决心清除天下妖孽。玄宗醒后，令画家吴道子画成图像悬挂，以驱鬼邪。因此，旧俗端午节门上悬挂钟馗的像，以驱除邪恶保平安。

* 本篇选自1947年大孚出版公司版《行知诗歌集》。

诗人节[1]祝词*

（一）

社会为学校，
人民是老师。
同胞皆同学，
学写停战诗。

（二）

民国为学校，
人民是老师。
同胞皆同学，
学写民主诗。

（三）

世界为学校，
真理是老师。
人类皆同学，
学写创造诗。

注释

① 诗人节　重庆一部分诗人，把旧历五月五日定为“诗人节”。

* 本篇原载1946年6月7日《新华日报》。

春风文艺社题词*

为大众写！为小孩写！
钻进大众小孩的队伍里去，
和他们共患难，同喜悦。
向大众小孩学习，
写出他们心头所要说。
要做到：
　　一闻牛粪诗百篇，
　　风花雪月都变节。
倘使写出来的东西，
大众小孩欢喜满屋贴，满街贴，满乡贴，
不但高兴看，高兴谈，高兴唱，
　高兴干得有力量，
而且还要拿起笔来自己写——
写他们自己的奋斗，创造，肚子瘪，
那才算妙绝。

三十五年六月十九日

* 本篇选自1947年大孚出版公司版《行知诗歌集》。

荩忱[1]上将军逝世六周纪念*

梅花山下，
赋招魂：
舍生取义，
天下公。
但愿化身，
千万亿，
一树梅花，
一荩翁。

生活教育社全体社员拜颂
三十五年

注释

① 荩忱　即张自忠。

* 本篇选自1947年大孚出版公司版《行知诗歌集》。

哈恰图良先生纪念词*

您，歌颂新世界的快乐的大师，
列宁格勒保卫战之歌手。
听过您的年轻之歌的人，
青春永远驱逐了老朽。
音乐是世界的语言，
人类是您的好朋友。
愿人民的音乐洋溢人间，
洋溢到天长地久。
发挥音乐的力量，
控制原子炸弹。
愿您领导着音乐家联合起来，
在源头上化除第三次大战，
保证公道的和平长留人间，
在你们那里人类寄托新的希望。
您，亚美尼亚的大师！
苏联民族音乐的玫瑰。
听到您的洋洋之乐，
我们是兴奋得好像吃酒醉。

* 本篇选自1947年大孚出版公司版《行知诗歌集》。

在这遥远的东方，
还是公仆为贵，
人民受罪，
音乐要纳税！
我们是音乐的民族，
大规模的唱和没有机会。
喉咙耳朵几乎枯萎，
千千万万的音乐幼苗，
得不到培养而日就憔悴。
我们不能忍心的睡，
要写出大众的心声，
高呼人民万岁。
伴奏四万万五千万人的大合唱，
吼到反和平反民主的恶魔退位。
而且要歌唱——唱起整个民族的创造力，
创造音乐的社会，
使每一个人都永远的尝着做人的滋味。
那时再来向您问安，
才算是没有惭愧。

哈恰图良先生纪念

上海音乐协会理事长马思聪敬赠
育才学校校长陶行知撰书
三十五年

是非 *

什么叫做是？
什么叫做非？
合于“天下为公”者是，
不合于“天下为公”者非。

什么叫做是？
什么叫做非？
使中华民国名实相符者是，
使中华民国名不符实者非。

什么叫做是？
什么叫做非？
使中华民族进一步者是。
使中华民族退一步者非。

什么叫做是？
什么叫做非？
使中华民族富强者是。

* 本篇载1948年6月《现代妇女》第7卷第5期、第6期合刊。

使中华民族贫弱者非。

什么叫做是？
什么叫做非？
使中华民族聪明者是。
使中华民族愚昧者非。

什么叫做是？
什么叫做非？
使老百姓增加幸福者是。
使老百姓增加痛苦者非。

什么叫做是？
什么叫做非？
努力和平协商者是，
硬要武力解决者非。

什么叫做是？
什么叫做非？
真者是，
假者非。

异于和事老或中间人*

我们不机械地
　避免右倾，左倾；
也不呆板地
　站在路中央。
民之所好好之；
民之所恶恶之，
是我们最高的主张。

* 本篇载1948年6月《现代妇女》第7卷第5期、第6期合刊。

教师们联合起来*

教师们联合起来！
跟小孩子学习，
跟老百姓学习，
跟大自然学习，
跟大社会学习。
我们要学而不厌，
追求真理，
要追求到底！

教师们联合起来！
教自己长进，
教小孩子长进，
教老百姓长进，
教大家终身长进。
我们要诲人不倦，
传播真理，
要不惜拼命！

* 本篇原载1946年6月29日《民主星期刊》第40期。

教师们联合起来！
争取政治的民主，
争取经济的民主，
争取社会的民主，
争取文化的民主。
我们要天下为公，
拥护人民，
快出来做主！

教师们联合起来！
创造自己的命运，
创造后代的命运，
创造全民族的命运，
创造全人类的命运。
我们要根绝战争，
铲除不平，
才能教天下太平！

赠女工夜校毕业典礼*

九年前，
七月七；
芦沟桥，
遇大敌。
汗儿万万滴，
血儿万万滴，
拳头举起来，
国格一跃为第一。

九年后，
七月七，
胜利属隔壁，
内战正急，
自由没有一滴。

工人无工作，
灾民无饭吃，

* 本篇原载1946年7月《妇女》杂志。1946年7月7日，陶行知应上海女青年会干事、劳工部负责人王知中的邀请，出席上海愚园路幼师大礼堂举行的全市六所女工夜校联合毕业典礼。他在会上演讲完毕后，向大家朗诵了此诗。

学生没书读，
战士无休息。
国际地位一落千万丈，
中国快变殖民地，
中国人快要做奴隶。

好日子，七月七；
女工夜校业已毕。
我说典礼虽举行，
书未读完业未毕。
还有大事要学习：
和平最急，
民主第一。
要做到人民万岁，
学业才算完毕。

邹韬奋先生逝世二周年祭文*

敬爱的韬奋先生：
这是你逝世的二周年祭。
你的朋友亲戚，
在这里举行一个家庭的仪式，
来把你的遗体，
葬入祖国的大地。
骝骅[1]远在天涯海角，
呼吸的是自由空气，
他们长得那么健壮，
你心里应该欢喜。

你记得一年前的今日，
人山人海在陪都的祭礼。
证明你并没有死，
是活在每一位民主战士的心里。
凡是得到了你的精神的人，
都虎虎的成了万人敌；

* 本篇原载1946年7月27日《新华日报》。1946年7月22日，沈钧儒、陶行知，沈志远、徐伯昕及邹韬奋夫人等八十余名亲友在上海虹桥公墓举行了邹韬奋灵柩安葬仪式。这是陶行知当时宣读的祭文。

那是的的确确的事实，
当时的吼声震动了天地。

不久日寇终于投降，
我们懊悔你没有亲眼看见胜利。
哪里知道天下为私[②]，
胜利不属于人民自己。
没有亲眼看见也罢，
看见了反而要大大的生气。

于今是内战展开：
工厂倒闭，
农村破产，
灾荒遍地，
战士得不到休息，
老百姓得不到饭吃。
买办阶级，
快把大好山河变成殖民地，
陷害黄帝的子孙，
沦为万劫不复的奴隶。

而且一党专制，
变本加厉。
不敬妇女不尊老，
中外古今太无礼。
有军队，有宪兵，有警察，
还要运用暗杀除异己。
贻大中华以奇羞，
为文明国所不齿。

公朴[3]，一多[4]，
前仆后继。
是谁刺杀了马梯窝蒂？
令人联想到悲惨的意大利。
中华民国之光荣，
是你们的舍生取义。
这，给了我们光，给了我们热，
　给了我们力。
让我们锻炼自己：
“富贵不能淫，
贫贱不能移，
威武不能屈。”[5]
永远踏着你们的脚迹。
和平最急！
民主第一！
要做到安居乐业，人民万岁，
追思才算完毕。
还有我们要把你手创的书店
　造成文化仓库，
供给整个民族的精神粮食，
使大众养成乐学求真的嗜好，
真正变成五强之一。
敬爱的朋友啊！愿你安息。
伟大的战士啊！愿你安息。

三十五年七月二十一日

注释

① 骝骅　指邹韬奋长子邹家骅、次子邹家骝。当时两人都在延安学习。

② 天下为私　《礼记·礼运》中说“大道之行也，天下为公”。这首诗的“天下为私”为其反面，用以鞭挞以蒋介石为首的国民党反动派的所作所为。

③ 公朴　即李公朴。

④ 一多　即闻一多。

⑤ “富贵不能淫；贫贱不能移；威武不能屈”语出《孟子·滕文公》。

追悼李公朴先生*

战争，战争，战争，
战争笼罩着天空。
战争笼罩着乡村。
战争笼罩着都市。
战争笼罩着整个民族的生存。
只须看一看杀你的子弹是从哪儿来，
便知道谁发动这自相残杀的战争。

你争取民主，
反对一党专政。
你争取和平，
反对中国人杀中国人。
杀你的人，
是杀民主，杀和平，
杀害中华民族的生存。
这一颗凶恶的子弹不是打你一个人，
是打在四万万五千万人的心身。

* 本篇原载1946年7月28日《新华日报》。

你的死是民主的巨大损失，
是和平的巨大损失，
是中华民族的巨大损失。
我们要自己为民主和平加倍的努力，
来补偿这巨大的损失。
我们每一个人要为民主和平招兵，
感召新的同志来弥补这不可补偿的巨大损失。

酵母，酵母，大家来做和平的酵母。
发酵，发酵，发成民主和平的面包大家吃。
使四万万五千万人每人都有得吃。
吃得更有力，
肃清民敌无踪迹。
和平最急！
民主第一！
我们要做到安居乐业人民万岁，
追悼才算完毕！

各有所归*

（一）

采访人民的消息，
向人民真实的报道。
要达到言论自由，
记者有其报。

（二）

研究人民的学问，
为人民的幸福而教导。
要达到文化为公，
学者有其校。

（三）

有饭大家吃，
有福大家享。
要达到劳工神圣，
工人有其厂。

（四）

人已尽其力，
地要尽其利。
要达到丰衣足食，
耕者有其地。

* 本篇出自作者手迹。1946年8月2日《文汇报·教育阵地》曾刊出此诗第二节，题为《教者有其校》。

对　联

编者按

对联是我国诗歌形式的一种演变。陶行知一生在创作大量大众化的诗歌之余，也创作了一些通俗易懂、寓意深刻的对联，来表述他的教育思想、政治见解和世界观。本卷所收对联共 34 副，由于多数对联缺写作时间记载，因此在编年上不尽准确。

生为民有
死作国魂

书挽孙中山先生

作十万新民
寿六旬王母

书贺当时扫盲计划最大的南京平民
教育负责人王伯秋母亲六旬寿庆
见1923年10月10日陶行知《致程仲沂信》

以治人者治己
在劳力上劳心

贺蒋爱真加入乡村教育同志会
见1927年1月下旬《致蒋爱真信》

以宇宙为教室
奉自然作宗师

从野人生活出发
向极乐世界探寻

以教人者教己
在劳力上劳心

捧着一颗心来
不带半根草去

和马牛羊鸡犬豕做朋友
对稻粱菽麦黍稷下功夫

以上对联约作于晓庄师范开办时期，张贴于校内

为农民教育之枢纽
是乡村社会的中心

多谢你来帮助
少了我也不行

嘻嘻哈哈喝茶
叽叽咕咕谈心

以上对联系为晓庄佘儿岗中心茶园而作

谁说非学校，就算非学校
彼且为婴儿，与之为婴儿

为南京燕子矶幼稚园创办所作楹联

在立脚点要平等
于出头处求自由

1927年秋写
见1927年9月14日《致陶文渼信》

天人共欢喜
日月自更新

民意即天意
今年胜去年

山中有佳境
村里无闲人

旧邦已随旧岁去
新命当偕新日来

莫与旧年谈旧事
且从新日作新人

一村读书者
尽是种田人

但愿中国书呆子
尽化乡村种田人

同心家富裕
合力国本强

做到民有民治民享才是民国
创造新村新家新心毋负新年

为破坏牺牲，为建设牺牲，
　中华国民应背两个十字架
向儿童瞄准，向农民瞄准，
　乡村教师献来一颗双瓣心

以上对联是在1928年春节前指导晓庄学生为农民写的春联

行是知之始
学非问不明

认清问题，研究问题，解决问题，为好教育
发明工具，制造工具，运用工具，是真文明

四体不勤，五谷不分，孰为夫子
小疑必问，大事必闻，才算学生

任重道远天地厚
冰清玉洁日月明

亲民亲物亲赤子
问古问今问未来

千教万教教人求真
千学万学学做真人

以上对联系鼓励并指导晓庄学生到各地办学所作赠言

义则居先，利则居后
敬其所长，恕其所短

慧眼观人长处
正心慎我独时

青山只会磨今古
流水何曾洗是非

以上对联系在安徽公学及晓庄师范时期自勖并勉友而作

近朱者赤，近墨者黑
尽力所及，尽心而安

1930年书赠晓庄学生李相维到
黑墨营去创办农村小学

风狂舟排浪
云重水吞天

1945年底在反内战、反独裁、反饥饿
浪潮中书赠一位育才之友